中國學術思想 研究輯刊

十 編

林慶彰 主編

第37冊

僧肇思想研究
——以《肇論》爲中心（上）

王月秀 著

花木蘭文化出版社

國家圖書館出版品預行編目資料

僧肇思想研究——以《肇論》為中心（上）／王月秀 著—初
版 — 台北縣永和市：花木蘭文化出版社，2010〔民99〕
目 4+198 面；19×26 公分
（中國學術思想研究輯刊 十編：第 37 冊）
ISBN：978-986-254-261-3（精裝）
1.（晉）釋僧肇 2.學術思想 3.佛教教理
220.9203   99014044

ISBN - 978-986-2542-61-3

中國學術思想研究輯刊
十 編 第三七冊   ISBN：978-986-254-261-3

僧肇思想研究——以《肇論》爲中心（上）

作　　者　王月秀
主　　編　林慶彰
總 編 輯　杜潔祥
出　　版　花木蘭文化出版社
發 行 所　花木蘭文化出版社
發 行 人　高小娟
聯絡地址　台北縣永和市中正路五九五號七樓之三
　　　　　電話：02-2923-1455／傳眞：02-2923-1452
網　　址　http://www.huamulan.tw 信箱 sut81518@ms59.hinet.net
印　　刷　普羅文化出版廣告事業
封面設計　劉開工作室
初　　版　2010 年 9 月
定　　價　十編 40 冊（精裝）新台幣 62,000 元

僧肇思想研究
——以《肇論》爲中心（上）

王月秀　著

作者簡介

王月秀，臺灣省台中縣人。華梵大學中文系學士、輔仁大學中研所碩士；現為清華大學中研所博士候選人。曾任教於華梵大學、清華大學，開設佛教文學、禪宗作品、歷代文選、大學中文、大學中文寫作等課程。現撰寫博士論文中。研究重心為佛教思想、佛教文學、道家思想、六朝思想。

提　要

　　本文，旨以《肇論》為中心，來研究僧肇思想。主以僧肇於《肇論》中所欲解決的基源問題，以及《肇論》相關詮釋議題來作為行文的軸心，以開展僧肇思想的原貌。希冀以問題探討的方式，「宏觀」與「微觀」的視野，來繼承與創新前人的研究成果，釐清《肇論》中有待商榷的詮釋議題，使僧肇思想的輪廓與內涵更能清楚如實的呈顯。內容分成六個部分：

　　（一）緒論：說明本文研究的緣由、目的，回顧前人的研究成果，並提出相關問題。此外，並說明本文的研究方法、進路、範圍與意義。

　　（二）僧肇與《肇論》：首章，旨扼要探討僧肇的生平傳略、著述問題、思想背景、魏晉玄學與佛學交涉的時代思潮、《肇論》的結構安排，以及《肇論》的基源問題。

　　（三）《肇論》四論探析：第二章至第五章，主要是依循僧肇的著述先後，分別對〈般若無知論〉、〈不真空論〉、〈物不遷論〉，以及〈涅槃無名論〉四論，作紮實的義理解析功課，並隨文解決有待商榷的《肇論》詮釋議題。希冀返溯僧肇的思想理論，並在僧肇展示基源問題的解答中，進行理解與詮釋，勾勒出僧肇整體的義理架構與思想全貌。

　　（四）〈涅槃無名論〉真偽考：第六章，旨探討〈涅槃無名論〉的真偽問題。先是在有限的文獻條件之下，詳實爬梳該篇真偽考史，爾後在繼承前人的研究成果下，進一步提出一己的論據，證明：〈涅槃無名論〉是僧肇作。

　　（五）《肇論》及其詮釋的檢討：末章，旨在檢討《肇論》本身的詮釋難處，以及檢討後人詮釋的特色，可謂是進行本文研究後的小小省思。

　　（六）結論：旨在對本文的研究作一簡單回顧，彙整成果與特色。

目

次

緒　論

第一節　研究緣由與目的

　　本文，旨在研究僧肇思想，以僧肇代表作《肇論》爲研究中心，希冀客觀如實的還原僧肇思想，並釐清古今有待商榷的相關詮釋議題。

一、研究緣由

　　僧肇，在中國佛教史和中國思想史上，有著劃時代的特殊意義與顯著的地位。僧肇不僅釐清「格義」佛學所產生的種種弊端，並總結魏晉玄學議題，駁正時人對眞理認知的謬誤。僧肇將龍樹中觀佛學發揚光大，其思想對後來的三論、天台、華嚴、禪宗等皆有顯著的影響。僧肇思想，實有研究的價值，以致成爲古今中外矚目的研究焦點，擁有龐大的研究群，有著豐碩可觀的研究成果。在近臻顚峰的研究盛況之下，爲何筆者會投入研究的行列呢？主要理由，在於僧肇思想研究尙有可拓展的空間。

　　（一）部分《肇論》詮釋觀點有待商榷

　　檢討僧肇思想研究成果，筆者發現有些詮釋觀點悖離僧肇原義，其因或在於詮釋者執文生義，未深入掘察僧肇語言文字下的微言大義；或在於詮釋者各有各的詮釋背景所致成。對於這些曲解僧肇原義的觀點，筆者認爲有待商榷的必要。

　　（二）部分《肇論》詮釋議題有待解決

檢討僧肇思想研究成果，筆者發現有些議題尚未獲得良好解決之道、有些觀點尚未達成共識，致使諸家議論紛紛。筆者認爲這有待進一步予以探討。

（三）前人研究成果有未觸及之處

檢討僧肇思想研究成果，筆者發現僧肇思想領域中，有些地帶，詮釋者尚未觸及，有待進一步揭示。

以上三點，是本文的主要研究緣由。筆者深心期盼能在繼承、檢討前人的研究成果後，於本文，能更進一步還原僧肇思想，並釐清一些有待商榷的詮釋議題。

二、研究目的

本文研究目的，主要可分爲兩層面而言：

（一）義理層面

1、如實還原僧肇的思想

本文的終極關懷，即是如實還原僧肇的思想。僧肇思想若能如實還原，將是一把良尺，不僅能準確裁量古今《肇論》詮釋的內涵，並能釐清許多有待商榷的詮釋觀點。

2、解決有待商榷的《肇論》詮釋議題

詮釋者若詮釋僧肇思想不當，往往會混淆僧肇的思想本質，甚至讓僧肇背負「莫須有」的負面評價，並影響後人對僧肇思想的認知。因此，解決有待商榷的《肇論》詮釋議題，是刻不容緩之事。

（二）生命成長層面

1、長養一己的生命

中國義理思想，往往蘊涵著淬鍊出理論學說的實修體證工夫。僧肇思想亦是如此。僧肇有眞切的人道關懷，在以各種方式宣說著引領世人成佛成聖的道理背後，其實提供豐富的工夫方法。因此，本文希冀藉由僧肇思想的研究，從中掘發可援以作爲指導自我生命實踐的智慧地圖，引導自己尋獲一些賴以長養自家生命成長的資糧，並冀求轉化爲身心靈體系的一部分，以安頓自己的生命。

2、開智慧去迷執

人生的苦，有時來自於執著信奉一些吾人自以爲是的眞理，淪落生命困

陷之中，卻不知解脫之法。咀嚼翫味僧肇作品，在會意共鳴之後，總有沁人心脾的清涼。僧肇思想，是去迷執、開智慧的良劑。

第二節　前人研究成果的回顧與問題的提出

一、前人研究成果的回顧

　　僧肇的思想，在中國佛教史和中國思想史上，有著劃時代的特殊意義與顯著的地位。回顧僧肇思想的研究成果，可以百花爭妍、各放異彩形容之。

　　若以民初爲分際，僧肇思想的研究成果可分爲「傳統」與「現代」兩種詮釋類型。所謂「傳統詮釋類」：可分爲三種：其一，指義學僧人對《肇論》近整部逐字逐句注疏的作品；其二，指晚明鎮澄等僧人詮解〈物不遷論〉，而引發諍辯的作品；〔註1〕其三、爲宣說部分己宗教義，而援用《肇論》，以作創造性的詮釋，如唐・澄觀《華嚴疏鈔》、宋・永明延壽《宗鏡錄》等。〔註2〕在這三種中，以第一種，最能周詳詮釋僧肇思想，因此取爲本文「傳統詮釋類」的代表。在「現代詮釋類」，主以學者對僧肇思想及其相關議題的詮釋爲代表。茲製表如下，以資回顧僧肇思想的研究成果：〔註3〕

〔註1〕 參明・鎮澄：《物不遷正量論證》暨〈序〉，《卍續藏》冊九十四，頁728下～756上；明・道衡：《物不遷正量論證》，《卍續藏》冊九十四，頁723上～726上；明・眞界：《物不遷論辯解》暨〈序〉，《卍續藏》冊九十四，頁757上～769上：明・龍池幻有：《駁語》、《性住釋》、《物不遷題旨》，《中華大藏經》第二輯第九十九冊《嘉興續藏經》《龍池幻有禪師語錄》卷十一，修訂中華大藏經會印行，1968年，頁40993下～41007下等。

〔註2〕 參唐・澄觀：《大方廣佛華嚴經隨疏演義鈔》（以下簡稱《華嚴疏鈔》），《大正藏》冊三十六，頁1上～701上：宋・永明延壽：《宗鏡錄》，《大正藏》冊四十八，頁415上～957中。

〔註3〕 涉及僧肇思想研究的文獻資料，可謂不勝枚舉。限於篇幅，筆者僅條列其篇名與僧肇思想明顯有關的文獻書目，餘者暫不贅言。此外，關於備註欄，註有「★」號者，乃表基於時空、以及一些特殊因素，筆者迄今搜羅未齊的文獻資料；註有「☆」號者，乃表出處未詳全者；註有「○」號者，乃表此文獻資料爲學界公認已佚。

僧肇思想研究書目一覽表

甲、傳統詮釋類〔註4〕

序號	著作時代	注疏名稱	注疏者	目前收錄處	特　色	備註
	陳	〈肇論序〉	小招提寺慧達	《大正藏》冊四十五，頁150上～下	序；提綱挈領	
	陳	《肇論疏》	慧達	《卍續藏》冊一五〇，頁833上～896下	1、將〈涅槃無名論〉置於篇首，反映重視涅槃的時代思潮；2、認爲僧肇有漸修、漸悟的思想。	
	唐	《肇論疏》	元康	《大正藏》冊四十五，頁161下～200下	逐句注疏《肇論》，詳而不煩瑣	
	唐	《肇論夾科》	元康			○
	唐	《肇論鈔（抄）》	惠澄（證）			○
	唐	《肇論文句圖》	惠澄（證）			○
	唐	《肇論（略）疏》	東山炬			○
	唐	《肇論略出要義兼注附焉并序》	靈興			○
	唐	《肇論註》（假題）	修廣			○
	唐	肇論註（假題）	雲靄			○
	宋	《注肇論疏》	遵式	《卍續藏》冊九十六，頁199上～366下	據元康《肇論疏》，並加華嚴唯心的思想	
	宋	《肇論疏科》	遵式	《卍續藏》冊九十六，頁173～188	科判圖表	
	宋	《夾科肇論序注》	曉月	《卍續藏》冊九十六，頁189上～197上	近依元康疏而成	
	宋	《肇論中吳集解》	淨源	《叢書集成續編》冊四十六（臺北：新文豐出版公司），頁432上～469上	華嚴唯心的詮釋立場	
	宋	《肇論集解令模鈔》	淨源			☆★

〔註4〕參牧田諦亮著，釋依觀譯：〈關於肇論之流傳〉（上）、（下），《妙心雜誌》第四十四期，1999年8月1日（網路版）。

宋	《夢庵和尚節釋肇論》	（係悟初道全筆錄其師夢庵和尚之作）	尊經閣文庫藏（收錄於塚本善隆編：《肇論研究》（京都：法藏館），1955 年（昭和 30 年），頁 1～98）		
元	《肇論新疏》	文才	《大正藏》冊四十五，頁 201 上～243 中	文才較遵式、淨源貼近僧肇原義	
元	《肇論新疏游刃》	文才	《卍續藏》冊九十六，頁 467 上～576 下	再疏《肇論新疏》	
明	《肇論略注》	德清	《卍續藏》冊九十六，頁 577 上～654 上	參文才注本華嚴唯心的詮釋立場	
	《肇論注》	光瑤			○
	《肇論注》	瑤等			○
	《肇論注》	好直			○
	《肇論聞書》	亡名			○
	《肇論私記》	亡名			○
	《肇論註》	亡名或云叡法師注待勘			○
	《肇論述義》	日人安澄			○
	《肇論聞書》	日人			☆ ★

乙、現代詮釋類

一、專　書

序號	書　名	作　者	出　處	特　色	備註
	《僧肇思想研究 ── 魏晉玄學與佛教思想之交涉》	劉貴傑	臺北：文史哲出版社，1985 年 8 月初版	僧肇思想通論	
	《肇論研究論文集》（74 年西蓮淨苑般若研討會）		臺北：西蓮文苑，1985 年	論文集	
	Chao Lun（The Theses of Seng-zhao）	徐梵澄英譯	北京：中國社會科學出版社，1985 年	英譯《肇論》	★
	《僧肇》	李潤生	臺北：東大圖書公司，1989 年 6 月初版	僧肇思想通論	
	《晚明佛教叢林改革與佛學諍辯之研究 ── 以憨山德清的改革生涯為中心》	江燦騰	臺北：新文豐出版公司，1990 年 12 月	論晚明〈物不遷論〉諍辯	

《肇論》	洪修平釋譯	高雄：佛光出版社，1996 年初版	《肇論》釋譯	
《肇論講義》	單培根	臺北：方廣文化，1996 年初版	《肇論》釋譯	
《僧肇思想研究》	涂豔秋	臺北：東初出版社，1996 年 4 月初版二刷	博士論文；僧肇思想通論	
《開演般若·妙解空慧——僧肇大師傳》（小說版）	張強	高雄：佛光出版社，1996 年 7 月初版	小說；僧肇傳記	
《印度與中國的早期中觀學派》	Richard H.Robinson 著，郭忠生譯	南投：正聞出版社，1996 年 12 月	涉《肇論》釋譯	
《新編肇論》	黃錦鋐、楊如雪、蔡纓勳校注	臺北：臺灣古籍出版有限公司，2000 年 11 月初版一刷	《肇論》釋譯	
《論僧肇哲學——魏晉玄佛合流的終結和中國化佛教體系的初創》	洪修平	收錄於《中國佛教學術論典》冊十九，高雄：佛光山文教基金會，2001 年初版，頁 327～448（南京大學哲學系碩士論文，1984 年）	碩士論文；僧肇思想通論	
《肇論通解及研究》	孫炳哲	收錄於《中國佛教學術論典》冊十九，高雄：佛光山文教基金會，2001 年初版，頁 1～325（北京大學哲學系博士論文，1996 年）	1、《肇論》詮釋史通論 2、主論僧肇的心物論和聖法論。	
《僧肇評傳》	許抗生	南京：南京大學出版社，2001 年 2 月二刷（1998 年 12 月一刷）	僧肇思想通論	
《慧遠、僧肇聖人學研究》	盧桂珍	臺北：國立臺灣大學出版委員會，2002 年 10 月初版（臺灣大學中國文學研究所博士論文，1999 年 6 月）	博士論文；涉僧肇思想通論	
《《肇論》研究的衍進與開展》	邱敏捷	高雄市：高雄復文書局，2003 年	《肇論》詮釋史	
《物不遷論；《肇論》之一》	林中治	臺北：大圓出版社，2003 年 10 月初版初刷	〈物不遷論〉議題	

二、期　刊

序號	期刊名	作　者	出處	特色	備註
	〈關於《物不遷論》——一篇形而上學的佛學論文〉	任繼愈	收錄於《漢唐中國佛教思想論集》（北京：生活、讀書、新知三聯書店），1963年，頁193～218	《物不遷論》釋譯	
	〈僧肇的宇宙源起說及其現象論〉	林澄波	《慧炬》革新號十二期，1964年12月，頁6～7	僧肇思想議題	★
	〈僧肇的形而上學〉	方立天	《新建設》，1965年8月9日	僧肇思想議題	★
	〈僧肇般若無知論闡義〉	蘇新鋈	《貝葉》第六期，1972年，頁31～38	〈般若無知論〉析義	★
	〈評介李華德譯註之「肇論」〉	王煜	《法相學會集刊》第二輯，1973年6月，頁1～3	評論《肇論》當代詮釋——李華德譯注本	
	〈老莊的言意觀對僧肇與禪宗的影響〉	王煜	《新亞書院學術年刊》第十五期，1973年5月，頁195～218	僧肇思想與老、莊	
	〈肇論略注述譯〉	許祖成	《文史學報（中興大學）》第五期，1975年5月，頁1～4	《肇論》傳統注疏本述譯	
	〈僧肇般若無知論析義〉	廖鍾慶	《鵝湖》第一卷第七期，1976年，頁26～30	〈般若無知論〉析義	
	〈從緣起性空談僧肇之物不遷論〉	葉偉平	《鵝湖》第二卷第四期，1976年10月，頁39～40	〈物不遷論〉議題	
	〈僧肇三論與玄學〉	唐君毅	收錄於張曼濤主編：《三論典籍研究（三論宗專集之二）》（臺北：大乘文化出版社），1979年8月，頁209～234	僧肇思想與玄學	
	〈肇論宗本義說要〉	開因	同上，頁235～243	〈宗本義〉析義	
	〈僧肇與肇論之研究〉	大光	同上，頁245～266	僧肇思想通論	
	〈僧肇研究〉	安樂哲	同上，頁267～282	僧肇思想通論	
	〈試譯僧肇「物不遷論」〉	澄璧	同上，頁283～293	〈物不遷論〉析義	

〈讀慧達「肇論疏」述所見〉	石峻	同上，頁 295～307	涉慧達《肇論疏》	
《肇論》思想研究〉	石峻	收錄於《國故新知──中國傳統文化的再詮釋》，北京：北京大學出版社，1993 年 8 月一刷，頁 234～254	僧肇思想議題	
〈僧肇佛教哲學思想〉	傅雲龍	收錄於《哲學史論叢》，吉林人民出版社，1980 年 7 月	僧肇思想通論	★
〈論發現《肇論集解令模鈔》的意義〉	張春波	《哲學研究》第三期（月刊），1981 年三月，頁 60～66	評《肇論》傳統注疏本──《肇論集解令模鈔》	
〈肇論宗本義述解〉	吳希聲	《中國佛教》第二十五卷第八期，1981 年 5 月 30 日，頁 38～43	〈宗本義〉析義	
〈讀《不眞空論》（姚秦時代的佛教思想家僧肇所寫的一篇唯心主義學論文）〉	王成竹	《河北大學學報》，1982 年 1 月	〈不眞空論〉議題	★
〈僧肇物不遷義質疑〉	廖明活	《內明》第一二六期，1982 年 9 月，頁 3～6	〈物不遷論〉議題	
〈一篇宣傳形而上學宇宙觀的宗教哲學論文──析《物不遷論》〉	束際成	《杭州師院學報》（社會科學版）第二期，1983 年 2 月，頁 17～21	〈物不遷論〉析義	
〈僧肇《般若無知論》簡析〉	周齊	《齊魯學刊》1983 年第六期（總第五十七期），頁 26～29	〈般若無知論〉議題	
〈形而上學的精彩論證〉	汪曉魯	《湘潭大學社會科學學報》第三期，1984 年，頁 23～25	〈物不遷論〉議題	
〈論僧肇佛教哲學思想及其理論淵源──兼論鳩摩羅什的般若思想〉	田文棠	《陝西師大學報（哲學社會科學版）》第二期（季刊），1984 年 2 月，頁 73～82	僧肇思想通論	
〈讀《般若無知論》〉	王成竹	《河北大學學報》1984 年 3 月	〈般若無知論〉析義	★
〈僧肇「不眞空論」釋論〉	張炳陽	《中國佛教》第二十八卷第五期，1984 年 5 月，頁 21～27	〈不眞空論〉析義	

〈江河競注而不流 ——談僧肇之「物不遷論」〉	顏忠信	《慧炬》二四二～二四三期，1984 年 9 月，頁 18～20	〈物不遷論〉議題	
《僧肇的空觀》	朴海檔	漢城大學大學院，1986 年	僧肇思想 —— 空觀	★
〈僧肇動靜觀辨析 ——讀《肇論‧物不遷論》〉	錢偉量	《世界宗教研究》第三期，1987 年，頁 103～107	〈物不遷論〉議題	
〈試論老莊思想對僧肇的影響〉	劉國梁	《齊魯學刊》第四期，1987 年，頁 83～87	僧肇思想與老、莊	
〈僧肇 "不眞空論" 的邏輯問題〉	賀其叶勒圖	《內蒙古大學學報（哲學社會科學版）》第一期，1987 年，頁 46～47	〈不眞空論〉議題	
〈僧肇「三論」解空的哲學體系初探〉	洪修平	《世界宗教研究》第三期，1987 年，頁 92～102	論僧肇三論	
〈鎮澄與《物不遷論》〉	張春波	《五台山研究》，1987 年 6 月	〈物不遷論〉詮釋議題	★
〈僧肇之「有無同異」思想〉	余崇生	《東方宗教研究》第一期，1987 年 9 月，頁 31～41	僧肇思想 —— 有無	
〈能所、體用、語言 —— 僧肇《般若無知論》述評〉	陳繼東	《日本印度學佛教學研究》（《北京大學研究生學刊》），1988 年 2 月	〈般若無知論〉析義	★
〈由僧肇「物不遷論」申論中、西哲學傳統對動、靜觀念的見解〉	尤煌傑	《國立臺北護專學報》第五期，1988 年 6 月，頁 81～108	〈物不遷論〉議題	
《佛教的中國化與僧肇的哲學思想》	洪修平	《復旦大學學報》1988 年第四期	僧肇思想通論	★
〈僧肇佛教哲學思想述論〉	羅顥	《法音（學術版）》第二輯，1988 年 12 月	僧肇思想通論	★
〈從「肇論」、「壇經」論大乘空宗/禪宗的神祕主義：兼評道默林對大乘/禪宗神祕主義的構想〉	祝平一	《鵝湖月刊》第十四卷第十期（總號第一六六），1989 年 4 月，頁 30～36	《肇論》與神祕主義	
〈僧肇的中觀論及其論證方法〉	釋繼聲	《香港佛教》第三四八期，1989 年 5 月，頁 10～13	僧肇思想 —— 中觀	
《僧肇的普遍認識體系研究》	金忠鉉	東國大學院，1989 年		★

〈關於《涅槃無名論》作者問題的討論 ── 《涅槃無名論》的著作權應歸僧肇〉	劉成有	《文史哲》第四期，1990 年 4 月，頁 35～37	〈涅槃無名論〉著作權	
〈不眞空新論〉（上）	羅顥	《中國佛教》第三十四卷第四期，1990 年 4 月 30 日，頁 12～14	〈不眞空論〉析義	
〈不眞空新論〉（中）	羅顥	《中國佛教》第三十四卷第五期，1990 年 5 月 30 日，頁 6～10	〈不眞空論〉析義	
〈不眞空新論〉	羅顥	《中國佛教》第三十四卷第六期，1990 年 6 月 30 日，頁 11～17	〈不眞空論〉析義	
〈老莊玄學與僧肇佛學〉	洪修平	收錄於陳鼓應主編《道家文化研究（第五輯）》，臺北：文史哲出版社，1990 年 8 月校一版，頁 247～261	僧肇思想與道、玄	
〈略述僧肇的佛學思想〉	仁慈	《閩南佛學院學報》，1991 年 2 月，頁 50～53	僧肇思想通論	
〈僧肇「體用相即」思想述論〉	余崇生	《國際佛學研究》年刊創刊號，1991 年 12 月，頁 69～84	僧肇思想 ── 體用	
〈傷哉英傑 ── 僧肇法師〉	林凡音	《廣東佛教》，1992 年 2 月	僧肇思想通論	
〈僧肇佛學理論的宗教歸宿 ── 兼及《涅槃無名論》的歸屬〉	劉成有	《廣東佛教》1992 第五期（總二十七期），頁 41～44	〈涅槃無名論〉版權問題	
〈僧肇的“動靜未始異”初論〉	劉國梁	《廣東佛教》1992 年第五期（總二十七期），頁 45。	〈物不遷論〉議題	
〈僧肇論「般若」〉	劉國梁、張曉卉	《台州佛教》，1992 年 12 月	僧肇思想 ── 般若	★
〈僧肇肇論思想體系研究〉	能仁	《SUDARA》，99 年	僧肇思想通論	★
〈慧遠、僧肇之頓悟義〉	劉果宗	《獅子吼》第三十二卷第三期，1993 年 3 月 15 日，頁 22～23	僧肇思想 ── 頓悟	
〈《肇論》思想新譯〉	龔雋	《人文雜誌》第五期，1993 年，頁 66～69	僧肇思想通論	

〈論《涅槃無名論》創作的背景〉	劉成有	《廣東佛教》，1993 年 6 月，頁 35～39	〈涅槃無名論〉議題	★
〈經典導讀《肇論》〉	劉貴傑	《哲學與文化》第二十一卷第四期，1994 年 4 月，頁 375～378	僧肇思想導論	
〈僧肇不眞空論世界觀新探〉	吳相武	《文化的回顧與展望》，北京大學出版社，1994 年	〈不眞空論〉議題	★
《肇論·般若無知論》	方立天	收錄於方立天《佛教哲學》（臺北：洪葉文化事業有限公司），1994 年 7 月，頁 317～323	〈般若無知論〉析義	
《《肇論》中之破變動論證〉	彭文林	《法光》第六十三期，1994 年 12 月 10 日，二～三版	〈物不遷論〉議題	
〈僧肇的「運動」概念〉	楊士偉	《法光》第六十三期，1994 年 12 月 10 日，三版	〈物不遷論〉議題	
〈僧肇的「運動」概念〉（下）	楊士偉	《法光》第六十四期，1995 年 1 月 10 日，四版	〈物不遷論〉議題	
〈僧肇「有無觀」、「體用論」之探討──兼談佛教中國化問題〉	徐小耀	《南京大學學報（哲學、人文、社會科學）》第一期，1995 年，頁 31～37	僧肇思想 ──有無、體用	
〈由抄書而成長起來的佛學巨匠──僧肇〉	一涓	《佛教文化》卷二，1995 年 3 月，頁 26～27	僧肇簡介	★
〈禪與境界管理──以《肇論》的〈涅槃無名論〉為中心〉	黃俊威	《第一屆禪與管理研討會論文集》（臺北：華梵人文科技學院工業管理學系），1995 年 5 月 17 日，頁 175～183	〈涅槃無名論〉議題	
〈僧肇與竺道生的慧悟〉	吳汝鈞	收錄於吳汝鈞：《中國佛學的現代詮釋》，臺北：文津出版社，1995 年 6 月，頁 23～37	僧肇思想──慧悟	
〈關於僧肇年齡研究的綜述〉	黃夏年	《佛教知識》1995 年第二期，1995 年 6 月，頁 13～14	僧肇年齡議題	★
〈僧肇生平考辨〉	劉成有	《五臺山研究》，1995 年第三期，1995 年 9 月，頁 6～11	僧肇生平議題	★

〈僧肇物不遷論探旨〉	單培根	《內明》第二八二期，1995 年 9 月，頁 13～14	〈物不遷論〉析義	
〈僧肇是怎樣解「空」的〉	黃夏年	《五臺山研究》1995 年第三期，1995 年 9 月	僧肇思想──空	★
〈譯《物不遷論》〉	本相	《閩南佛學院學報》1996 年第一期，1996 年 6 月，頁 84～88	〈物不遷論〉析義	
〈僧肇時壽之我見〉	黃夏年	《閩南佛學院學報》1996 年第一期，1996 年 6 月，頁 54～56	僧肇時壽──考據	
《《肇論‧不眞空論》釋義〉	彭文林	收錄於《1996 年佛學研究論文集──佛教思想的當代詮釋》（臺北：佛光出版社），1996 年 8 月，頁 180～220	〈不眞空論〉析義	
〈僧肇大師中觀思想〉	胡曉光	《慧炬雜誌》三八八期，1996 年 10 月，頁 36～42	僧肇中觀思想議題	
《《肇論》思想探析〉	身振	《法源》中國佛學院四十周年校慶，1996 年 11 月，頁 55～57	僧肇思想通論	
〈僧肇爲什麼要評論六家七宗〉	黃夏年	《台州佛教》卷二，1996 年	僧肇思想與格義佛教	★
〈玄佛合流、六家七宗與《肇論》〉	洪修平	收錄於《佛教與中國傳統文化》，宗教文化出版社，1997 年版	僧肇思想與格義佛教	★
〈試論支遁、僧肇與道家（道教）重玄思想的關係〉	李養正	《宗教學研究》第二期，1997 年，頁 64～73	僧肇思想與道家（道教）	
〈肇論裏的「虛」與「空」〉	錢新祖	收錄於《出入異文化》，新竹：張天然出版社，1997 年 2 月，頁 38～39	僧肇思想──虛、空	★
〈簡論僧肇的佛學思想〉	陳贇	《黃准學刊（哲學社會科學版）》第十三卷第一期，1997 年 3 月，頁 21～23	僧肇思想通論	
〈後秦僧肇的「法華三昧」禪法與隴東南北石窟寺的七佛造像〉	賴鵬舉	《佛學研究中心學報》第二期，1997 年 7 月，頁 211～231	僧肇思想──禪法	

〈僧肇之二諦義及其影響 ── 以《不眞空論》爲中心〉	元弼聖	《正觀雜誌》第三期，1997年12月25日，頁169～207	僧肇二諦義	
〈從佛教的語言思想發展看僧肇之假名觀〉	元弼聖	《中華佛學研究》第二期，1998年，頁299～311	僧肇思想 ── 假名觀	
〈石頭希遷與《肇論》〉	黃夏年	《禪》第二期，1998年（網路版）	僧肇思想的影響	
〈僧肇《物不遷論》略論〉	李明芳	《東吳哲學學報》第三期，1998年4月，頁29～41	〈物不遷論〉析義	
〈僧肇對有無問題的辨治 ── 以《般若無知論》爲主的討論〉	孫長祥	收錄於《魏晉南北朝學術國際研討會發表論文彙編（下）》（臺北：中國文化大學哲學系），1998年12月，頁1～13	〈般若無知論〉議題	
〈鎭澄對僧肇《物不遷論》的批評〉	方立天	《哲學研究》第十一期，1998年，頁55～60	〈物不遷論〉傳統詮釋的議題	
〈僧肇哲學是中國哲學史上的重要一環〉	張琨	《世界宗教文化》第一期，1999年，頁51～52。	僧肇思想通論	
〈〈涅槃無名論〉與《中論》之涅槃觀〉	釋妙書	收錄於《第十屆佛學論文聯合發表會論文集》（桃園：圓光佛學研究所），1999年8月，頁1～21	〈涅槃無名論〉議題	
〈關於肇論之流傳(上)〉	牧田諦亮著，釋依觀譯	《妙心雜誌》第四十四期，1999年8月1日（網路版）	論《肇論》傳統詮釋史	
〈關於肇論之流傳(下)〉	同上	《妙心雜誌》第四十五期，1999年9月1日（網路版）	論《肇論》傳統詮釋史	
〈僧肇哲學與玄老思想比較研究〉	沈順福	《東岳論叢》第二十卷第一期，1999年1月，頁100～106	僧肇思想與道、玄	
〈肇論中的般若思維〉	杜保瑞	《第十一屆國際佛教教育文化研討會論文集》（臺北：華梵大學），1999年7月（網路版）	〈般若無知論〉議題	
〈僧肇對玄佛體用論的揚棄〉	蔣海怒	《人文雜誌》第三期，1999年，頁21～24	僧肇思想 ── 體用	

〈小乘實有論或大乘實相論？—— 分析明末三大師的〈物不遷論〉解釋立場〉	黃國清	《中華佛學學報》第十二期，1999 年 7 月，頁 393～409	〈物不遷論〉傳統詮釋的議題	
〈僧肇對般若的闡釋〉	蔡日新	《南洋佛教》第三十六期，1999 年，頁 14～17	僧肇思想 —— 般若	★
〈〈不眞空論〉和〈物不遷論〉導讀〉	方立天	《眾妙之門—中國文化名著導讀舉隅》卷九，北京：清華大學出版社，1999 年	僧肇思想導讀	★
〈從僧肇到印順導師 —— 《肇論》研究史的回顧與檢討〉	邱敏捷	《印順思想 —— 印順導師九秩晉五壽慶論文集》（藍吉富主編，新竹：正聞出版社），2000 年 4 月 16 日，頁 329～343	論《肇論》詮釋史	
〈僧肇「狂言」說的理論與實踐〉	盧桂珍	《第三屆中國語文教育之學理與應用研討會論文集》，2000 年 12 月 1 日，頁 1～29	僧肇思想議題 ——「狂言」	
〈從睿智的直覺看僧肇的般若智思想對印度佛學的般若智的創造性詮釋〉	吳汝鈞	《第三屆國際漢學研討會論文集》（臺北：中研院）（抽印本），2000 年 6 月 29 日，頁 1～66	僧肇思想議題	
〈玄智與般若 —— 從《肇論》探討玄佛關係〉	戴璉璋	同上，頁 1～43	僧肇思想與玄學	
〈〈涅槃無名論〉佛學思想評述 —— 兼論僧肇對玄學困惑的反思與超越〉	張兆勇	《准北煤師院學報（哲學社會科學版）》第二十二卷第一期，2001 年 2 月，頁 37～39	〈涅槃無名論〉議題	
〈僧肇哲學思想述評〉	高興智	《玉溪師範學院學報》第十七卷第二期，2001 年，頁 44～47	僧肇思想述評	
〈《肇論》思想體系探析 —— 兼論其與魏晉玄學中幾個主題的關係〉	黃淑齡	《宗教哲學》第七卷第一期，2001 年 3 月，頁 150～163	僧肇思想議題	
〈論僧肇對中國哲學的貢獻〉	沈順福	《山東大學學報（哲學社會科學版）》第五期，2001 年，頁 40～45	僧肇思想的貢獻	

〈修辭哲學中轉識成智過程之析論——以僧肇〈不眞空論〉爲例〉	錢奕華	《第三屆中國修辭學學術研討會論文集》（桃園：銘傳大學），2001 年 6 月 1 日，頁 1064～1087	〈不眞空論〉議題	
〈僧肇〈物不遷論〉後設基礎的檢視〉	羅因	《中國文學研究》第十五期，2001 年 6 月，頁 75～108	〈物不遷論〉議題	
〈僧肇在兩種文化之間〉	秦准	《安徽大學學報（哲學社會科學版）》第二十五卷第四期，2001 年 7 月，頁 106～110	僧肇思想與玄學	
〈《物不遷論》中的體用思想探微〉	蘇樹華	《宗教哲學》第七卷第二期，2001 年 7 月，頁 166～173	〈物不遷論〉議題——體用	
〈讀《涅槃無名論》二題〉	陳作飛、張兆勇	《淮北煤師院學報（哲學社會科學版）》第二十二卷第三～四期，2001 年 7 月，頁 3～4	〈涅槃無名論〉議題	
〈僧肇思想辯證——《肇論》與道、玄關係的再審查〉	龔雋	《中華佛學學報》第十四期，2001 年 9 月，頁 135～158	僧肇思想議題——道、玄	
〈僧肇之動靜觀再議〉	王月秀	收錄於《現代佛學的研究——第十二屆佛學論文發表會論文集》（嘉義：南華大學佛學研究中心），2001 年 9 月，頁 107～126	〈物不遷論〉議題	
〈《肇論》對時空眞假的認識——以《物不遷論》與《不眞空論》爲中心的探討〉	孫炳哲	收錄於《詮釋與建構——湯一介先生 75 年華誕暨從教 50 周年紀年文集》（北京：北京大學出版社），2001 年 12 月一刷，頁 319～325	《肇論》議題——時空眞假	
〈六家七宗與般若性空論〉	徐文明	收錄於《少林文化研究論文集》，北京：宗教文化出版社，2001 年	僧肇思想與格義佛教	★
〈僧睿、僧肇、周顒合論——中國佛教般若學之理論建設〉	王仲堯	《中國文化月刊》二六七期，2002 年 6 月，頁 41～62	僧肇般若學	
〈僧肇哲學論述中「狂言」之研究——兼論其思想史上的意義〉	盧桂珍	《鵝湖學誌》第二十九期，2002 年 12 月，頁 27～66	僧肇的論述模式與思想定位	

〈慧皎《高僧傳·僧肇傳》疑點考釋〉	李明芳	《東吳哲學學報》第七期，2002 年 12 月，頁 35〜54	《高僧傳·僧肇傳》文獻考	
〈《涅槃無名論》眞僞辨〉	徐文明	《圓光佛學學報》第七期，2002 年 12 月，頁 29〜48	〈涅槃無名論〉眞僞問題	
〈四論創建中國解釋學問題 —— 關於僧肇注《道德經》問題〉		《故鄉》，2002 年（網路版）	僧肇注《道德經》議題	☆
〈僧肇般若學與王弼易學〉	王仲堯	《普門學報》第十四期，2003 年 3 月，頁 65〜98	僧肇與玄學	
〈關於《物不遷論》〉	孫豔萍	《滄桑》，2003 年 6 月，頁 44〜46	〈物不遷論〉議題	
〈僧肇"空"論解義〉	康中乾	《南開學報（哲學社會科學版）》期四（總第一七四），2003 年 7 月 20 日，頁 57〜62	僧肇般若思想解	
〈關於僧肇"空"觀思想的本體論解讀〉	肖虹	《雲南師範大學學報》第三十五卷第四期，2003 年 7 月 15 日，頁 80〜83	僧肇般若思想議題	
〈論僧肇的大乘中觀般若學思想〉	李振綱	《哲學研究》第八期，2003 年 8 月，頁 87〜92	僧肇般若思想議題	
〈「肇論鈔」初探 —— 以「宗鏡錄」所見佚文爲主〉	李明芳	《東吳哲學學報》第八期，2003 年 8 月，頁 30〜53	《肇論》詮釋議題	
〈僧肇對動靜問題的辨治 —— 〈物不遷論〉析義〉	孫長祥	收錄於《第七屆儒佛會通暨文化哲學學術研討會論文集》（臺北：華梵大學哲學系），2003 年 9 月，頁 246〜254	〈物不遷論〉議題	
〈論僧肇與王維輞川絕句"字字入禪"〉	董運庭	《重慶師院學報》卷三，2003 年 9 月 15 日，頁 38〜44		
〈僧肇與老莊思想 —— 郭象與僧肇〉	福永光司著，邱敏捷譯註	《正觀》第二十六期，2003 年 9 月 25 日，頁 157〜194	僧肇思想與玄學	
〈僧肇〈涅槃無名論〉疑義與析〉	陳平坤	收錄於《印順文教基金會九十二年論文獎學金論文集》，2003 年（網路版）	〈涅槃無名論〉議題	

〈論僧肇「空」的視野下的宇宙人生〉	王貽杜、李秋麗	《齊魯學刊》卷二（總第一七九期），2004 年 3 月 15 日，頁 36～39	僧肇思想議題 —— 空	
〈僧肇的"物不遷論"與文化交流的意義〉	林傳	《哲學研究》，頁 110～114	〈物不遷論〉議題	☆
〈諸若的飛矢不論與僧肇物不遷論〉	韓龍雲	見《韓龍雲全集》二卷	〈物不遷論〉議題	★☆
〈《不眞空論》佛學思想評述〉	張兆勇	《古籍研究》	〈不眞空論〉析義	★☆
〈論僧肇的佛教哲學 ——兼與〈中國思想通史〉商榷〉	張春波	《中國哲學史研究集刊》第一期，北京：人民出版社	僧肇思想通論	★☆
〈論龍樹與僧肇對般若經假名的闡揚及其現代意義〉	游詳洲	《普門》雜誌第四十期，頁 36～37	僧肇思想 —— 假名與現代意義	★

三、學位論文

序號	論文名稱	作　者	出處及日期	要　旨	備註
	《肇論淺釋》	古正美	臺灣大學中國文學研究所碩士論文，1970 年 8 月	通論	
	《僧肇、吉藏、智顗三家維摩詰經注疏中 ——「不思議」義的發展》	馮健生	香港大學新亞研究所碩士論文，1976 年 8 月	僧肇思想—「不思議」義	
	《僧肇三論哲學研究》	何充道	香港能仁書院哲學研究所碩士論文，1983 年 9 月	僧肇三論	
	《僧肇般若思想之研究 —— 以「不眞空論」為主要依據》	蔡纓勳	臺灣師範大學中國文學研究所碩士論文，1984 年	〈不眞空論〉	
	《僧肇之物性論－空及運動之討論》	翁正石	香港大學新亞研究所哲學組碩士論文，1986 年 6 月	〈物不遷論〉	
	《僧肇〈物不遷論〉思想研究》	黃百儀	東海大學哲學研究所碩士論文，1991 年 5 月	〈物不遷論〉	
	《知識與行動 —— 僧肇聖人概念的批判分析》	楊士偉	臺灣大學哲學研究所碩士論文，1991 年 12 月	僧肇思想 —— 聖人概念	
	《僧肇思想研究 —— 兼論玄學與般若學之交會問題》	羅因	臺灣大學中國文學研究所碩士論文，1995 年	僧肇思想	

《慧遠與僧肇般若學的比較研究》	陶文本	臺北師範大學國文研究所碩士論文，1995 年 5 月	僧肇思想 ── 般若學	
《論肇論對三宗之批判》	黃淑滿	華梵大學哲學系第一屆學士論文，2000 年	僧肇駁正三宗	
《僧肇與吉藏的般若中觀思想比較研究》	鄭梅珍	玄奘人文社會學院宗教學研究所碩士論文，2001 年 6 月	僧肇思想 ── 般若中觀	
《僧肇中觀思想研究》	李明芳	文化大學哲學研究所博士論文，2002 年	僧肇思想 ── 般若中觀	

四、外文資料

序號	書（篇）名	作　者	出　　處	性　　質	備註
	〈「肇論中吳集解」に就いて〉	松本文三郎	《支那佛教史學》第一卷第四號，1937 年 12 月 25 日	《肇論》傳統詮釋本	
	〈慧遠僧肇の神明觀を論じて道生の新說に及ぶ〉	板野長八	《東洋學報》第三十卷第四號，1943 年 11 月（昭和 18 年），頁 447～505	僧肇思想 ── 神明觀	
	〈羅什の入寂年代をめぐって ── 僧肇による般若教學展開の一樣相 ── 〉	松山善昭	《印度學佛教學研究》第二卷第一號（通卷第三號）（龍谷大學における第 2 回學術大會紀要），1953 年 9 月 30 日（昭和 28 年），頁 149～150	羅什與僧肇議題	
	〈僧肇の般若無知攷〉	藤堂恭俊	《印度學佛教學研究》第三卷第一號（通卷第五號）（大谷大學における第四回學術大會紀要），1954 年 9 月 25 日（昭和 29 年），頁 133～134	〈般若無知論〉議題	
	〈佛教史上における肇論の意義〉	塚本善隆	收錄於塚本善隆編：《肇論研究》（京都：法藏館），1955 年（昭和 30 年），頁 113～166	《肇論》詮釋史	
	〈涅槃無名論とその背景〉	橫超慧日	同上，頁 167～199	〈涅槃無名論〉議題	
	〈僧肇における中觀哲學の形態〉	[木+尾]山雄一	同上，頁 200～219	僧肇思想 ── 中觀	

〈肇論における中論の引用をあぐつて〉	服部正明	同上，頁220～237	僧肇思想 —— 淵源	
〈肇論における眞〉	村上嘉實	同上，頁238～251	僧肇思想 —— 眞	
〈僧肇と老莊思想〉	福永光司	同上，頁252～271	僧肇思想與老、莊	
〈肇論の流傳について〉	牧田諦亮	同上，頁272～298	論《肇論》傳統詮釋	
〈僧肇と曇鸞『論註』における僧肇の役割〉	藤堂恭俊	《印度學佛教學研究》第四卷第二號（通卷第八號）（佛教大學における第 6 回學術大會紀要（二）），1956年 3 月 30 日（昭和 31 年），頁64～72	僧肇思想及其詮釋思想	
〈註維摩詰經の思想構成 —— 羅什・僧肇・道生三師說の對比〉	橋本芳契	《印度學佛教學研究》第六卷第二號（通卷第十二號）（高野山大學における第八回學術大會紀要（二）），1958 年 3 月 30 日（昭和 33 年），頁 198～202	僧肇《注維摩詰經》議題	
〈華嚴思想史におよぽした僧肇の影響〉	鎌田茂雄	《印度學佛教學研究》第十卷第二號（東京大學における第十二回學術大會紀要（二）），1962 年 3 月 31 日，頁 51～56	僧肇思想的影響	
〈寶藏論と三論元旨〉	鎌田茂雄	，《印度學佛教學研究》第十一卷第二號（通卷第二十二號）（龍谷大學における第十三回學術大會紀要（二）），1963 年 3 月 31 日，頁 260～263	僧肇作品與道教	
〈肇論「答劉遺民書」の成立時期について〉	桐谷征一	，《印度學佛教學研究》第十五卷第一期（通卷第二十九號）（高野山大學における第十七回學術大會紀要（一）），1966 年 12 月 25 日（昭和 41 年），頁 180～181	僧肇著作的考據議題	
Early Madhyamika in India and China	Richard H. Robinson	Madison: University of Wisconsin Press, 1967	通論	
Chao Lun: The Treatises of Seng-chao	Walter Liebenthal	Hong Kong U.P., 1968	通論	

〈僧肇における大悲心の問題——『肇論』の一考察（上）〉	橋本芳契	《印度學佛教學研究》第十六卷第二號（通卷第三十二號）（佛教大學における第十九回學術大會紀要（二）），1968 年 3 月 31 日（昭和 43 年），頁 68～72	僧肇大悲心議題	
〈僧肇における大悲心の問題『肇論』の一考察（下）〉	橋本芳契	《印度學佛教學研究》第十七卷第二期（通卷第三十四號）（佛教大學における第十九回學術大會紀要（二）），1969 年 3 月 31 日，頁 97～100	僧肇大悲心議題	
〈「肇論研究」に見えたる慧達序の讀み方に對する私見〉	神田喜一郎	《佛教學セミナー》第九卷，1969 年 5 月 30，頁 76～92	《肇論》詮釋議題	★
〈羅什・僧肇における「成實論」の果した意義〉	古坂龍宏	《佛教學研究會年報》第六號，1972 年 2 月，頁 56～68	僧肇思想	
〈『注維摩經』（仏国品・方便品）僧肇注における中国的思考について〉	谷川理宣	《印度學佛教學研究》二十四卷一號（通卷第四十七號），1975 年 12 月，頁 242～245	僧肇思想 ——《注維摩詰經》	
〈般若無知論の聖心について〉	田中現詠	《印度學佛教學研究》二十七卷二號（通卷第五十四號），1979 年 3 月 31 日，頁 261～263	〈般若無知論〉議題	
〈魏晉時代の般若思想——僧肇の不眞空論にみえる三家異說を中心として——〉	橫超慧日	收錄於橫超慧日《中國佛教の研究》第二（京都：法藏館），1980 年 7 月 15 日二刷（昭和 55 年），頁 162～176	〈不眞空論〉議題	
〈僧肇における「仏」の理解——至人と法身〉	谷川理宣	《印度學佛教學研究》二十七卷二號（通卷第五十四號），1980 年 12 月 31 日（昭和 55 年），頁 302～305	僧肇思想——佛	
〈法事讚私記と僧肇の阿彌陀經義疏〉	小澤勇慈	《佛教論叢》卷二十六，1982 年 9 月，頁 112	僧肇註疏議題	★

〈宋代の華嚴學と肇論〉	伊藤隆壽	《印度學佛教學研究》三十二卷一號（高野山大學における第三十四回學術大會紀要（一）），1983 年 12 月（昭和 58 年），頁 249～254	《肇論》詮釋史 —— 宋代華嚴學	
〈『往生論註』所說「紹隆三寶常使不絕」の一考察 —— 鳩摩羅什・僧肇の理解とをめぐって〉	服部純雄	《佛教論叢》卷二十九，1985 年 9 月（昭和 60 年），頁 151～154	僧肇註疏議題	
〈元康撰『肇論疏』の註釋的研究（一）〉	駒澤大學大學院『肇論疏』研究會	《佛教學研究會年報》第二十號，1986 年 2 月，頁 67～97	《肇論》詮釋議題	
〈僧肇における「涅槃」の理解〉	谷川理宣	《印度學佛教學研究》三十四卷二號（通卷第六十八號），1986 年 3 月（昭和 61 年），頁 22～29	僧肇思想 —— 涅槃	
〈吉藏における僧肇說の引用について〉	奧野光賢	《印度學佛教學研究》三十四卷二號（通卷第六十八號），1986 年 3 月（昭和 61 年），頁 30～33	《肇論》詮釋議題	
〈元康撰『肇論疏』の註釋的研究（二）〉	駒澤大學大學院『肇論疏』研究會	《佛教學研究會年報》第二十號，1987 年 2 月，頁 59～72	《肇論》詮釋議題	
〈元康撰『肇論疏』の註釋的研究（三）〉	駒澤大學大學院『肇論疏』研究會	《佛教學研究會年報》第二十一號，1988 年 2 月，頁 87～116	《肇論》詮釋議題	★
〈六朝期における理について（その１）—— 肇論を中心として ——〉	柿市里子	《東洋大學大學院紀要（文學研究科）》第二十五集，1988 年 2 月 28 日，頁 293～306		
〈曇鸞と僧肇 —— 不思議の語おめぐって〉	藤凡智雄	《印度學佛教學研究》第四十四卷第二號，1995 年 3 月（平成 8 年），頁 74～76	僧肇「不思議」義	
〈物不遷論に對すゐ一見解〉	三桐慈海	《印度學佛教學研究》四十六卷二號（通卷第九十二號），1997 年 3 月（平成 10 年），頁 1～6	〈物不遷論〉	
〈涅槃ということ —— 僧肇の涅槃無名論の意義〉	三桐慈海	《佛教學》六十八卷，1998 年 10 月，頁 1～13	〈涅槃無名論〉議題	

由上述一覽表可知,「傳統詮釋類」,主要偏重對《肇論》逐字逐句的作義理詮釋。「現代詮釋類」,則是或單篇、或專著,趨於活潑、多元的對僧肇思想作某一層面或整體的詮釋,其議題盡是五花八門。若加以歸納,其研究重心約可分爲幾個方面:

　　一、考據僧肇生平、時壽及其著述問題;

　　二、對《肇論》單篇作析義、或議題探討;

　　三、探討僧肇思想與道、玄的關係;

　　四、探討僧肇思想與佛學(大乘中觀;六家七宗)等思想的關係;

　　五、僧肇思想通論;

　　六、探討僧肇《注維摩詰經》的思想;

　　七、檢討《肇論》詮釋或其詮釋史;

　　八、探討僧肇思想對後代的影響。

　　其中,第一項,涉及考據學;第二項至第六項,主在描摹僧肇思想全貌;第七項至第八項,所研究的對象則是《肇論》詮釋作品。

二、問題提出

　　僧肇思想的研究,順著歷史發展的脈絡,有著不勝枚舉的豐碩成果。每一部作品,皆有一定的價值,在研究史上皆有閃耀的光輝,激盪與影響後人對僧肇思想的認知。面對如此的成果,喜的是,詮釋者將僧肇思想還原的愈趨細緻深刻,詮釋觸角愈趨多元,〔註5〕尚待釐清的問題不僅日趨減少,並有集中化的傾向。憂的是,由於《肇論》「言約而義豐,文華而理詣」,〔註6〕並非常人可易讀能解,再加上詮釋者各有各的詮釋背景、詮釋重心與根據,此

〔註 5〕 如 70 年代劉貴傑:《僧肇思想研究 —— 魏晉玄學與佛教思想之交涉》一書,是近代全面研究僧肇思想的先鋒者,並爲近代僧肇思想研究奠定良好基礎,但有些部分太過簡賅,諸如在探討僧肇對心無、即色、本無宗的批判時,雖列出這三宗的代表者是「竺法蘊(溫)或支愍度所倡,此派人物有道恒、桓玄、劉遺民等」、「支道林」、「道安」等,卻未細察探究這三宗代表者是否恰是僧肇駁正的對象,甚至未提及關內即色義、本無異宗。(臺北:文史哲出版社,1985 年 8 月初版,頁 125~135)之後,隨著時代的潮流,關於僧肇思想的研究,探討觸角更多,更是多元。如劉貴傑此書,與 80 年代羅因:《僧肇思想研究 —— 兼論玄學與般若學之交會問題》(臺灣大學中國文學研究所碩士論文,1995 年)、90 年代李明芳:《僧肇中觀思想研究》(文化大學哲學研究所博士論文,2002 年)相較,即可見得繼承與創新的詮釋脈絡。

〔註 6〕 見陳·小招提寺慧達:〈肇論序〉,《大正藏》冊四十五,頁 150 下。

外更加上詮釋者的素養也不盡相同，使得僧肇思想研究成果雖然充滿豐富多樣性，有時不但各成一家之言，並且還悖離僧肇的原義。詮釋者甚至在曲解僧肇思想後，還給予僧肇負面的評價。這是頗令人擔憂的事，因爲僧肇思想並無牽強之處，亦無「小乘」、「外道」之見。〔註7〕

檢討僧肇思想的研究成果，發現迄今尚主要有兩層面的問題，有待進一步探討、解決：

（一）文獻問題

僧肇的著述，歷來史書記載不一。迄今，其著述問題，大部分已獲得公認的解決，唯獨〈涅槃無名論〉，學界看法不一，或眞作，或僞作，或眞僞參半。

（二）詮釋問題

僧肇思想言簡意賅，所要闡明的諸法實相又非語言文字所能言詮，因此僧肇思想研究，迄今尚存的最大問題，除了版本文獻之外，便是各各詮釋者的角度不同所衍伸的詮釋歧議問題。諸如：

1、〈般若無知論〉

「般若」內涵是什麼？般若「無知」是像木石般無情的「無知」？或是像道、玄家「損之又損」的「無知」？或是般若本具？

2、〈不眞空論〉

「空」的內涵是什麼？是代表「實無」的「眞空」？或並非眞的「實無」的「眞空」？〈不眞空論〉所駁正的般若三宗的確切對象是誰？

3、〈物不遷論〉

〈物不遷論〉是否僅談現象界物是「不遷」之理？或另有微言大義？是否可據僧肇「各性住於一世」〔註8〕的「不遷」說，而判定僧肇有外道、小乘之見？僧肇的動靜之理，可否以體用釋之？又，晚明〈物不遷論〉諍辯中的正、反方意見是否合乎僧肇思想原義？

4、〈涅槃無名論〉

〈涅槃無名論〉的涅槃內涵是什麼？涅槃是「無名」或「有名」？僧肇是否有涅槃思想？僧肇涅槃思想的「聽習」來源有那些？僧肇持頓悟思想，

〔註7〕明・鎮澄《物不遷正量論》中，批評僧肇「不遷之說」有著「小乘正解」與「外道常見」（《卍續藏》冊九十七，頁752下）。

〔註8〕見僧肇：〈物不遷論〉，《大正藏》冊四十五，頁151下。

或是漸悟思想？〈涅槃無名論〉是否是冀秦王姚興〈答姚嵩書〉所作？

　　5、思想成分

　　僧肇思想，是否純屬於玄學系統？僧肇是否承繼龍樹中觀思想？僧肇思想，是否割裂「有」、「無」？是否有自相矛盾之處？

　　由以上可知，前人的研究成果，尚有一些歧異未決的問題。例如〈涅槃無名論〉的眞僞，將會決定僧肇的思想版圖是否兼括般若學與涅槃學，而有關僧肇思想的詮釋是否穩當，將會決定僧肇思想是否如實還原。因此，筆者認爲有必要在承繼前人的研究成果後，再進一步解決前人未達成共識的議題，以更深一層揭示僧肇思想原貌。

第三節　研究方法與進路

一、研究方法

　　本文的研究方法，主要參習勞思光的「基源問題研究法」〔註9〕、傅偉勳的「創造的詮釋學」研究法，〔註10〕以及生命哲學研究法。

（一）基源問題研究法

　　依循勞思光所倡導的「基源問題研究法」，本文將試圖「以邏輯意義的理論還原爲始點，而以史學考證工夫爲助力，以統攝個別哲學活動於一定設準之下爲歸宿」。〔註11〕操作程序有三：

1、發現基源問題

　　以「理論的還原」方式，〔註12〕在《肇論》的許多論證中逐步返溯僧肇

〔註9〕　參勞思光：《中國哲學史》（一），臺北：三民出版社，1975年，頁1～20。

〔註10〕　主參傅偉勳：《從創造的詮釋學到大乘佛學——「哲學與宗教」四集》，臺北：三民書局股份有限公司，1999年5月再版，頁1～46。

〔註11〕　此段是勞氏「基源問題研究法」的定義。勞氏加以闡述，「一切個人或學派的思想理論，根本上必是對某一問題的答覆或解答」，「如果找到了這個問題，我們即可以掌握這一部分理論的總脈絡。反過來說，這個理論的一切內容實際上皆以這個問題爲根源。理論上一步步的工作，不過是對那個問題提供解答的過程。」（見勞思光：《中國哲學史》（一），臺北：三民出版社，1975年，頁15）要之，勞氏意謂一思想家所提及的教義理論，皆是以答覆或解答基源問題爲出發點。

〔註12〕　勞思光說：「表述基源問題時，要使這個問題的解答，確能邏輯地涉及所提出的理論。因爲，寫哲學史時，這些哲學理論都是現成的，所以從這種材料中

的根本意向，以找尋僧肇思想理論的基源問題，以掌握僧肇思想理論的總脈絡。此外，並涉及與僧肇思想相關旁證或輔助的材料考證，以作爲掌握僧肇基源問題的基層工作。

2、由基源問題展示一理論的全象

掌握僧肇思想的基源問題，「將所關的理論重新作一個展示」，而「這個展示過程中，步步都是由基源問題的要求衍生的探索」。〔註13〕由此來發現僧肇的基源問題及其許多次級的問題，並加以組合每一問題的解答，以構成僧肇的整體思想理論。

3、全面判斷

配合一套「自覺地將自己的論據表述出來」的「設準」觀點，以作爲全面判斷僧肇思想的理論根據。〔註14〕

勞思光的「基源問題研究法」，不僅藉由「邏輯意義的理論還原」，以發現思想家的基源問題，並且由基源問題的展示來組合一思想家的思想全貌，此外並與一套「設準」配合，以作全面的判斷。筆者希冀運用此研究法，藉由探討僧肇表述並解答基源問題的過程，來對僧肇思想作總體的重新認知與判斷。

（二）「創造的詮釋學」研究法

依循傅偉勳所倡導的「創造的詮釋學」研究法，本文將有「實謂」、「意謂」、「蘊謂」、「當謂」、「創謂」（原作「必謂」）〔註15〕等五個層次的內在進路：

1、於「實謂」層次，本文將關涉如實地校勘、版本考據與比較等等的基層詮釋課題，擬有兩個項目：（1）考察僧肇的著述問題，如〈涅槃無名論〉是眞作或後人僞托之作。（2）蒐羅與僧肇思想有關的直接、間接文獻資料，

去找那個基源問題，就是反溯的；也就是所謂『理論的還原』的眞實意義所在了。」（同上，頁15）

〔註13〕同上，頁16。

〔註14〕同上，頁16～17。

〔註15〕傅偉勳於《從創造的詮釋學到大乘佛學——「哲學與宗教」四集》（臺北：三民書局股份有限公司，1999年5月再版）論創造的詮釋學及其應用，應有五個層次：「實謂」、「意謂」、「蘊謂」、「當謂」、「必謂」等五個層次。後，傅氏於〈現代儒學的詮釋學暨思維方法論建立課題——從當代德法詮釋學爭論談起〉註四中，提及將第五層次「必謂」層次改爲「創謂」層次的緣由（收錄於江日新主編、成中英等著《中西哲學的會面與對話》（第二屆當代新儒學國際學術會議論文集）（臺北：文津出版社），1994年12月初版，頁134）。因此，本文依從傅氏後來之定見。

並加以作版本考據與比較，如考察〈肇論序〉的作者陳・小招提寺慧達與《肇論疏》的作者陳・慧達是否同一人、陳・慧達《肇論疏》中的闕卷情形……等。以上的工夫，將有助於本文深入探究問題，和周延地分析內容。

2、於「意謂」層次，本文將針對《肇論》作一番「客觀」的語意分析的工作，竭盡地設法「如實」了解《肇論》章句的真正意思或涵義，方式有三：其一，希冀通過「脈絡分析」，以設法了解《肇論》語句的脈絡意義；其二，希冀通過「邏輯分析」，盡予澄清解消《肇論》表層前後思想表達的不一致性或矛盾；其三，通過「層面（或次元）分析」看出《肇論》所有思想內容的多層義涵，以「客觀忠實」的了解，並詮釋僧肇及其《肇論》的思想及意向。因此，本層次的關懷重心，將盡予如實客觀地了解，並詮釋《肇論》義理或僧肇原來的意思、意向。

3、於「蘊謂」層次，本文將關涉《肇論》詮釋史的理路線索，而對僧肇與古今中外詮釋者之間的前後思維聯貫性作多方面的探討，並考察歷史上現存的，且較為重要的《肇論》詮釋本等，希冀能梳理，並且了解《肇論》種種可能的思想蘊涵。亦即探討《肇論》或僧肇言詮的種種可能義蘊、思想史的理路線索、言詮於思想史上的積澱深化等等。

4、於「當謂」層次，本文將試圖在《肇論》表面結構底下掘發深層結構，據此批判、考察在「蘊謂」層次所找到的種種義蘊或蘊涵，從中發現最有詮釋理據或強度的深層義蘊或根本義理，藉此判定僧肇的義理根基，以及整個義理架構的本質。

5、於「創謂」層次，筆者將試圖還原《肇論》思想的本質，並對《肇論》中，一些古今中外學者尚未達成共識的諍議論題，作一釐清。這一層次，是本文著重的核心。

傅偉勳「創造的詮釋學」研究法，不僅統合我國傳統以來的「考據之學」與「義理之學」，並有著「批判的繼承」（繼往）與「創造的發展」（開來）的意義。筆者希冀藉此方法論的運用，對《肇論》兼具「微觀」與「宏觀」的探討，此外還希冀能「依文解義」，並能「依義解文」。〔註16〕

（三）生命哲學研究法

每一種研究方法，皆有其著重的向度，皆盡能適用通行於各種哲學活動

〔註16〕參傅偉勳：《從創造的詮釋學到大乘佛學──「哲學與宗教」四集》，臺北：三民書局股份有限公司，1999年5月再版，頁1～46。

之中。但有時，針對不同研究對象的特殊性質，而施予因材的研究方法，將能補其學界通行的諸如勞思光、傅偉勳研究方法較未強調之處。中、西思想之別，在於中國思想是一門「生命的學問」。若要眞正通透理解中國思想，除了對予施行哲學思辨活動之外，唯有參究暨實踐箇中蘊涵的工夫論，才能超越語言的困限，眞正「會意」該思想家的微言奧義。僧肇思想的研究亦是如此，必須兼具理智的治學態度與直觀洞識的實踐工夫，才能設身處地的理解僧肇的哲學思維，以及體悟不可言詮的實相眞理，因此筆者在上述的兩個研究方法後，另外添加了以「生命」實踐去參透哲學義理的研究方法。

　　要之，本文將依循勞思光的「基源問題研究法」、傅偉勳的「創造的詮釋學」研究法，以及生命哲學研究法，三管齊下、相輔相成，來開展研撰的工作，並「內化」〔註17〕爲行文的資糧，希冀獲致理想的解行成果。

二、研究進路

　　本文的研究進路，主以「微觀」與「宏觀」的方式開展。所謂「微觀」，即回歸原典，以對僧肇豐厚的義理思想作詳實的考察；所謂「宏觀」，即將僧肇思想置於整個中國思想史，以及中、印佛教思想史的脈絡中觀視，亦即將魏晉的時代思潮、議題作爲僧肇的橫向學術脈絡，並將僧肇思想淵源的探溯，以及古今有關僧肇思想詮釋的演變發展，作爲綜向的學術脈絡。如此，以時間爲經、空間爲緯，有「微觀」的深察與「宏觀」的開拓，希冀能客觀解決僧肇思想所引發的、尚遺而未決的議題，並如實還原僧肇思想的原貌，此外，並順帶對僧肇思想研究成果作精確的檢視、判斷。以下，茲簡述本文的章節結構，以明本文的研究進路：

　　（一）總論：第一章，旨扼要探討僧肇的生平傳略、著述問題、思想背景、魏晉玄學與佛學交涉的時代思潮、《肇論》的結構安排，以及《肇論》的基源問題等。

　　（二）《肇論》四論探析：第二章至第五章，主要是依循僧肇的著述先後，分別對〈般若無知論〉、〈不眞空論〉、〈物不遷論〉，以及〈涅槃無名論〉等四論，作紮實的義理解析功課，並隨文解決有待商榷的《肇論》詮釋議題。希冀返溯僧肇的思想理論，並在僧肇展示基源問題的解答中，進行理解與詮釋，勾勒出僧肇整體的義理架構與思想全貌。

〔註17〕爲行文方便，以下將不特別標顯運用的是何種研究方法。

（三）〈涅槃無名論〉真偽考：第六章，旨探討〈涅槃無名論〉真偽考。先是在有限的文獻條件之下，詳實爬梳該篇真偽考史，爾後在繼承前人的研究成果下，進一步提出一己的論據，證明〈涅槃無名論〉是僧肇作。

（四）《肇論》及其詮釋的檢討：本文末章，旨在檢討《肇論》本身的詮釋難處，以及檢討《肇論》詮釋本身不足之處。可謂是進行本文研究後的小小省思。

（五）結論：旨在對本文的研究成果作一彙整、檢討，並提出未來可進一步發展的方向。

以上五個部分，是本文的基本架構。章節間，有著相互呼應、環環相扣的關係。希冀藉由第一章，對僧肇的生平、著述、思想、時代有一宏觀的認知；希冀藉由第二章至第五章有關僧肇思想如實還原的基本功，來裁量《肇論》詮釋成果是否穩當，釐清有待商榷的詮釋觀點，並作為筆者為僧肇思想辯護的佐證論據；希冀藉由第六章的探討，讓〈涅槃無名論〉歸為僧肇的思想版圖；希冀藉由第七章，提供《肇論》詮釋者日後可補強的線索。

第四節　研究範圍與意義

一、研究範圍

本文的研究範圍，非常廣泛。概可分為三方面：

（一）僧肇作品

1、《肇論》

《肇論》四論一體成型，算是僧肇思想的結晶，因此本文在探討僧肇思想時，主以《肇論》為重心。希冀藉由回歸原典，熟稔《肇論》的深淺義涵，客觀如實還原僧肇思想。

2、《注維摩詰經》及其相關作品

《肇論》與《注維摩詰經》的思想往往相互呼應，因此《注維摩詰經》可作為理解僧肇思想的輔佐助力。〔註18〕而僧肇的相關作品，如〈維摩詰經

〔註18〕任繼愈說：「《肇論》中講得簡略模糊處，從《維摩經注》中大都可以得到澄清。他的《維摩注》應看作《肇論》的組成部分。」（見任繼愈主編：《中國佛教史》第二卷，北京：中國社會科學出版社，1985年11月一刷，頁471）

序〉、〈長阿含經序〉、〈百論序〉、〈鳩摩羅什法師誄〉等，也可作爲理解僧肇
思想全貌的參考文獻。

（二）關涉僧肇思想形成的作品

即指僧肇思想的成分來源，這將牽涉僧肇的思想背景與思想淵源，主要
來自於中國傳統文化的道、玄思想，以及龍樹中觀佛學。因此，若要明瞭僧
肇思想的成分來源，以知《肇論》的微言大義，則必須對相關道、玄，及佛
學經典有一基礎的認識，諸如《老子》、《莊子》、《中論》、《大智度論》……
等。此外，諸如梁・慧皎《高僧傳》、湯用彤《漢魏兩晉南北朝佛教史》……
等史學文獻，皆可作爲理解魏晉時代思潮對僧肇思想形成的輔佐資料。

（三）《肇論》詮釋作品

舉凡是詮釋作品，往往基於時空文化的隔閡，以及許多的因素，而僅能
視「如實還原」被詮釋者原義爲持續努力的目標。《肇論》詮釋作品亦是如此。
然而《肇論》詮釋作品，有非常重要的研究價值：其一，透過這些詮釋作品
的描摹，再加以客觀的判斷、過濾，仍是盡予還原僧肇思想的良好途徑；其
二，若精確了解《肇論》詮釋的發展脈絡，將得知《肇論》詮釋成果的承繼
與創新，並窺見《肇論》的義涵在不同的時空中所展開的新氣象；其三，就
《肇論》詮釋觀點歧義的部分，不僅可反映《肇論》的內在難題，並且呈顯
《肇論》尚待研究的空間；其四，掌握《肇論》及其詮釋本的義理內涵，在
相互對照下，檢視《肇論》詮釋觀點是否與《肇論》文理脈絡偏離的情形。
此外，若加以釐清，可更使僧肇思想原貌更明晰。

以上三類，是本文研究的主要範圍。

二、研究意義

身爲僧肇思想的研究者，若要客觀如實的還原僧肇思想，則將面對兩個艱
巨的課題：其一，僧肇作品文約義豐、文華理詣，其內容不僅涉及義理思想的
認知層面，以及不可言說、僅可會意的境界或眞理的層面，另外還有一套僧肇
以般若中觀體系所建構的、用來證悟境界或眞理的工夫論。因此在對僧肇作品
作詮釋，以還原僧肇思想的同時，即表示除了理解僧肇作品的文義，還必須身
體力行，在生活中加以實修體證，徹底作參悟的工夫，以相應僧肇非透過文字
表面闡述的深層義涵。這是很大的挑戰。其二，古今中外，僧肇思想的研究成

果極其豐碩，並頗具貢獻。雖然研究僧肇思想，不一定要對前人的研究成果有所觸及，但是學術研究猶如一場接力賽跑，好的接棒者必是繼承前人的成就，再予以突破、創新，具有一定的貢獻，而非墨守舊路、陳腔亦濫調。因此如何對前人蔚爲可觀的研究成果予以繼承、創新，則又是很大的挑戰。

對於以上二難，筆者囿於自身才疏學淺，以及實修工夫未成火候，迄今尚未完全克服。若要聊以評估本文的研究意義，可以四點概括：

（一）還原僧肇思想

還原僧肇思想，是僧肇思想研究者的職責，但限於詮釋背景以及種種因素，其研究成果或貼近、或偏離僧肇原義。筆者在檢討前人研究成果後，在面對諸多歧異紛紜的詮釋觀點，認爲有必要重新地毯式的還原僧肇思想，因此於本文第二章至第五章，主要是回歸原典，採用逐字逐句的方式析義《肇論》四論，並竭力以「歷史性定義」與「描述性定義」，〔註19〕來掌握僧肇用字遣詞的義涵，呈顯僧肇思想的完整面貌，以有別《肇論》詮釋本或坊間譯本部分內文的模糊地帶。此外，除了析義，本文並對僧肇某些易令人混淆的語彙，諸如「般若『無知』」、「不眞空」、「性住」、「非有非無」……等，作一廓清說明，以便和吾人慣性認知的語彙內涵作一區別。

（二）提供持平之見

回顧前人的研究成果，筆者發現有些詮釋者在詮釋僧肇思想時，有時會因自身的詮釋背景，以及詮釋條件不足，而曲解僧肇原義，甚至讓僧肇背負「莫須有」的罪名。筆者認爲有必要爲僧肇辯護，因而本文不僅試圖回歸原典，以所還原的僧肇思想作爲基準點，來裁量前人的詮釋觀點是否穩當，並提出相關論據佐證己說。諸如在晚明〈物不遷論〉諍辯中，詰難僧肇的鎮澄與爲僧肇辯護的有心者，各有各的詮釋背景，實以未進入僧肇的思維模式來進行詰難與辯護。筆者雖限於時間、心力，而未加以廓清，但於第四章第六節〈〈物不遷論〉詮釋議題的商榷〉，則以所還原的僧肇思想，來回應諍辯者「性各住於一世」的論題，並順帶回應幾則對僧肇〈物不遷論〉有負面評價

─────────────

〔註19〕所謂「歷史性定義」，「即是從僧肇之前、之後及同時期人士的著作中發現各該名詞之定義」；所謂「描述性定義」，「即是各該名詞在僧肇著作之模式中所處之地位，以及對照各該名詞之前後文義所表彰的意義。」（參 Richard H. Robinson 著，郭忠生譯：《印度與中國的早期中觀學派》，南投：正聞出版社，1996 年 12 月，頁 212）。

之說。而對於僧肇與道、玄的關係，筆者並提出論據，持平僧肇實非屬於道、玄的思想系統。此外，於第七章，〈《肇論》及其詮釋的檢討〉，則持平僧肇思想如理如法，而其思想會被曲解之因，在於《肇論》本身有詮釋的難處，以及部分《肇論》詮釋者各有各的詮釋背景所致成。

（三）繼承與創新

僧肇思想的研究，有著豐碩成果。每一部《肇論》詮釋本，皆有其存在的貢獻，不能輕易忽視、甚至抹滅之。然而或許是因為僧肇思想的輪廓愈因詮釋而愈加清晰明朗的緣故，僧肇思想某些難解之處便很鮮明的突顯在詮釋者的眾說紛紜中，成為眾人歧異的議題。未能達成共識之因，或許源自於《肇論》本身的言簡意賅，再加上詮釋者在不同的時空背景下所滋生多元的詮釋角度與內容，以致有些關於僧肇思想的議題，迄今猶如公案般懸著，有待後人承繼前人的研究成果，進一步予以解決。因此本文旨在繼承前人的成果，再予以創新，最顯著之例，即是本文第六章，論證〈涅槃無名論〉是僧肇作。

（四）發前人所未發

可分為三點述之：

1、內容成分

在研究《肇論》的過程中，筆者發現有些有助於研究僧肇思想的研究領域，是前人未觸及或未深入的地帶。以下茲舉二例，是前人略而述之，但筆者認為有研究價值，而於本文加以探討之：

（1）僧肇與劉遺民的書信

前人研究成果中，大多會提及僧肇著作〈般若無知論〉後，隱士劉遺民曾致書僧肇，對〈般若無知論〉提出質疑，僧肇進而加以回應，因而〈答劉遺民書〉可作為〈般若無知論〉的輔助資料。然而筆者發現前人大多未進一步探討僧肇〈答劉遺民書〉的內文，因此於本文第二章，特闢節探析僧肇與劉遺民的書信對話，以證明二人的書信對話確可作為僧肇闡明「般若無知」思想的輔助資料。

（2）姚秦〈答姚嵩書〉

姚秦〈答姚嵩書〉內文，與〈涅槃無名論〉相互呼應，可證〈涅槃無名論〉撰作緣由之一，是為翼姚與「涅槃『無名』」之說，亦可成為證明〈涅槃無名論〉是真作的一個線索，可惜前人大多未深入探究，因此本文第五章第

四節，特別以析義方式，探討姚秦〈答姚嵩書〉的內容，希冀從姚興與姚嵩的對話，或書信中所轉載的羅什與姚興的書信對話，來釐測〈涅槃無名論〉中有那些部分明顯呼應、發揮姚興「涅槃無名」之說。

2、研究方法

回顧前人研究成果，筆者發現詮釋者或以注疏方式詮釋僧肇作品，或以某個思想角度切入，來進行某個議題的探究，泰多未曾以全面統整、歸納詮釋觀點的方式，來貫串僧肇思想研究的脈絡發展。筆者認爲在一些詮釋議題上，若能加以統整、歸納，將能清楚呈顯僧肇思想創造性詮釋的脈絡，並能將詮釋議題的歧異點標示出來，以方便尋得解決之道。因此本文，在釐清一些詮釋議題時，嘗試統整、歸納諸家歧異之見，再予以探討孰是孰非，如第三章第五節〈僧肇駁正般若三宗的對象商榷〉，或如第六章第一節〈〈涅槃無名論〉眞僞考史〉。

3、以對話方式凸顯《肇論》特色

考察《肇論》，明顯可知僧肇欲解決的基源問題，在於闡明諸法實相，以駁正世人的謬誤。《肇論》的特色之一，在於藉由正方、反方的思想互動，來建構全文，諸如〈般若無知論〉有詰難者與僧肇的對話、〈涅槃無名論〉有「無名」者與「有名」者的對話，而〈不眞空論〉與〈物不遷論〉雖未明顯有互動的對話，卻有不契「空」義者、「有物流動」者，以及欲加以駁正謬誤者的僧肇。回顧前人研究成果，筆者發現前人泰多未強調《肇論》中的對話內容，有些甚至僅是「平舖」帶過。筆者認爲《肇論》中被駁正者的一方，往往是吾人對眞理認知謬誤的縮影，而代表著正方的僧肇，在層層蕩相遣執的回應內容，有其精彩之處。因而本文在析義〈般若無知論〉與〈涅槃無名論〉時，特別以立體的對話方式開展，希冀能補其部分前人「平舖」的不足，並凸顯《肇論》的對話特色。

以上四點，是本文的研究意義。希冀繼承前人的研究成果後，能再進一步創新，讓僧肇思想研究的成果更加完滿。

第一章 僧肇與《肇論》

本章，旨探討僧肇的生平、著述、思想背景，並探討環顧僧肇生涯的時代思潮、《肇論》的結構定位與基源問題等，希冀對僧肇及其作品《肇論》作一基層的初探。

第一節 僧肇的生平、著述與思想背景

本節，旨在探討僧肇的生平傳略、著述問題與思想背景。關於生平傳略、著述問題，前人多有論及，因此筆者僅扼要說明，而將重心置於僧肇思想背景的探討。

一、僧肇的生平傳略

僧肇（384～414），〔註1〕俗姓張，京兆（今陝西西安）人，生當玄風熾盛的東晉後期，是一位契神於「有」「無」之間，兼通大乘中觀學的經論與魏晉玄理的重要佛學理論家。其生命歷程，可分為三個階段：

〔註1〕 關於僧肇的生卒年代，學界大多公認為公元三八四～四一四年，但是日人塚本善隆卻認為此說，不足解決僧肇「早慧」等相關的問題，因而表示僧肇生年應是三七四年，享年四十一歲。塚本所推定的理由是，或前人在傳抄中將「卌」誤寫為「卅」，或將僧肇生於三七四年的「七」誤寫而所致成的疏失（參塚本善隆：〈佛教史上にわける肇論の意義〉，收錄於塚本善隆編：《肇論研究》（京都：法藏館），1955年（昭和30年），頁120～124）。塚本之說，有學者依從之，如谷川理宣〈僧肇における「涅槃」の理解〉（《印度學佛教學研究》三十四卷二號（通卷第六十八號），1986年3月（昭和61年），頁22），又如呂澂《中國佛學思想概論》（臺北：天華出版社，1982年初版，頁111）。筆者認為，雖然塚本之說，較能合理解釋僧肇的學問根基與求學歷程等疑點，但由於徵據尚不足，因此本文暫不從之。

（一）中國傳統文化薰習期

僧肇生於貧困家庭，少時爲富有人家繕寫書籍以維持生活，由此而「歷觀經史，備盡墳籍」。在這接受傳統文化薰習的階段中，僧肇喜好玄微理論的書籍，尤以《莊》、《老》爲心要。

（二）「學善方等，兼通三藏」期

僧肇閱讀《老子》，感嘆「美則美矣，然期神冥累之方，猶未盡善」。後來閱讀《維摩詰經》「歡喜頂受，披尋翫味」，「始知所歸」。就此僧肇出家，廣泛閱讀各種佛教經典，融會貫通大乘的方等諸經及小乘的三藏學說。在冠年時便名揚長安，競譽之徒竟有遠赴長安與之抗辯。然而由於僧肇才思幽玄，又善辭辯，以致能「承機挫銳，曾不流滯」，聲名尤是大噪。

（三）師承鳩摩羅什（約 343～413）、歸趣般若三論期

年少的僧肇在聲名大噪之後，並不因此自滿懈怠，反而千里跋涉至姑臧，師事著名佛經翻譯家鳩摩羅什。後隨羅什至長安，受秦王姚興之命，與僧叡（約 351～418）等入逍遙園，協助羅什譯經的工作。在這段追隨羅什的過程中，僧肇有系統的參習般若學的奧義，建立個人完整的思想體系，並有不少具有影響力的著作。〔註2〕

二、僧肇的著述問題

關於僧肇的著述，歷來史書記載不一。近代最早全面討論僧肇著述問題者是湯用彤（1893～1964），〔註3〕爾後有不少學者加以提出回應之見。〔註4〕

〔註2〕 參梁・慧皎：《高僧傳・僧肇傳》，《大正藏》冊五十，頁365上～366中。此外，關於僧肇臨終的情形，有兩種記載：其一，僧肇生前羸弱多病，因病早亡；其二，《景德傳燈錄》記載僧肇爲秦主所殺，而在臨刑前寫了〈臨終偈〉：「四大元無主，五陰本來空。將頭迎白刃，猶如斬春風。」（見《大正藏》冊五十一，頁435中）湯用彤駁斥《景德傳燈錄》此記載，認爲「按唐以前似無此說。偈語亦甚鄙俚，必不確也。」（湯用彤：《漢魏兩晉南北朝佛教史》（上），臺北：駱駝出版社，1996年1月一版二刷，頁329）湯氏之說，學界大多認同，僧肇被秦主所殺，應屬禪宗的傳說。

〔註3〕 參湯用彤：《漢魏兩晉南北朝佛教史》（上）、（下），臺北：駱駝出版社，1996年1月一版二刷，頁329～333；651～673。

〔註4〕 其中，較完整詳實者，計有：一、李潤生：《僧肇》，臺北：東大圖書公司，1989年6月初版，頁39～62；217～218；二、涂豔秋：《僧肇思想探究》，臺北：東初出版社，1996年4月初版二刷，頁14～23；三、孫炳哲：《肇論通解及研究》，收錄於《中國佛教學術論典》冊十九（高雄：佛光山文教基金會）2001年初版，

迄今，有些著作已公認是僧肇所作；有些已判定是托名僧肇的偽作；有些因學者觀點的歧異，而尚存真偽的商榷空間；有些則因徵證不足，不能判定是否是僧肇作。茲將僧肇著作及其有關真偽判準的資料，列表如下：

僧肇著作一覽表

類　別	著述名稱	年　代	古代較早出處〔註5〕				今載出處	備註
			《高僧傳》〔註6〕	《出三藏記集》〔註7〕	《法論目錄》〔註8〕	其　他		
A.專論類	〈般若無知論〉	公元四○四年《大品經》譯出之後	有	有	有	《眾經目錄》〔註9〕、《佛祖統紀》〔註10〕、《法苑珠林》〔註11〕	《肇論》	真作
	〈不真空論〉	公元四○九年《中論》譯出之後。	有	有	有	《佛祖統紀》〔註12〕、《法苑珠林》〔註13〕	《肇論》	真作
	〈物不遷論〉	（可能稍晚〈不真空論〉）	有	有	有	《眾經目錄》〔註14〕、《佛祖統紀》〔註15〕、《法苑珠	《肇論》	真作

頁 25～35（北京大學哲學系博士論文，1996 年）；許抗生：《僧肇評傳》，南京：南京大學出版社，2001 年 2 月二刷（1998 年 12 月一刷），頁 6～40；李明芳：《僧肇中觀思想研究》，文化大學哲學研究所博士論文，2002 年 7 月；邱敏捷：《《肇論》研究的衍進與開展》，高雄市：高雄復文書局，2003 年。

〔註5〕 僧肇的著作，較早時最普遍記載於《高僧傳》、或《出三藏記集》、或《法論目錄》，因此在此專欄表格中，主以「有」、「無」表示是否確實記載於該經文當中，而以「未知」表示該經似有示意，但未能明確提及，以俾於考察僧肇著作的真偽。

〔註6〕 參梁·慧皎：《高僧傳·僧肇傳》，《大正藏》冊五十，頁 365 上～366 中。

〔註7〕 參梁·僧佑：《出三藏記集》，《大正藏》冊五十五。

〔註8〕 參宋·陸澄《法論目錄》，收錄於梁·僧佑：《出三藏記集》卷十二，《大正藏》冊五十五，頁 82 下～85 中。

〔註9〕 隋·法經等撰：《眾經目錄》卷六，《大正藏》冊五十五，頁 148 中。

〔註10〕 見宋·志磐：《佛祖統紀》，《大正藏》冊四十九，頁 342 中。

〔註11〕 見唐·道世：《法苑珠林》，《大正藏》冊五十三，頁 1021 上。

〔註12〕 見宋·志磐：《佛祖統紀》，《大正藏》冊四十九，頁 266 中。

〔註13〕 見唐·道世：《法苑珠林》，《大正藏》冊五十三，頁 1021 上。

〔註14〕 見隋·法經等撰：《眾經目錄》，《大正藏》冊五十五，頁 342 中。

〔註15〕 見宋·志磐：《佛祖統紀》，《大正藏》冊四十九，頁 266 中。

						林》〔註 16〕		尚眞僞爭議
	〈涅槃無名論〉	在公元四一三年羅什往生之後，與四一四年僧肇往生之前	有	有	有載，但未言〈上秦王表〉。	《眾經目錄》〔註 17〕、《佛祖統紀》〔註 18〕、《法苑珠林》〔註 19〕	《肇論》	尚眞僞爭議
	〈宗本義〉		無	無	無	見陳·慧達〈肇論序〉	《肇論》	確爲僞託之作
	〈寶藏論〉		無	無	無	《大正藏勘同目錄》謂原見《明本》	《大正藏》冊四十五收錄	確爲僞託之作
	〈丈六即眞論〉		無	無	有〔註 20〕	《眾經目錄》〔註 21〕		已佚，不確定是僧肇作
B. 注序類	B1.注類 《注金剛經》					見隋·智顗所撰《金剛般若經疏》中的引文	今《卍續藏》亦刊有此篇。	徵證無從，不確定是僧肇作

〔註 16〕見唐·道世：《法苑珠林》，《大正藏》冊五十三，頁 1021 上。

〔註 17〕見隋·法經等撰：《眾經目錄》，《大正藏》冊五十五，頁 342 中。

〔註 18〕見宋·志磐：《佛祖統紀》，《大正藏》冊四十九，頁 266 中。

〔註 19〕見唐·道世：《法苑珠林》，《大正藏》冊五十三，頁 1021 上。

〔註 20〕見宋·陸澄：《法論目錄》，收錄於梁·僧佑：《出三藏記集》卷十二，《大正藏》冊五十五，頁 83 下。

〔註 21〕隋·法經等撰《眾經目錄》卷六云：「丈六即眞論一卷（釋僧肇）」（見《大正藏》冊五十五，頁 148 中）。

		《注維摩詰經》	公元四〇六年《維摩經》譯出之後	有〔註22〕	有		《佛祖統紀》〔註23〕，又《淨名經關中疏》係集什、肇等之說。〔註24〕	（現存的經注揉合什、肇、生、叡、融諸人之注而成） 真作
		《摩訶般若波羅密經疏》		無	無	無	無	見於《大正藏勘同目錄》 已佚，徵證無從，不確定是僧肇作
		《老子注》		無			首見於顧歡《道德真經注疏》與李霖《道德真經取善集》所引	不確定是僧肇作
B2序類	B2a經序	B2a1.〈維摩經序〉	公元四〇六年《維摩經》譯出之後	未知〔註25〕	有〔註26〕	有	《淨名經集解關中疏》〔註27〕	真作
		B2a2.〈長阿含經序〉	公元四一	未知	有〔註28〕	有〔註29〕	《長阿含經》〔註30〕	真作

〔註22〕見梁・慧皎：《高僧傳・僧肇傳》，《大正藏》冊五十，頁 365 上～366 下。
〔註23〕見宋・志磐：《佛祖統紀》，《大正藏》冊四十九，頁 266 中。
〔註24〕見《大正藏》冊八十五，頁 440 上～501 中。
〔註25〕梁・慧皎《高僧傳・僧肇傳》云：「……肇後，又著〈不真空論〉、〈物不遷論〉等，并注《維摩》，及製諸經論序，並傳於世。」（《大正藏》冊五十，頁 365 中）由於慧皎僅簡約提及「製諸經論序」，因此以下關於《高僧傳》中繫名僧肇之下的「序類」著作，皆以「未知」表示。
〔註26〕見梁・僧佑：《出三藏記集》，《大正藏》冊五十五，頁 52 中；頁 58 上～中。
〔註27〕見唐・道掖：《淨名經集解關中疏》，《大正藏》冊八十五，頁 440 中～440 下。
〔註28〕見梁・僧佑：《出三藏記集》，《大正藏》冊五十五，頁 63 中～下。

			二年《長阿含經》譯出之後				
	B2a3.	〈梵網經序〉	未知	無	無	《梵網經》〔註31〕、《大唐內典錄》〔註32〕	徵證無從，不確定是僧肇作
	B2b 〈四分律序〉	公元四一二年《四分律》譯訖之後	未知	無	無	《出三藏記集》〔註33〕	徵證無從，不確定是僧肇作
	B2c 〈百論序〉	公元四○四年《百論序》譯出之後	未知	有〔註34〕	有〔註35〕	《十二門論》〔註36〕、《大方廣佛華嚴經	眞作

〔註29〕見宋・陸澄：《法論目錄》，收錄於梁・僧佑：《出三藏記集》卷十二，《大正藏》冊五十五，頁83下。

〔註30〕見後秦・佛陀耶舍共竺佛念譯：《長阿含經》，《長阿含經》冊一，頁1上～中。

〔註31〕見後秦・鳩摩羅什譯：《梵網經》，《大正藏》冊二十四，頁997上～中。

〔註32〕唐・道宣《法論目錄》載：「《梵網經》二卷（弘始八年，於草堂寺三千學士最後出此一品，梵本一十二卷六十一品譯訖，融、影等三百人一時受菩薩十戒，見經前敍肇筆受）（《大正藏》冊五十五，頁252下）。

〔註33〕梁・僧佑《出三藏記集》載：「曇無德〈四分律〉……故撮舉肇公書序，以顯其證焉。」（《大正藏》，冊五十五，頁20中～下）。

〔註34〕見梁・僧佑：《出三藏記集》，《大正藏》冊五十五，頁76中；77中～77下。

〔註35〕見宋・陸澄《法論目錄》，收錄於梁・僧佑：《出三藏記集》卷十二，《大正藏》冊五十五，頁83上。

〔註36〕見龍樹菩薩造，姚秦・鳩摩羅什譯：《十二門論》，頁167下～168上。

						隨疏演義鈔》〔註37〕、《法華遊意》〔註38〕、《大乘玄論》〔註39〕、《眾經目錄》〔註40〕	
C.雜著類	〈答劉遺民書〉	公元四一○年	有	無	無	《肇論》	真作
	〈上秦王表〉	公元四一三年之後	有	無	無	《肇論》	尚真偽爭議
	〈鳩摩羅什法師誄〉	公元四○九年之後	無	無	無	《廣弘明集》〔註41〕	真作
	〈法華翻經後記〉					見《法華傳記》〔註42〕	徵證無從，不確定是僧肇作

　　由上表可知，關於僧肇著述真偽的情形，概可分為四類：

　　（一）真作：為學界公認是僧肇信而有徵之作，計有〈般若無知論〉、〈不真空論〉、〈物不遷論〉、《注維摩經》、〈答劉遺民書〉、〈維摩詰經序〉、〈長阿含經序〉、〈百論序〉、〈鳩摩羅什法師誄〉等。

　　（二）後人偽托之作：〈寶藏論〉、〈宗本義〉二篇，今多為學界公認是偽托之作，茲述主要偽作理由如下：

〔註37〕見唐・澄觀：《大方廣佛華嚴經隨疏演義鈔》，《大正藏》冊三十六，頁339下；394中。

〔註38〕見隋・吉藏：《法華遊意》，《大正藏》冊三十四，頁637下。

〔註39〕見隋・吉藏：《大正藏》冊四十五，頁72下。

〔註40〕見宋・陸澄《法論目錄》，收錄於梁・僧佑：《出三藏記集》卷十二，《大正藏》冊五十五，頁147下。

〔註41〕見唐・道宣：《廣弘明集》，《大正藏》冊五十二，頁264中～265中。

〔註42〕見唐・僧祥：《法華傳記》，《大正藏》冊五十一，頁54上～中。

1、〈寶藏論〉：學界判定標準，主依湯用彤「決為偽托」之說：

（1）《佑錄》、《長房錄》、《內典錄》、《隋志》、《兩唐志》均未著錄，《六朝章疏》未言及，至《通志略》與《宋史藝文志》始列入。

（2）《傳燈錄》載肇在被殺時，乞七日假，著〈寶藏論〉，現查《傳燈錄》無此語，但謂此論為僧肇所作，或本出於禪宗人之傳說。

（3）論中語句，頗多宗門所常用，殊不似僧肇口吻，並頗有道家理論與名辭。

（4）言論離奇。

（5）湯氏並就此推論該作，蓋是中唐以後，妄人取當時流行禪宗及道教理論湊成，托名僧肇。與托名僧肇的《老子注》，同是偽書。〔註43〕

2、〈宗本義〉：雖然陳·小招提寺慧達〈肇論序〉表示「通序長安釋僧肇法師所作〈宗本〉、〈物不遷〉等四論」，〔註44〕然而學界大多依從湯用彤及其弟子石峻（1916～1999）之說，而判定〈宗本義〉是偽作。湯氏與石氏的理由如下：

（1）湯用彤：湯氏表示，現存的《肇論》「列〈物不遷論〉為第一，〈不真空論〉次之，〈般若無知論〉又次之，而附以『劉遺民致肇書』及『肇答』，次則為〈上姚興表〉及〈涅槃無名論〉。」「合諸論為一書，而冠以〈宗本義〉，不知始於何時」。就此湯氏認為〈宗本義〉真偽致疑之因，在於「舊錄僅載四論，而〈宗本義〉未著錄」。〔註45〕

（2）石峻：石氏於〈讀慧達「肇論疏」述所見〉中，除了根據慧達《肇論疏》闕〈宗本義〉一篇，附議其師湯用彤「舊錄僅載四論，而〈宗本義〉未著錄」之說，而表示「『宗本義』或為後人纂入，非僧肇所作」，此外，石氏並考察〈宗本義〉的思想體系，舉例數點證明該篇「雜糅各家之談，於名相之辯實不精」，最後石氏表示〈宗本義〉「絕非僧肇之作，蓋其立說均著眼於無相，攝末歸本，即萬有為本無之所無」，並批評《肇論》注疏本豈可妄解為「首標一義，作四論宗本」。〔註46〕

〔註43〕 參湯用彤：《漢魏兩晉南北朝佛教史》（上），臺北：駱駝出版社，1996 年 1月 1 版二刷，頁 332。
〔註44〕 見《大正藏》冊四十五，頁 150 上。
〔註45〕 參湯用彤：《漢魏兩晉南北朝佛教史》（上），臺北：駱駝出版社，1996 年 1月一版二刷，頁 330。
〔註46〕 石峻：〈讀慧達「肇論疏」述所見〉，收錄於張曼濤主編：《三論典籍研究（三論宗專集之二）》（現代佛教學術叢刊（四十八））（臺北：大乘文化出版社），

由以上兩點可知，湯氏判定〈宗本義〉僞作的理由是，舊錄未載〈宗本義〉，石氏則更周圓的根據〈宗本義〉的思想體系，來判定〈宗本義〉是僞作。筆者認爲湯氏僅以舊錄未載錄，徵據可能不足，石氏以思想體系作爲切入點，較能說服人心。因而筆者亦是認同〈宗本義〉雖總攬四論宗趣，但今應可認定是後人僞託之作。

（三）尙有眞僞爭議之作：由於湯用彤及其徒弟石峻對〈涅槃無名論〉提出僞作之論，亦連帶懷疑〈上秦王表〉的眞僞，致使掀起學界紛紛附議或反駁。迄今，關於〈涅槃無名論〉是眞是僞的議題，尙在論辯中，因此本文將於第六章，全力回顧與檢討〈涅槃無名論〉眞僞考，並判定〈涅槃無名論〉的版權應歸屬僧肇。在此暫不贅言。

（四）不確定之作：徵證無從，不確定是僧肇作：〈丈六即眞論〉、《注金剛經》、《摩訶般若波羅密經疏》、〈梵網經序〉、〈四分律序〉、《老子注》〔註47〕、〈法華翻經後記〉等。

三、僧肇的思想背景

僧肇的思想背景，是促使《肇論》基源問題形成的主要因素，也是成就僧肇思想體系建立及成熟的主要滋養來源，然而卻也是《肇論》詮釋者常會遺忘的邊緣地帶，以致在詮釋僧肇思想時有了偏差，不但不能會意僧肇思想的原義，甚至還對僧肇諸多觀點給予極不客觀中肯的詰難與評價。

所謂僧肇的思想背景，即意指僧肇於生平中，所見所聞而可能觸及或汲取的思想元素，舉凡中國傳統文化、佛教思想等。若能對僧肇的思想背景有一基本的認識，則能作爲徹底理解僧肇深層思想內涵的輔佐助力。以下茲分成兩部分，來說明僧肇的思想背景：

1979 年 8 月，頁 296～298。

〔註47〕湯用彤表示，《老子注》與〈寶藏論〉相同，皆是僞書。學界泰多依從湯氏此說，然而孫炳哲卻表示《老子注》「首見於顧歡《道德眞經注疏》與李霖《道德眞經取善集》所引」，「上述兩書今存佚文二十餘條，從文字風格與思想內容看，與《肇論》無有不同。」（湯用彤：《漢魏兩晉南北朝佛教史》（上），臺北：駱駝出版社，1996 年 1 月一版二刷，頁 330；孫炳哲：《肇論通解及研究》，收錄於《中國佛教學術論典》冊十九（高雄：佛光山文教基金會）2001 年初版，頁 1～325（北京大學哲學系博士論文，1996 年），頁 30）筆者囿於文獻資料，尚未能直接考察《老子注》內文，因此暫將《老子注》歸於「不確定之作」。

（一）奠定學術基礎的思想背景

1、中國傳統思想：僧肇家貧，自小以傭書爲業，飽覽經史，而有豐厚的中國傳統思想的學養。其中，僧肇尤「愛好玄微，每以《莊》、《老》爲心要」，〔註48〕可見僧肇在中國傳統思想中，對道、玄尤是相契。此種道、玄思想的紮實認知，於僧肇作品行文中展露無遺，諸如俯拾盡是的道、玄語彙，或是與道、玄議題共鳴的題材，甚或是許多精譬的典故等，皆令人不禁生疑僧肇學說是否屬於道、玄的一部分。由此可見，道、玄對僧肇的思想生命有著莫大的影響。

2、大乘中觀思想：〔註49〕中國傳統思想中的道、玄學對僧肇思想生命有很大的影響，但據僧肇「猶未盡善」之感，閱讀《維摩詰經》「始知所歸」而出家，追隨著名佛經翻譯家鳩摩羅什大師十餘年，成爲四大弟子之一，並著有〈般若無知論〉、〈不眞空論〉、〈物不遷論〉、〈涅槃無名論〉等，可見僧肇學說本質屬於旨在闡明緣起性空的大乘中觀思想。

（1）鳩摩羅什：羅什是印度中觀學派龍樹（150～250左右）的傳人，擅長般若學，翻譯許多中觀系列經典，諸如《中論》、《百論》、《十二門論》、《大智度論》、《摩訶般若波羅密經》、《小品般若波羅密經》、《佛說維摩詰經》、《摩訶般若波羅密大明咒經》，此外，非中觀經典者，有《妙法蓮華經》、《佛說阿彌陀經》、《坐禪三昧經》……等。羅什生平從事譯經，個人著作甚少，相傳有《實相論》二卷，已佚，現存者概有《注維摩詰經》、《鳩摩羅什法師大義》、答姚興〈通三世論〉等。

雖然羅什著述不多，但其闡明「諸法實相」的思想志向，以及所譯的眾多經典，對僧肇有很多的啓發與影響，得以有系統的參習中觀學的奧義，建立個人完整的思想體系。僧肇〈鳩摩羅什法師誄〉曾言「纂承虛玄，用之無窮，鑽之彌堅」，〔註50〕坦承自己是承繼羅什「實相」的般若之學，並嘗試應用無窮，可見羅什在僧肇思想生命中佔有重要地位。

（2）龍樹：僧肇曾受學羅什十餘年，直承印度龍樹的中觀佛學，因此僧肇的思想淵源，可推溯至龍樹。龍樹的中觀佛學，可以《中論》「三是偈」爲

〔註48〕見梁・慧皎：《高僧傳・僧肇傳》，《大正藏》冊五十，頁365上。

〔註49〕所謂大乘中觀思想，即指龍樹中觀學派的思想。龍樹中觀學派，又名空宗、般若學派，是印度大乘佛教之一，主以龍樹《中論》、《百論》，以及提婆《十二門論》等「緣起性空」義爲宗旨。

〔註50〕見唐・道宣《廣弘明集》卷二十三，《大正藏》冊五十二，頁265上。

代表：

> 眾因緣生法，我說即是無。亦爲是假名，亦是中道義。未曾有一法，
> 不從因緣生。是故一切法，無不是空者。〔註51〕

龍樹於「三是偈」表示，諸法皆是因緣所生，是性空，是假名，也是中道，
並強調一切法皆是緣起性「空」。而龍樹《中論》的主旨，在於「八不中道」：

> 不生亦不滅，不常亦不斷。不一亦不異，不來亦不出。能說是因緣，
> 善滅諸戲論。我稽首禮佛，諸說中第一。〔註52〕

龍樹的「八不」思想，即是以緣起性空的觀點，對現象界生、滅；常、斷；
一、異；來、出等種種相對情況的戲論，採取雙面否定的方式，說明究極的
中道是超越相對性的概念領域，是不落兩邊的絕對眞理。

　　龍樹緣起性空的思想，以及「八不中道」，僧肇於其著作中，發揮的淋漓
盡致。舉凡〈般若無知論〉表述能知之智；〈不眞空論〉、〈物不遷論〉表述所
知之境；〈涅槃無名論〉表述修證的彼岸境界，皆可考察出是立基於龍樹緣起
性空的思想。值得一提的，吾人常以爲中觀學派僅談般若空義，其實也談及
涅槃思想。其涅槃概念，是立基於緣起性空上，因此涅槃是「空」、「無住」、
「無相」、「無得」、「無自性」、「不斷不常」、「不生不滅」、「非有非無」等。〔註
53〕這些思想，皆明顯可見於僧肇〈涅槃無名論〉、《注維摩詰經》等。此外，
僧肇所持的眾生能頓斷煩惱，即頓悟而證得涅槃的思想，應是立基於談論緣
起性空的大乘中觀思想。

　　（3）同儕學伴：同儕學伴的相互討論學習，往往可深化一人的思想觀點，
激盪出更周密的思想學說。羅什弟子極多，相傳「門徒三千」，而「入室唯八」。
〔註54〕入室弟子有那八位呢？《高僧傳》卷三〈譯經總論〉載：

〔註51〕見《大正藏》冊三十，頁33中。又，龍樹「三是偈」對僧肇影響很大，因而
　　　　張炳陽〈僧肇「不眞空論」釋論〉即說：「我們可以說『不眞空論』主要在發
　　　　揮中論「觀四諦品」中之的『眾因緣生法，我說即是空，亦爲是假名，亦是
　　　　中道義。未曾有一法，不從因緣生，是故一切法，無不是空者。』」（張炳陽：
　　　　〈僧肇「不眞空論」釋論〉，《中國佛教》第二十八卷第五期，1984年5月，
　　　　頁21～27）
〔註52〕見《大正藏》冊三十，頁1中。
〔註53〕主參龍樹菩薩造、梵志青目釋、姚秦·鳩摩羅什譯：《中論·觀涅槃品》，《大
　　　　正藏》冊三十，頁34下～36中。
〔註54〕隋·吉藏《中論論疏》云：「門徒三千，入室唯八，叡爲首領。……老則融、
　　　　叡，少則生、肇。」（見《大正藏》冊四十二，頁1中）

時有生、融、影、叡、嚴、觀、恒、肇，皆領意言前，詞潤珠玉，

執筆承旨，任在伊人。〔註55〕

元・念常《佛祖歷代通載》並云：

資學三千，拔萃有八。曰：道生、僧肇、道融、僧叡、道恒、僧影、

惠觀、惠嚴等。〔註56〕

「入室唯八」，即指「生、融、影、叡、嚴、觀、恒、肇」等八位。這八位僧
者最為出類拔萃，被公認為最能理解羅什學說的深意，並能運用適切暢順的
文字表達義理思想。宋・智圓《涅槃玄義發源機要》亦載：

什公門下，有十哲、八俊、四聖，肇皆預焉。生、肇、融、叡為「四
聖」，更加影、嚴、憑、觀為「八俊」。兼常、標，名「十哲」。《僧
傳》曰：通情則生、融上首，精難則觀、肇第一。〔註57〕

羅什弟子有「四聖」、「八俊」、「十哲」。生、肇、融、叡是「四聖」，加影、嚴、
憑、觀為「八俊」，加常、標，名「十哲」。智圓並援引《高僧傳》，〔註58〕說明
時人稱頌羅什弟子竺道生（355～434）、道融是「通情」之首，慧觀與僧肇則是
「精難」第一。此外，另有文獻載，竺道生、僧肇並與年長的僧融、僧叡，被
時人合稱為「關中四子」。〔註59〕

可知，羅什三千門徒中，生、肇、融、叡……等「四聖」、「八俊」、「十
哲」，是精英中的精英，各有各的專長。據相關文獻可知，諸如竺道生，主張
「闡提皆有佛性」，〔註60〕後人稱為涅槃聖；關於道融，奉羅什命講《法華經》，
羅什曾讚譽「佛法之興，融其人也」；〔註61〕關於僧叡，曾奉羅什命講《成實
論》，對其中七處破《毗曇》之文能「不問而解」，使羅什為之興嘆；〔註62〕
關於曇影，將《成實論》初譯本諍論問答部分，結為「五番」，羅什讚「大善，
深得吾意」；〔註63〕關於慧嚴，當北涼曇無讖所譯的《大般涅槃經》四十卷初
至宋土時，慧嚴曾與慧觀、謝靈運等整修改編為三十六卷，名為《南本涅槃

〔註55〕見《高僧傳》卷三，《大正藏》冊五十，頁345下。
〔註56〕見《大正藏》冊五十，頁528下。
〔註57〕見《大正藏》冊三十八，頁23中。
〔註58〕見《高僧傳》卷七，《大正藏》冊五十，頁368中。
〔註59〕見唐・湛然：《法華玄義釋籤》，《大正藏》冊三十三，頁837中。
〔註60〕參梁・慧皎：《高僧傳》，《大正藏》冊五十，頁367上。
〔註61〕參梁・慧皎：《高僧傳》，《大正藏》冊五十，頁363下。
〔註62〕參梁・慧皎：《高僧傳》，《大正藏》冊五十，頁364上。
〔註63〕梁・慧皎：《高僧傳》，《大正藏》冊五十，頁364上。

經》；〔註64〕關於道恒，曾在羅什譯場「譯出眾經，並助詳定」……。〔註65〕由此可知，僧肇在譯場，有一群各有專長的同儕。

雖然僧肇具體與同儕互動的思想內容，目前限於文獻尚不可考得，但既同在羅什譯場，同為羅什助譯，在助譯的過程中，或生活在相同的環境下，同儕間必有許多的互動，而對僧肇思想想必頗有建設。最明顯可見的一例，應是僧肇與年齡相仿的竺道生之間的思想互動。僧肇〈答劉遺民書〉云：「生上人頃在此，同止數年，至於言話之際，常相稱詠。中途還南，君得與相見。未更近問，惘惘何言。」〔註66〕據此可知，僧肇與竺道生有著深厚莫逆的情誼，實「同氣相求，同聲相應」，〔註67〕常在言談中相互討論。因而可推測，雖然竺道生是離開羅什僧團後，其涅槃思想才大噪，但或許道生在僧團中即蘊釀著頓悟成佛的涅槃思想，並多多少少激盪影響僧肇立基於大乘中觀的涅槃思想。〔註68〕

由上可知，僧肇奠定學術基礎的思想背景，主要是承自龍樹、羅什的大乘中觀思想。此外，根據羅什譯場的環境，可推知僧肇亦受同儕學伴的影響。

（二）形成基源問題的思想背景

僧肇思想，主要立基於大乘中觀佛學。除了中觀思想，僧肇在玄、佛交涉的「格義」時代中，其構成思想背景的成分，尚包括中國傳統文化、佛教大、小乘思想、外道，以及世人的俗知俗見。這些思想若有謬誤而不契諸法實相時，往往成為僧肇作品中所欲解決的基源問題，亦即成為僧肇欲加駁正的對象。若進一步探之，形成僧肇基源問題的思想背景，在佛教方面，應指執「實有」的說一切有部、廬山法性論者，以及執「實無」的成實論者等；在外道方面，應指計「實有」、計「實無」者；在中國傳統文化方面，則應主指偏於「有」、「無」一端的玄學思想。若統而括之，凡是偏執「有」、「無」

〔註64〕參梁・慧皎：《高僧傳》，《大正藏》冊五十，頁 368 上；元・師正：〈科南本涅槃經序〉，《大正藏》冊三十八，頁 41 下。

〔註65〕參梁・慧皎：《高僧傳》，《大正藏》冊五十，頁 364 下。

〔註66〕見《大正藏》冊四十五，頁 155 下。

〔註67〕見元・文才：《肇論新疏》，《大正藏》冊四十五，頁 224 上。

〔註68〕許抗生說：「道生的佛性妙有說的思想淵源，源自於羅什的大乘空學。僧肇與道生在長安師事羅什時，是一對十分要好的好朋友，言詠之際十分投合，思想互相發明，共同闡發著般若三論的思想。」（許抗生：《僧肇評傳》，南京：南京大學出版社，2001 年 2 月二刷，頁 12）由此也可證得，僧肇與竺道生的思想是「互相發明」。

一端的行者或世人，皆應可納爲僧肇形成其基源問題的思想背景。以下茲以二部分述之，若未提及之處，則於他章隨文論之，或就僧肇駁正的內容順推。

1、玄 學

由梁·慧皎《高僧傳》可知，僧肇「嘗讀老子《德》章」，感嘆「美則美矣，然期神冥累之方，猶未盡善」。可知僧肇雖「愛好玄微，每以《莊》、《老》爲心要」，〔註69〕卻有「未盡善」的遺憾。然而僧肇雖有「未盡善」的遺憾，卻未曾在作品中直接點出道家思想的不足，反而在行文中，加以駁正基於「格義」之故，深受玄學影響、不契空義的佛教思想。因而可推知，僧肇在駁正的過程中，想必也間接駁正玄學思想，甚至更深遠的點出道家「未盡善」之處。

爲何僧肇會在作品中，較集中的間接駁正玄學，而不是駁正「未盡善」的道家思想呢？原因有二：一、玄學是消融《周易》、《老子》、《莊子》而致成的玄言之學。《易》、《老》、《莊》雖有談及「有」、「無」的概念，雖講究生命昇華的修養工夫，卻未曾有明顯偏執一端之說。反倒是玄學，在面對時代思潮中多重議題之辯時，爲了建立獨樹一幟的自家體系，以及方便駁正他方之說，往往偏執「有」、「無」一端來展開立論。雖然所偏執的「有」、「無」概念的內涵，以及所開展的問題解答之說，皆超越世人二元對立的俗知俗見，有其精彩之處，但若加以仔細檢視，仍可發現與道家思想相較，玄學更有著未完滿、未究竟的疏失。二、僧肇身處玄、佛交涉的時代，佛教思想往往基於「格義」的緣故，而深受玄學的影響，以致不契佛義。如僧肇在〈不眞空論〉中欲駁正的心無、即色、本無等三家般若宗，即是深受玄學「有」、「無」等議題影響的例子，除此之外，當時佛教尚受玄學諸多議題的影響。〔註70〕因此，可推知僧肇著作的首要任務，即是撥誤返正，說明諸法實相，來釐清時代思想氛圍中一些顯著謬誤的觀點。因而在駁正的過程中，想必對貼近時代思想的玄學有一番欲間接駁正的意味。以下茲舉玄學家王弼（226～249）、郭象（253～312）爲例說明之：

〔註69〕見梁·慧皎：《高僧傳·僧肇傳》，《大正藏》冊五十，頁365上。

〔註70〕有無之辯，在魏晉時代盛行一時，佛教般若學的討論亦受影響，因此湯用彤說：「『六宗七宗，受延十二』，其所立論樞紐，均不出本末有無之辯。」（見湯用彤：《理學·佛學·玄學》，北京：北京大學出版社，1992年10月，頁217）

（1）王弼──以「無」為本說

王弼以注《老子》來作為闡發個人思想的主要途徑，其學說體系以「貴無」為核心，將「無」提昇至能生成萬有的地位，用以表詮天地的至道，並將「有」視為「無」所生成的萬有。如王弼《老子注》云：

> 凡有皆始於無，故未形無名之時，則為萬物之始。……萬物始於微
> 而後成，始於無而後生。〔註71〕

王弼論述「無」與「有」的關係，及萬物生成的過程，意謂「有」生於「無」，因而未形無名之際，是萬有之始，而「有」是「無」所生成的萬物。

此外，王弼並認為「無」與「有」的關係，可運用於本、末；體、用；一、多；靜、動；常、變；意、言等各種哲學對立的範疇。關於王弼諸些觀點，筆者將在下章後，隨文加以述之。

（2）郭象──「獨化」、「自生」說

裴頠反對王弼等名士的尚「無」之風，而著有《崇有論》，其意在去世風偏向虛無之病。郭象隨之，也加入裴頠崇「有」的行列。郭象以注《莊子》的形式，來表達自己的哲學思想。郭象批評王弼，將「本」、「末」；「有」、「無」二分的思想結果，將導致自然與名教的割裂，因此認為若欲調和自然與名教的根本作法，即是取消「本」、「末」；「有」、「無」二分的方式。是故，郭象不採取王弼「有生於無」的思維模式，而提出「有物自造」、「獨化」、「自生」的學說，由此來消解王弼「貴無」的弊端，使萬物各返其體。郭象云：

> 然則生生者誰哉？塊然而自生耳。自生耳，非我生也。我既不能生
> 物，物亦不能生我，則我自然矣。自己而然，則謂之天然。天然耳，
> 非為也，故以天言之。〔註72〕

郭象認為，萬物的生成是塊然自生，並非有一「造物主」所生。郭象強調，萬物是自己生成自己，因而稱為「天然」。是自然而然，並非存有絲毫的造作。由此可知，郭象的「自生」說，是肯定物有自性，能自生、自成。

由玄學家王弼與郭象之說可知，二者的「有」、「無」概念隨其學說而有不同。王弼貴「無」，郭象則反對「無」能生成萬物，而認為萬物各「有」自性，能自己生成自己。二者皆有所偏重的一端。因有偏重，而使得其學說有

〔註71〕見王弼《老子注》章一（樓宇烈校釋：《王弼集校釋》，臺北：華正書局，1992年12月初版，頁1）。

〔註72〕見郭慶藩：《莊子集釋》，臺北：漢京書局，1973年9月，頁50。

不完滿的疏失。就此可推知，僧肇在駁正受玄學影響的「格義」佛學時，想必也間接駁正玄學的諸些觀點，因而本文將玄學納爲僧肇形成基源問題的思想背景。

2、未如理的佛學

考察《肇論》四論可知，形成僧肇思想背景一部分的未如理的佛法，明確的有：〈不眞空論〉中欲駁正的六家七宗中的心無、即色、本無宗。這三宗，將於下一節予以探討。此外，據〈般若無知論〉、〈涅槃無名論〉，以及僧肇與劉遺民的書信對話，可知成爲僧肇基源問題的思想背景，應涵括盧山慧遠法性論，以及執「實無」思想的成實論。以下茲述之：

（1）盧山慧遠法性論

盧山慧遠有法性論的思想，曾與羅什討論法性問題，這明顯可見於《鳩摩羅什法師大義》。〔註73〕慧遠對法性、三乘、遍學……等觀點，皆有未如理之處，羅什曾加以更完善的說法加以回應。但慧遠有些問題，羅什則點到爲止，未深入加以回應。就僧肇作品中欲解決的基源問題，可知，《鳩摩羅什法師大義》對僧肇有很大的影響。因而僧肇在著作〈般若無知論〉以及〈涅槃無名論〉時，繼續討論羅什未完的議題，或更深入回應慧遠曾提問的問題，或於行文中加以駁正慧遠法性論的謬誤處。慧遠法性論的思想宗旨，主要是：

> 至極以不變爲性，得性以體極爲宗。〔註74〕

意謂推溯諸法至極處，得其不變者，即是法性。若要得其法性，則以體極工夫爲要事。可知，慧遠主張涅槃是實有。此種實有的觀點所舖展出的學說，有其自相矛盾之處，因而僧肇於著作中曾一一加以駁正，諸如「自然」、「定慧」……等。可知慧遠法性論，可作爲僧肇基源問題形成的思想背景之一。

（2）成實論

秦王姚興〈與安成侯嵩書〉時，曾批評成實宗有「廓然空寂，無有聖人」〔註75〕的謬誤。僧肇於〈涅槃無名論〉中的「有名」者身分之一，即是代表著諸如成實宗等執「實無」觀點的佛教宗派。「有名」者循名求實，認爲「無餘涅槃」即是「教緣都訖，靈照永滅，廓爾無朕」、「灰身滅智，捐形絕

〔註73〕見東晉・慧遠問，羅什答：《鳩摩羅什法師大義》卷三，《大正藏》冊四十五，頁 122 中～143 中。

〔註74〕見梁・慧皎：《高僧傳》卷六〈釋慧遠傳〉，《大正藏》冊五十，頁 360 上。

〔註75〕見唐・道宣：《廣弘明集》卷十八，《大正藏》冊五十二，頁 230 上。

慮」、「譬如燈滅」，認爲證涅槃者，不是「五陰都盡」〔註76〕的眾生等。此種傾向涅槃是實無的觀點，實有謬誤之處，因而也可作爲僧肇思想背景的一部分。

本節旨探討僧肇的生平、著述與思想背景，研究重心置於前人較少探觸的僧肇思想背景上。由上可知，僧肇的生平可分爲三個階段：一是中國傳統文化薰習期，即指年少家貧，以傭書爲業，因而飽覽經史，有著豐厚的中國文化學養；二是「學善方等，兼通三藏」期，即指僧肇在中國傳統文化薰習期中，志好玄微，喜讀《莊》、《老》之書，卻有未盡善之感。後，因讀《維摩詰經》而出家，因而「學善方等，兼通三藏」；三是師承鳩摩羅什、歸趣般若三論期，即指僧肇追隨印度中觀學派龍樹傳人——鳩摩羅什十餘年。在受學羅什的期間，僧肇奠定般若學的思想系統，不僅受羅什「實相」之學的影響，並直承龍樹緣起性空的思想，以及「八不中道」。關於其著作的眞僞問題，可分爲四類：一是眞作；二是後人僞託之作；三是尚有眞僞爭論之作；四是不確定之作。此外，由於一思想家的思想成分，必是兼容並蓄，有奠定學術基礎的思想背景，也有形成基源問題的思想背景，因此本節第三部分，主要分成兩層面來探討。關於奠定學術基礎的思想背景，主要是在說明僧肇的思想體系，主要建立在大乘中觀佛學上，受羅什、龍樹的緣起性空思想影響彌深。並推測與僧肇同在羅什譯場的同儕學伴對僧肇思想的形成，有建設性的幫助，而道、玄思想也是豐厚僧肇思想生命的助力。關於形成基源問題的思想背景，這涵括的層面極廣，凡僧肇所見所聞，而認爲不盡契實相眞理的思想，皆可納入。根據僧肇作品，可知這些思想應可歸爲執「有」、「無」一端的類型，牽涉小乘、外道、部分大乘佛教、玄學，以及有執見的世人。因而本部分主舉玄學家王弼、郭象的思想，以及佛學家廬山慧遠的法性論、成實宗的成實論簡述之。關於這些僧肇欲駁正的詳細內容，筆者將於各章隨文提及，深入述之。

僧肇的時代，是一個歷史上特殊的時代，不僅玄、佛交涉，在位者還扶植佛教，支持百姓信奉佛教，鼓勵僧人翻譯佛典和研究教義。雖然在位者的居心用意，概藉宗教信仰，來鞏固與安撫民心，但整個時代思想氛圍即由佛學與道、玄交糅而成，這對僧肇思想的形成，有很大的影響。可知，舉凡僧肇思想的奠基者，或是僧肇欲加以駁正者，想必皆可納爲僧肇的思想背景。

〔註76〕見《大正藏》冊四十五，頁158上；161上。

第二節　僧肇與玄、佛交涉的時代思潮

　　一思想家思想體系的建立，往往與整個時代思潮有著密切的關係。僧肇生逢玄學與佛學交涉的「格義」時代。當時舉凡佛學家或多少受佛學薰習的世人，其所見、所聞、所思、所感，往往與「格義」脫離不了關係，因此基於「格義」緣故而使得玄、佛交涉的時代思潮，對僧肇的整體思想與著作內容有很大的影響。是故，本節旨環顧圍繞於僧肇生涯的玄、佛交涉的時代思潮，以及探究該時代思潮與僧肇的可能關係。

一、玄學與佛學的交涉

　　玄學與佛學會交涉，始自中土玄學蔚爲風尚之際。糅合《周易》、《老子》、《莊子》思想於一身的玄學，爲何會盛行於魏晉時代？原因在於自曹丕稱帝（220 年）至東晉滅亡（420 年）的魏晉時期，爲門閥士族所統治。整個大環境變動不安，政治黑暗，戰亂頻繁，上層士宦官吏朝不保夕，下層百姓更是過著家破人亡、流離顛沛的生活。向來是正統主流的儒學，不再是世人納爲安身立命的良劑，反倒是談論逍遙自在、玄之又玄的清談蔚爲風尚，撫慰世人因戰亂頻繁而千瘡百孔的心。由此可知，玄學清談的興起，與整個大時代動蕩不安的環境有關，那麼爲何魏晉時代佛學會與玄學交涉呢？原因主要可分爲兩點：

（一）佛教冀求中國化

　　古今中外，凡是兩種異質文化交涉或融合的初期，勢必傾向於援引對方文化與己方文化中看似同質的語彙，來解說己方的思想，使對方能在熟悉的語彙文字定義下，漸漸對異方文化予以接納、認同，以及理解。

　　印度佛教傳入中土，始於西漢末年。由於佛教文化與中國文化兩者的本質即是不同，使得佛教傳入中土後，必須運用各種途徑、方式，來讓世人明瞭佛教殊勝的教義。中國初期佛教中國化最爲普遍的施行方法，即是「格義」。〔註77〕

　　所謂「格義」，即是使異質文化相通互涉的一種方法，主要是佛教援引中國傳統思想中類似的概念，來詮釋佛教的教義，〔註78〕使國人對於佛教，

〔註77〕「格義」方法的施行，主要是在漢魏至東晉時期。
〔註78〕茲舉二則取相類似概念相比附解說之例爲證：一、顏之推《顏氏家訓・歸心篇》云：「內外兩教本爲一體，漸極爲異，深淺不同。內典初門設五種禁，與

能從陌生、排斥，不排斥、萌生興趣，至完全接納。譬若甲方文化傳至乙方文化的環境時，為了不被排斥，而善巧借用乙方文化的語彙，來宣說自己文化的要義。如此，雖然乙方的語彙已有土生土長的固有義涵，卻因甲方運用「格義」的緣故，以致語彙義涵被轉化，被賦予與甲方文化類同的意義內涵。其定義，隨著歷史發展，而從狹義擴衍至廣義。所謂狹義的「格義」，即指漢魏之際的「配說」，以及竺法雅所運用的「以經中事數，擬配外書，為生解之例」，〔註79〕亦即將佛經所記載的事或概念，拿來與中國傳統古籍等「外書」相擬配，遞互講說，以裨益瞭解。這種「格義」方式，即誠如僧叡所言「恢之以格義，迂之以配說」。〔註80〕此外，所謂廣義的「格義」，即指符合於能以某種概念比附於他種概念，而令人理解的方法者，即可視為「格義」。〔註81〕然而不管「格義」在不同的時空，或狹義、或廣義，基本上皆是援引中國文化的語彙，來比附佛教教義，其目的皆是為了消解異質文化的隔閡。魏晉時代，佛學會運用「格義」的方式，來與玄學交涉，甚或交融，即是一例。

（二）大乘般若學與玄學有類質性的思想內涵

魏晉時代，與玄學交涉的佛學，主指大乘中觀般若學。印度般若學派的理論傳入，約始於東漢末年。最早的般若譯典是後漢・支婁迦讖傳譯的《道

外書仁義五常符同。仁者，不殺之禁也；義者，不盜之禁也；禮者，不邪之禁也；智者，不酒之禁也；信者，不妄之禁也。」（見唐・道宣：《廣弘明集》卷三，《大正藏》冊五十二，頁107中）文中，顏氏視佛教的五戒，等同於儒家的五常。二、北齊・魏收《魏書》卷一一四〈釋老志〉云：「故其始修心則依佛、法、僧，謂之三歸，若君子之三畏也。又有五戒，去殺、盜、淫、妄言、飲酒，大意與仁、義、禮、智、信同，名為異耳。」（見楊家駱：《新校本魏書附西魏書》，臺北：鼎文書局，1983年12月四版，頁3026）文中可知，佛家的三歸可與君子的三畏相配，而佛家的五戒亦與儒家的五常同。

〔註79〕梁・慧皎《高僧傳》卷四〈法雅傳〉云：「雅乃與康法朗等，以經中事數，擬配外書，為生解之例，謂之格義。……雅風采灑落，善於樞機，外典佛經，遞互講說。」（見《大正藏》冊五十，頁347上）

〔註80〕晉・僧叡《喻疑論》云：「漢末魏初……尋味之賢，始有講次，而恢之以格義，迂之以配說。」（見梁・僧佑：《出三藏記集》卷五《喻疑論》，《大正藏》冊五十五，頁41中）

〔註81〕湯用彤《漢魏兩晉南北朝佛教史》（上）亦云：「格義者何。格，量也。蓋以中國思想，比擬配合，以使人易於了解佛書之方法也。」（臺北：駱駝出版社，1996年1月，頁235）湯氏所定義的「格義」，乃屬廣義的「格義」。

行般若經》。﹝註82﹞至西晉之際，相關佛教經典才大量傳入中土。在般若經義不通達，以及經典不完備的條件之下，幸好般若學主在說明緣起性空的道理，其「空」的思想恰與魏晉玄學論題之一的「無」，有著某個層次相似的內涵，又如般若學的「無相」、「無生」，與道、玄的「無名」、「無爲」等概念，有相似之處，使得般若學者運用「格義」的方法，援引道、玄語彙來宣揚教義時，可算符契事理，因而能如魚得水的興盛，爲國人所接受、認同。此外，玄學家爲了加強建構各自觀點的思辨性，並豐富清談的內容，也相對吸收佛教教義中屬於較同質性、能產生共鳴的部分。由是可知，魏晉時代佛教玄學化、玄學佛教化，佛、玄能夠互涉，是有一些因緣和合的條件所致成。亦即，若不是般若學與玄學有類質性的思想內涵，恐怕佛、玄便降低交涉的可能性，佛教也不可能迅速中國化。

由上可知，玄、佛交涉，主因在於佛教爲了中國化，所以運用「格義」的方式，來宣揚佛教教義，而在魏晉時代，由於玄學的蔚爲風潮，與佛教大乘般若學有類質之處，使得般若學得以傳佈於中土，玄學與世人則經由佛教所展示的「格義」語言，進而認知佛教教義，補強自己文化思想的不足之處。

二、「格義」弊端

（一）「格義」弊端之因

魏晉時代，由於「格義」的緣故，使佛學與玄學得以互涉交融，使中國文化得以注入佛教般若學等新流，並使外來的佛教亦因玄學緣故，而得以在中國漸爲生根。﹝註83﹞可見，玄、佛交涉，實造就魏晉時代舉凡思想、文學、藝術等等的新氣象。那麼，玄、佛交涉是否有弊端呢？若加以考察，可知其弊端出自於「格義」方法上。原因有二：

1、收、授「格義」者的本身素質：「格義」方法的運用，其基本前提是，佛教僧人必須對玄學、佛學的義理有通透瞭解的基礎。若不了解其中一方或雙方的思想，而僅是望文生義，或比附文字表面義，未參究文字表面下的深層義涵，將誤詮己方的文化，致使說理謬誤。此外，若玄學家僅以慣性認知

﹝註82﹞見《大正藏》冊八，頁 425 上～478 中。
﹝註83﹞誠如牟宗三〈才性與玄理・序〉說：「道家玄理之弘揚正是契接佛教之最佳橋樑。」（臺北：學生書局，1997 年 8 月，頁 1）可見，佛學中土化的過程中，玄學扮演極其重要的中介角色。

的文字定義，去接收佛教僧人所展示的「格義」語言，而未能進一步參究佛教「格義」語言下的描述性定義，很容易將自己的思想系統套用在佛教思想上，誤認佛學與己方的學說是一模一樣，而未能深思或學習對方文化的長處。因此，雖玄、佛交涉造就文化融合的新氣象，卻因運用「格義」方法者，以及接受「格義」語言者，彼此義理素質的參差不齊，使得玄、佛交涉僅止於某一程度的成果。

（2）「格義」的成效有其困限：本是兩種全然異質的文化，即使運用「格義」的方式，來讓另一方文化族群能基於雙方語彙的熟悉感，而漸能知解彼此，但「格義」仍是有其局限性的存在。〔註84〕如：佛家詞彙的「空」與道、玄詞彙的「無」，有義涵的相似性，卻非同質，以致「無」被用來比擬配合「空」時，常人基於慣有的思惟模式，往往僅能理解「無」的義涵層次，卻不能理解「空」的究竟實義。可知本是非屬同質性的文化，實難適切比附。〔註85〕假若過於比附穿鑿，信實不足，而將異質文化視為同質，則有許多弊病產生。因此誠如道安所言「先舊格義，於理多違」，〔註86〕「格義」在消解文化隔閡的任務上，僅是善巧方便的的權宜之計。〔註87〕

（二）實例——六家

魏晉般若學的代表宗派，有所謂的「六家七宗」，主要是指般若學者運

〔註84〕 柳田聖山批評傳統「格義」作為一種比較哲學的立場，來探究兩個以上思想的同異問題，很容易「趨向同質的統一，而輕視異質」。（柳田聖山著，毛丹青譯：《禪與中國》，臺北：桂冠出版社，1992年初版，頁57～58）筆者認為柳田聖山之說，反映「格義」的真實文化面貌，尤其是魏晉玄、佛交涉之際，在「格義」語彙的義蘊上，往往存有似是而非、似非而是的模糊地帶。

〔註85〕 許抗生說：「中國老莊學與印度般若學，都講空講無，似乎有相似之處，但其思想實質卻是有著很大的差別的。……老子、王弼皆判有無為兩件，並不講有即無、無即有的有無一如之說。而《般若經》則主張萬法無自性為假有，假有即性空，有即空，並不是在假有之外有個空。這一思想後來中觀佛學把它闡說得十分清楚。由此可見，《般若經》的性空假有說與老莊的有無思想有著很大的差距。」（《僧肇評傳》，南京：南京大學出版社，2001年2月二刷，頁172）筆者贊同許氏之說。

〔註86〕 見梁・慧皎：《高僧傳》卷五〈釋僧先傳〉，《大正藏》冊五十，頁355上。

〔註87〕 誠如湯用彤《漢魏兩晉南北朝佛教史》（上）云：「況佛教為外來宗教，當其初來，難於起信，故常引本國固有義理，以申明其並不誕妄。及釋教既昌，格義自為不必要之工具矣。」（臺北：駱駝出版社，1996年1月，頁234）。又誠如何啓民於《魏晉思想與談風》所言：「格義因中華之人初學內典，一時難了，而為之權宜之計。」（臺北：學生書局，1976年6月二版，頁223）

用「格義」的方法，援引道家、玄學辭彙，以比擬般若學。但由於「格義」的成效有其局限性，加上般若學者對「空」義有不同程度的理解，盡各執一端、各抒己見、莫衷一是地依據玄學「無」等一類觀念，來比附般若「空」義，此外，又加上取爲比附的玄學自身有諸多觀點有著分歧的現象，因此使得般若學內部產生學派的分化，出現所謂的「六家七宗」，此可謂是「格義」的產物。

　　「六家七宗」包含那些呢？據唐‧元康《肇論疏》中所提及的曇濟《六家七宗論》〔註88〕以及隋‧吉藏《中論疏記》等所載，〔註89〕可知「六家七宗」即指本無、即色、識含、幻化、心無、緣會等六家，又加上本無宗分支出的本無異宗。關於六家七宗的代表人物，詮釋者觀點並不一，因此茲取數家之說，列表如下，以資參考：

〔註88〕宋‧曇濟《六家七宗論》原書已佚，今僅可據唐‧元康《肇論疏》所引，此外亦可見於梁‧寶唱《名僧傳抄‧曇濟傳》（見《卍續藏》冊一三四，頁十八上）。

〔註89〕陳‧小招提寺慧達〈肇論序〉云：「自古自今，著文著筆，詳汰名賢，所作諸論，或六家七宗，爰延十二」（見《大正藏》冊四十五，頁150中）。然而慧達並無進一步說明之。唐‧元康《肇論疏》，釋及陳‧慧達〈肇論序〉此段時，引南朝宋莊嚴寺釋曇濟所作的《六家七宗論》，而標出六家七宗的宗名，云：「『或六家七宗，爰延十二者』，江南本皆云六宗七宗。今尋記傳，是六家七宗也。梁朝釋寶唱作《續法論》一百六十卷云：宋莊嚴寺釋曇濟，作《六家七宗論》。論有六家，分成七宗。第一，本無宗；第二，本無異宗；第三，即色宗；第四、識含宗；第五、幻化宗；第六、心無宗；第七，緣會宗。本有六家，第一家分爲二宗，故成七宗也。」（見《大正藏》冊四十五，頁163上）唐‧元康《肇論疏》並引梁‧寶唱《續法論》所引及之語，以對六家內涵、六家「爰延十二」之因，作探討，云：「《續法論》文云：下定林寺釋僧鏡作〈實相六家論〉……。第一家，以理實無有，爲空；凡夫謂有，爲有。空則眞諦，有則俗諦。第二家，以色性是空，爲空；色體是有，爲有。第三家，以離緣無心，爲空；合緣有心，爲有。第四家，以心從緣生，爲空；離緣別有心體，爲有。第五家，以邪見所計心空，爲空；不空因緣所生之心，爲有。第六家，以色色有依之物，實空爲空；世流布中，假名爲有。前有六家，後有六家，合爲十二也。故曰『爰延十二』也。」（見《大正藏》冊四十五，頁163上～中）此外，亦可參陳‧慧達《肇論疏》，《卍續藏》冊一五○，頁866上；隋‧吉藏《中觀論疏‧因緣品》，《大正藏》冊四十二，頁29上～中）；日人安澄《中論疏記》卷三，《大正藏》冊六十五，頁92中～96下）；元‧文才《肇論新疏》，《大正藏》冊四十五，頁209上；湯用彤：《漢魏兩晉南北朝佛教史》（上），臺北：駱駝出版社，1996年1月一版二刷，頁276。

六家七宗人物簡表

曇濟〈六家七宗論〉	本無		即色	識含	幻化	心無	緣會
	本無	本無異					
吉藏《中觀論疏》	道安	琛法師	關內、支道林	于法開	壹法師	溫法師	于道邃
《山門玄義》	竺法深		支道林	于法開	釋道壹	釋僧溫	于道邃
安澄《中論疏記》	道安	深法師	關內、支道林	于法開	釋道壹	竺法溫	于道邃
湯用彤《漢魏兩晉南北朝佛教史》	道安（性空宗義）	竺法深、竺法汰（竺僧敷）	支道林、（郗超）	于法開、（于法威、何默）	道壹	支愍度、竺法蘊、道恆、（桓玄、劉遺民）	于道邃

　　雖然詮釋者所列的代表人物並不一，但就基本觀點而言，可知六家七宗約可歸類爲三宗，亦即本無、心無二家各自成爲獨立的一宗，即色、識含、幻化、緣會四宗複可歸結爲即色一宗。〔註90〕要之，由於般若學者對般若「空」義的理解不同與持義歧異，因此出現六家七宗，而其中，又可歸爲本無、即色、心無等三宗，可謂爲當時般若學說主流的所在。此外，史上，最早提及「六家」一詞，是僧叡於〈毗摩羅詰堤經義疏序〉第十四云：

　　自慧風東扇，法言流詠已來。雖曰講肆，格義迂而乖本，六家偏而不即。性空之宗，以今驗之，最得其實。〔註91〕

〔註90〕參湯用彤《漢魏兩晉南北朝佛教史》（上）說：「般若各家，可分三派。第一爲二本無，釋本體之空無。第二爲即色、識含、幻化以至緣會四者，悉主色無。而以支道林爲最有名。第三爲支愍度，則立心無。此蓋恰相當於〈不眞空論〉所呵之三家。觀於此，而肇公破異計，僅限三數，豈無故哉。」（臺北：駱駝出版社，1996 年 1 月一版二刷，頁 277）又候外廬也說：「六家之中，除本無、心無二家各自成爲獨立的一派外，即色、識含、幻化、緣會的四宗複可歸結爲即色一派。」（候外廬主編：《中國思想通史》卷三，北京：人民出版社，1995 年 3 月，頁 426）

〔註91〕見梁·僧佑：《出三藏記集》卷八，《大正藏》冊五十五，頁 59 上。此外，涂艷秋：《僧肇思想探究》（臺北：東初出版社，1996 年 4 月初版二刷，頁 37），與陶文本：《慧遠與僧肇般若學的比較研究》（臺北師範大學國文研究所碩士論文，1995 年 5 月，頁 20），皆根據湯用彤援引此文後，曾言：「格義與性空之宗，留待後詳。六家者，不知其確指」，而判定湯氏將格義、性空與六家之宗，同時視爲宗派之名。筆者則根據湯氏前後文，與此語相對照，認爲湯氏將「格義」視作一種方法，而非宗派。（參湯用彤：《漢

僧叡提及，自佛法東傳以來，雖有宣揚佛法的活動，但「格義」的方法迂曲而悖違佛教本義，六家般若宗所詮釋的「空」義實有偏頗，而未能契入佛義，唯有道安的「性空之宗」，最得詳實。此段可知，僧叡點出「格義」與「六家」的弊病，以及「性空之宗」的「最得其實」。由是可知，六家七宗中，除了道安的「性空之宗」外的六家，乃集結「格義」的可能弊端於一身，實未能契入佛義。

由上可知，魏晉般若宗派，有所謂的六家七宗，可謂是「格義」的產物。而其中，除了道安的「性空之宗」「最得其實」之外，其餘六家則集結「格義」的可能弊端於一身，在詮解般若「空」義上，未能契入佛義，反因「格義」緣故，而與玄學義理「靠近」。其中，又可以本無、即色、心無等三宗作爲代表，致使僧肇於〈不眞空論〉中駁正之。

三、僧肇與玄、佛交涉的時代思潮的關係

（一）僧肇的道、玄語彙

魏晉時代，舉凡佛學家藉以傳達己身思想的語言文字，甚或是己身思想的本質，往往是「格義」的產物，乃取材玄學的表面語彙暨語彙內在義涵建構而成。那麼是否可斷言，幾近援用道、玄語彙表述而成的僧肇著作，即是「格義」的產物，甚或是道、玄的一部分？本文反對此說，而認爲僧肇僅是援用當時的時代語言，重新注入語言文字的義涵，來表述自己的思想。原因有三：一、僧肇年少「愛好玄微，每以《莊》、《老》爲心要」，嘗讀《老子》，有感「美則美矣，然期神冥累之方，猶未盡善」。後來閱讀《維摩詰經》「歡喜頂受，披尋翫味」，「始知所歸」。可知，僧肇對道家思想有「猶未盡善」的遺憾，因此僧肇思想本質應不是屬於道家或玄學系統；〔註92〕二、僧肇著作中所欲解決的基源問題之一，在駁正當時「格義」的弊端，諸如般若學者的不契佛義等；三、僧肇雖援用道、玄的語彙，其語彙的內涵不同於道、玄語彙的本義，而是蘊涵著僧肇個人獨特的描述性定義，是深契佛義，而無謬誤之處。因此本文不視僧肇作品爲「格義」的產物，亦不視爲道、玄的一部分。

魏兩晉南北朝佛教史》（上），臺北：駱駝出版社，1996 年 1 月一版二刷，頁 230）
〔註92〕參梁・慧皎：《高僧傳・僧肇傳》，《大正藏》冊五十，頁 365 上。

（二）僧肇基源問題的形成

　　僧肇《肇論》四論中，所欲解決的基源問題，往往是爲了駁正或釐清所見、所聞的思想謬誤。僧肇所要駁正的對象之一，即是佛教僧人運用「格義」的方法，在詮解佛教教義上有了偏頗之處，因而僧肇加以撥誤返正之。〔註93〕如：〈不眞空論〉中，僧肇藉由討論「空」的議題，駁正六家七宗中最具有代表性的心無、即色、本無等三宗之因。駁正之因，在於這三宗明顯深受魏晉玄學「有」、「無」議題的影響，或偏「有」、或偏「無」，落於常見或斷見，各有所觀，不能契神於「有」、「無」之間，以致不能適切詮釋佛教「空」的道理，因而僧肇藉由駁正的立說，給予般若學一個更清晰、更明確、更具有條理的觀念，算是對「格義」佛學作一總檢討。〔註94〕

　　由上可知，「格義」與《肇論》有著密切的關係，但《肇論》並非是運用「格義」方法的產物，因爲所要解決的基源問題之一，主爲了釐清或駁正「格義」方法所帶來的思想謬誤。

　　由本節可知，僧肇的思想，與生逢玄、佛交涉的「格義」時代息息相關。其相關之處，並非在於是「格義」的產物，也並非屬於道、玄的系統，而是僧肇著作中所欲解決的基源問題之一，在於駁正當時「格義」方法所產生的弊端。

第三節　《肇論》結構安排

　　僧肇的思想體系，明顯可見於僧肇所作的〈般若無知論〉、〈不眞空論〉、〈物不遷論〉、〈涅槃無名論〉等四論。這四論，透由梁、陳間人所輯，並冠以〈宗本義〉，合集稱爲《肇論》。其中，〈般若無知論〉是僧肇最早的作品，約公元四〇五年所作，〔註95〕其次是〈不眞空論〉、〈物不遷論〉，最後是〈涅

〔註93〕如僧肇〈不眞空論〉云：「頃爾談論，至於虛宗，每有不同。夫以不同而適同，有何物而可同哉。故眾論競作，而性莫同焉。」（見《大正藏》冊四十五，頁152上）可知，僧肇著〈不眞空論〉的緣由，即是有感「眾論競作，而性莫同」。

〔註94〕誠如楊惠南所說：「般若學的『格義缺失』，要到鳩摩羅什來華，大量譯出印度中觀學派的作品之後，才有所改善。其中，第一個豐碩的成果，就是鳩摩羅什之弟子──僧肇的《肇論》。首先，僧肇在《肇論‧不眞空論》當中，批判了心無、即色、本無等三宗，以作爲『格義』佛教的總檢討。……代表佛法從此擺脫了『格義』的色彩。」（楊惠南：《龍樹與中觀哲學》，臺北：東大圖書公司，1992年再版，頁42）

〔註95〕Richard H.Robinson 認爲〈般若無知論〉出世「約於西元404年（弘始六年）

槃無名論〉。四論所闡述的要點不盡相同，卻能相互呼應，成爲一個有機體。

回顧僧肇思想研究成果，發現泰多詮釋者在《肇論》結構的安排上，有別本文。因此本文在探討《肇論》內文之前，特闢此節，介紹前人對《肇論》結構的安排，並解釋本文順著僧肇著述先後而安排《肇論》結構之因。

一、前人《肇論》結構安排

（一）由俗至真，由因至果

亦即首〈物不遷論〉，次〈不眞空論〉、〈般若無知論〉，末〈涅槃無名論〉，這是古今最普遍通行的《肇論》排第方式，如此編排者，有唐·元康《肇論疏》〔註96〕、宋·遵式（964～1032）《注肇論疏》〔註97〕、宋·淨源（1011～1088）《肇論中吳集解》〔註98〕、宋·悟初道全集（約十一世紀末—十二世紀初）〔註99〕《夢庵和尚節釋肇論》〔註100〕、元·文才（1241～1302）《肇論新疏》〔註101〕、明·德清（1546～1623）《肇論略注》〔註102〕、今本《大正藏》，〔註103〕以及多數當代《肇論》詮釋者。〔註104〕茲舉三則述之：

至西元408年（弘始十年）」，《中論》約「西元409年譯出」。然而卻有學者根據〈般若無知論〉義理詳瞻，有著契合般若空義的高度成熟度，以及引用《中論》的原文，而臆測〈般若無知論〉應是《肇論》的最後一篇。筆者並不傾向此說，較附議 Richard H.Robinson 所說的「僧肇很可能在《中論》未譯出前即已知道該論」（參 Richard H.Robinson 著，郭忠生譯：《印度與中國的早期中觀學派》，南投：正聞出版社，1996年12月，頁204；頁212），理由在於僧肇思想深受大乘中觀般若學的影響，即使《中論》在僧肇著作〈般若無知論〉時可能未譯出，卻不表示僧肇不一定未從其師鳩摩羅什或其整個時代思潮接觸到未譯出的《中論》本。此外，筆者認爲〈般若無知論〉爲僧肇首作之因，將於稍後正文部分再說明。

〔註96〕參唐·元康：《肇論疏》，《大正藏》冊四十五，頁161下～200下。

〔註97〕參宋·遵式：《注肇論疏》，《卍續藏》冊九十六，頁199上～366下。

〔註98〕參宋·淨源：《肇論中吳集解》，《叢書集成續編》冊四十六，臺北：新文豐出版公司，頁432上～469上。

〔註99〕參伊藤隆壽：〈宋代の華嚴學と肇論〉，《印度學佛教學研究》三十二卷一號（高野山大學における第三十四回學術大會紀要（一）），1983年12月（昭和58年），頁250。

〔註100〕參宋·悟初道全集：《夢庵和尚節釋肇論》（尊經閣文庫藏），收錄於塚本善隆編：《肇論研究》（京都：法藏館），1955年（昭和30年），頁1～98。

〔註101〕參元·文才：《肇論新疏》，《大正藏》冊四十五，頁201上～243中。

〔註102〕參明·德清：《肇論略注》，《卍續藏》冊九十六，頁577上～654上。

〔註103〕今本《大正藏》收錄僧肇〈物不遷論〉、〈不眞空論〉、〈般若無知論〉、〈涅槃無名論〉等四論，與〈宗本義〉、〈劉遺民書問〉、〈答劉遺民書〉等文，合爲

1、唐・元康《肇論疏》：此種由俗至眞，由因至果的編排方式，應與早期詮釋《肇論》的元康有關。元康《肇論疏》序云：

> 今〈不遷〉、〈不眞〉兩論，能開空法之道也。〈不眞〉，明眞諦也；〈不遷〉，明俗諦也。「所以次釋二諦，顯佛教門」者，眞、俗二諦，佛教要門。以此，故次〈宗本〉，而釋二諦耳。但「圓正之因，無上般若」者，此謂〈般若無知論〉也。涅槃正因，無有尚於般若者也。「至極之果，唯有涅槃」耳。般若極果，「唯有涅槃」之法也。故「末啓重玄」者，以此因果，更無加上。故末後明此兩重玄法，般若爲一玄，涅槃爲一玄也。前言眞、俗，指前兩論；後言重玄，指後兩論。此是必然，不勞別釋。「重玄」者，《老子》云：「玄之又玄，眾妙之門」。今借此語，以目涅槃、般若。謂一切聖人，皆住於此。故名爲「宅」也。〔註105〕

此段，元康主要在詮釋陳・小招提寺慧達〈肇論序〉，慧達原文：

> 開空法道，莫逾眞、俗，所以次釋二諦，顯佛教門。但圓正之因，無上般若；至極之果，唯有涅槃。故末啓重玄，明眾聖之所宅。
>
> 〔註106〕

慧達以「開空法道」、「顯佛教門」的眞、俗二諦，定位僧肇〈不眞空論〉、〈物不遷論〉；以「重玄」，定位代表「圓正之因」的〈般若無知論〉與代表「至極之果」的〈涅槃無名論〉。慧達以內在邏輯關係概括《肇論》四論，而從元

《肇論》，此外並將〈寶藏論〉繫於僧肇名下（參《大正藏》冊四十五，頁143 中～161 中）。

〔註104〕如：Walter Liebenthal, *Chao Lun: A Treatise of Sengchao*（Hong Kong U.P., 1968）、古正美：《肇論淺釋》（台灣大學中國文學研究所碩士論文，1970 年 8 月）、劉貴傑：《僧肇思想研究 —— 魏晉玄學與佛教思想之交涉》（臺北：文史哲出版社，1985 年 8 月）、呂澂：《中國佛學思想概論》（臺北：天華出版社，1982 年初版，頁 110～120）、涂豔秋：《僧肇思想探究》（臺北：東初出版社，1996 年 4 月初版二刷（國立政治大學中國文學研究所博士論文，1988 年））、洪修平釋譯：《肇論》（高雄：佛光出版社，1996 年）、孫炳哲：《肇論通解及研究》（收錄於《中國佛教學術論典》冊十九，高雄：佛光山文教基金會，2001 年，頁 1～325（北京，北京大學哲學系博士論文，1996 年））、單培根：《肇論講義》（臺北：方廣文化，1996 年）、許抗生：《僧肇評傳》（南京：南京大學出版社，1998 年 12 月一刷）、黃錦鋐、楊如雪、蔡纓勳校注：《新編肇論》（臺北：臺灣古籍出版有限公司，2000 年 11 月初版一刷）……等。

〔註105〕見《大正藏》冊四十五，頁 164 中。

〔註106〕見《大正藏》冊四十五，頁 150 中。

康對慧達〈肇論序〉加以詮釋可知，元康頗受慧達的影響。元康《肇論疏》
卷上並云：

> 四論四章，即明四教。第一，〈物不遷論〉，明有，申俗諦教；第二，
> 〈不眞空論〉，明空，申眞諦教；第三，〈般若論〉，明因，申般若教；
> 第四〈涅槃論〉，明果，申涅槃教。明此四法，申彼四教，釋迦一化，
> 理斯盡矣。〔註107〕

元康認爲《肇論》四論，在闡明四教：〔註108〕「〈物不遷論〉，明有，申俗諦
教」；「〈不眞空論〉，明空，申眞諦教」；「〈般若論〉，明因，申般若教」；「〈涅
槃論〉，明果，申涅槃教」。此說與陳·小招提寺慧達〈肇論序〉，以眞、俗二
諦、因、果定位《肇論》四論呼應。可見，元康《肇論》四論編排的邏輯結
構，是受陳·小招提寺慧達〈肇論序〉的啓發。〔註109〕

2、宋·遵式《注肇論疏》：遵式安排《肇論》結構，與小招提寺慧達、
元康等相同，但因時代背景的不同，遵式不以「重玄」的概念述之，因此在
此一提。遵式先視〈宗本義〉爲「所宗、所依之本」，餘四論是「能宗、能依
之教」。〔註110〕後提及古代詮釋者分《肇論》四論爲四科「俗諦、眞諦，明因
顯果」，〔註111〕並云：

> 今且順〈宗本〉，分爲三節：初，前二論，明眞俗不二，顯境一；次，
> 第三，論明體用不二，顯智一；後，第四，論明理智不二，顯證一。
> 今初分二：初，〈物不遷論〉立俗諦；二，〈不眞空論〉顯即眞。今
> 初所以先有此論者，明俗諦事法也。謂佛教顯理，必須即事。若事

〔註107〕見《大正藏》冊四十五，頁166下。

〔註108〕元康《肇論疏》卷一云：「〈宗本〉一義，是謂標宗；〈不遷〉已下四論，是謂
明教也。」（見《大正藏》冊四十五，頁165上）元康定位〈宗本義〉是「標
宗」，〈物不遷論〉以下四論在「明教」。〈宗本義〉今已公認是僞作，因此元
康「標宗」之說不可取，但認爲《肇論》四論在「明教」，應合理。

〔註109〕羅因《僧肇思想研究——兼論玄學與般若學之交會問題》解釋唐·元康關於
《肇論》四論編排的邏輯結構，認爲「可能是受到隋唐判教的思想影響，以
判教的思考模式來理解《肇論》的思想架構」（臺灣大學中國文學研究所碩士
論文，1995年，頁10）。筆者則認爲就元康《肇論疏》內文義理而言，其受
慧達〈肇論序〉的影響，應是主因。

〔註110〕見宋·遵式《注肇論疏》卷一，《卍續藏》冊九十六，頁202下。

〔註111〕宋·遵式《注肇論疏》卷二云：「大文第二，依『宗』造論。論有四章，古釋
多分爲四科：謂俗諦、眞諦，明因顯果。四論不同，順文可爾，於理則未然。」
（見《卍續藏》冊九十六，頁214上）

外求理，俗外明眞，縱離邊邪，亦歸權小。故今先明事法，後〈不

眞空論〉顯理故。〔註112〕

遵式定位僧肇思想是由俗至眞，由因至果，理由是〈不眞空論〉在「顯即眞」，〈物不遷論〉在「立俗諦」，二篇正明眞、俗不二之理，在「顯境一」。〈般若無知論〉主明體用不二之理，在「顯智一」；〈涅槃無名論〉主在闡明「理智不二」之理，在「顯證一」。此外，遵式並解釋先論談事法的〈物不遷論〉，後論〈不眞空論〉之因，在於佛教顯理，必先即事，因而先論〈物不遷論〉，以明俗諦事法，如此「事外求理，俗外明眞」，縱有謬誤，也不太嚴重。茲將遵式所言，示表如下：

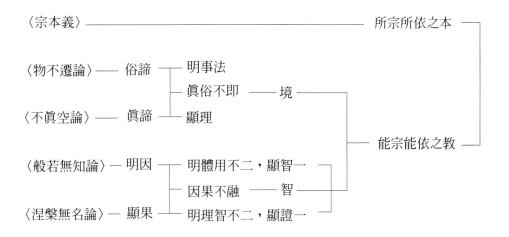

3、明‧德清《肇論略注》：繼以上元康、遵式二例，筆者並舉《肇論》傳統詮釋者最後一位述之。德清云：

依一心法，立此四論，〈不遷〉當俗，〈不眞〉當眞，二諦爲所觀之

境，般若爲能觀之心。三論爲因，涅槃爲果。〔註113〕

德清以「心法」詮釋《肇論》，並不符合僧肇原義。德清認爲〈物不遷論〉在談論俗諦，〈不眞空論〉在談論眞諦，此二諦是「所觀之境」，〈般若無知論〉是「能觀之心」。這三論是「因」，〈涅槃無名論〉則是「果」。此觀點，則同元康、遵式等人。茲將德清所言，示表如下：

〔註112〕見宋‧遵式：《注肇論疏》卷一，《卍續藏》冊九十六，頁202下。

〔註113〕見明‧德清：《肇論略注》，《卍續藏》冊九十六，頁578下。

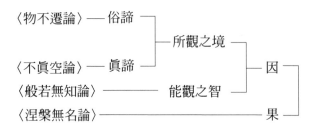

由上可知，小招提寺慧達、元康、遵式，以及德清在安排《肇論》結構時，主要是視〈物不遷論〉、〈不眞空論〉在闡明俗、眞二諦，視〈般若無知論〉在闡明般若教，視〈涅槃無名論〉在闡明涅槃教，亦即認爲僧肇思想進路是由俗至眞、由因至果。由此可推知，凡以先〈物不遷論〉、〈不眞空論〉、〈般若無知論〉，末〈涅槃無名論〉的方式編排《肇論》的詮釋者，當是持「由俗至眞，由因至果」的概念來定位《肇論》結構。

（二）先智後境，由因至果

亦即首〈般若無知論〉、次〈不眞空論〉、〈物不遷論〉、末〈涅槃無名論〉。以此種方式編排《肇論》者，有近人 Richard H.Robinson〔註114〕、李潤生〔註115〕、羅因〔註116〕等。此種方式，概依梁·慧皎《高僧傳·僧肇傳》中所述僧肇撰著先後，亦即以僧肇思想發展的歷程，而排列《肇論》四論。〔註117〕由此可推知，以思想發展歷程來定位《肇論》結構者，概認爲僧肇首於〈般若無知論〉談能知之智，後於〈不眞空論〉、〈物不遷論〉分別談眞、俗二諦的所知之境，最後僧肇並將有談「境」、「智」的因，導歸於代表著「果」的〈涅槃無名論〉。

〔註114〕 參 Richard H.Robinson 著，郭忠生譯：《印度與中國的早期中觀學派》，南投：正聞出版社，1996 年 12 月，頁 205～258。
〔註115〕 見李潤生《僧肇》，臺北：東大圖書公司，1989 年 6 月。
〔註116〕 見羅因《僧肇思想研究——兼論玄學與般若學之交會問題》，臺灣大學中國文學研究所碩士論文，1995 年。
〔註117〕 李潤生於《僧肇》中，肯定「《肇論》諸篇的安排次弟，不依《高僧傳》，當然編者有其用心」，但是李氏認爲「依《高僧傳》的安排，可以反映出僧肇的思想發展歷程，對僧肇個人的理解，較有幫助，較爲合理」（臺北：東大圖書公司，1989 年 6 月，頁 101～102）。羅因《僧肇思想研究——兼論玄學與般若學之交會問題》認爲，「按照《高僧傳》的次序」，則「《肇論》的創作」是「先談智，再談智所觀的境，最後談涅槃果」。羅因不認同元康認爲「〈物不遷論〉是明俗諦教」，因此「不採元康之說，而以《高僧傳》的次序作爲《肇論》的思想架構」（臺灣大學中國文學研究所碩士論文，1995 年，頁 10）。歸結之，二者皆依僧肇的思想歷程，來論述《肇論》四論。

（三）先果後因，觀俗入真

亦即首〈涅槃無名論〉、次〈物不遷論〉、〈不真空論〉、末〈涅槃無名論〉。
以此方式編排《肇論》者，主要是陳‧慧達在注疏《肇論》時，目次卷上列
有〈涅槃無名論〉義記上（分〈表上秦主姚興〉與「九折十演」）、〈不真空論〉；
卷中列有〈般若無知論〉義私記下、〈隱士劉遺民書問〈無知論〉〉、〈肇法師
答劉遺民書〉、〈物不遷論〉。次第有別於今本《大正藏》，也不同於梁‧慧皎
《高僧傳》。究其原因，不外受當時著重涅槃學勝於般若學的時代氛圍的影
響，因此將〈涅槃無名論〉居首，以明「佛果」，爾後「論因」，爲「觀俗入
真」，而以〈物不遷論〉先於〈不真空論〉，末以〈般若無知論〉作結。〔註118〕
由此可知，慧達定位僧肇思想是「先果後因，觀俗入真」。〔註119〕

〔註118〕參《卍續藏》冊一五○，頁 892 上～下。此外，陳‧慧達《肇論疏》目次，
「卷上」含〈涅槃無名論義記上〉、〈表上秦主姚興〉、〈不真空論〉，「卷中」
含〈般若無知論義私記下〉、〈隱士劉遺民書問無知論〉、〈肇法師答劉遺民
書〉、〈物不遷論〉（見《卍續藏》冊一五○，頁 833），筆者加以考察之後，
發現目次有誤，理由有二：一、慧達注〈不真空論〉前言，云：「上明〈不
遷〉，正就今昔以明不遷；今明〈不真〉之文，亦就俗法，以明不真」（同
上，頁 864）。此段表明慧達將〈物不遷論〉置於〈不真空論〉之前。二、
慧達注〈物不遷論〉前言，云：「上明佛果，此下二論，明生死、因果相對。
上則辨果，此則論因。又境智相對，上已明智，此復辨境。今此二論，先
觀俗入真，故〈不遷〉明俗，〈不真〉明真也」（同上，頁 892）。此段尤加
可見，慧達《肇論疏》的編排方式，應是將呈示「佛果」的〈涅槃無名論〉
居於首篇，爾後，爲了論「因」，而以〈物不遷論〉先於〈不真空論〉，以
「觀俗入真」，最後，以〈般若無知論〉結篇。由以上兩點可證，慧達《肇
論疏》目次概「前後倒置」（石峻亦如是認爲（參石峻：〈讀慧達「肇論疏」
述所見〉，收錄於張曼濤主編：《三論典籍研究（三論宗專集之二）》（臺北：
大乘文化出版社），1979 年 8 月，頁 296））。因此本文在論述慧達《肇論疏》
體系結構時，不依該疏目次，而依內文，亦即以〈涅槃無名論〉居首，次
〈物不遷論〉、〈不真空論〉、末〈般若無知論〉。再者，關於慧達《肇論疏》
目次，李潤生於《僧肇》一書中，曾提及「『卷中』應是『卷下』之誤」，
原因是「在『卷中』目錄之後，便有『肇論疏目次終』的按語，跟著便是
『肇論疏卷上』的開始」，李氏由此認爲「『卷中』之後並沒有『卷下』。『卷
中』即『卷下』的誤植」（臺北：東大圖書公司，1989 年 6 月初版，頁 34，
註釋五十二）。筆者則認爲慧達《肇論疏》目次依其內文義理，以及篇幅大
小，應改爲「卷上」含〈涅槃無名論義記上〉、〈表上秦主姚興〉，「卷中」
含〈物不遷論〉、〈不真空論〉、「卷末」含〈般若無知論義私記下〉、〈隱士
劉遺民書問無知論〉、〈肇法師答劉遺民書〉較妥。如此，較能與慧達重視
涅槃學，及其該疏內文呼應。

〔註119〕孫炳哲對陳‧慧達《肇論疏》的編排結構，與筆者不同。孫氏認爲慧達《肇

（四）真俗二分

亦即首〈物不遷論〉、次〈不眞空論〉、〈般若無知論〉、末〈涅槃無名論〉。以此方式編排《肇論》者，主指孫炳哲之說。孫氏將《肇論》四論二分，視〈物不遷論〉和〈不眞空論〉「是講如何看待一切現象，屬於俗諦」，代表僧肇的心物論；〈般若無知論〉和〈涅槃無名論〉「是講聖人的認識，應化和聖心的狀態，屬於眞諦」，代表僧肇的聖法論。而僧肇在心物論主講精神與物質的關係，聖法論主講聖心與聖法同一的關係。〔註120〕由此可知，孫氏一反前三類型，而將《肇論》四論二分爲眞、俗二諦，定位〈般若無知論〉和〈涅槃無名論〉在談眞諦，〈物不遷論〉和〈不眞空論〉在談俗諦。

以上四種類型，雖然安排《肇論》結構的角度不盡相同，但基本上皆盡以因、果、與二諦，或簡以二諦來定位之。從中可知，僧肇的理論完備，相互呼應。此外，亦有詮釋者以西哲的角度來安排《肇論》結構，諸如許抗生定位僧肇佛學的本體論是〈物不遷論〉、〈不眞空論〉，解脫論是〈般若無知論〉、〈涅槃無名論〉，〔註121〕凸顯僧肇思想有本體與解脫兩大分系等。由此可察覺，關於詮釋者對《肇論》結構的安排，常隨著詮釋背景而有側重的角度，雖然不盡相同，但皆可反映出《肇論》本身具有的可能義涵。

二、本文《肇論》結構安排

本文有關《肇論》結構的安排，與上文第二種相同。在解釋個人依循僧肇著述先後，來安排《肇論》結構前，先對上文所述，加以檢討。

論疏》「首重〈無名論〉，次重〈無知論〉」，末重〈不眞空論〉、〈物不遷論〉，並認爲慧達如此排列之因，「與《高僧傳・僧肇》對僧肇著作的認識情況完全一致」，「東晉以後到陳代，中國佛教僧人重視『涅槃』這個思想，『般若』這個思想沒有『涅槃』重要」（參孫炳哲：《肇論通解及研究》，收錄於《中國佛教學術論典》冊十九（高雄：佛光山文教基金會）2001年初版，頁32～33）。筆者則認爲，不管是根據陳・慧達《肇論疏》篇首的目次安排，或是內文要義，慧達並沒有「首重〈無知論〉，次重〈無知論〉」，此外，考察《高僧傳・僧肇傳》，除了有大篇幅介紹僧肇〈涅槃無名論〉，從中也並沒有反映出慧皎個人有特偏重〈涅槃無名論〉的傾向。因此，筆者認爲孫氏對陳・慧達《肇論疏》編排結構之見，以及《高僧傳・僧肇傳》的史料記載傾向，恐有待商榷。

〔註120〕見孫炳哲：《肇論通解及研究》，收錄於《中國佛教學術論典》冊十九（高雄：佛光山文教基金會）2001年初版，頁4～5。

〔註121〕參許抗生：《僧肇評傳》，南京：南京大學出版社，1998年12月一刷，頁191～243。

　　第一種「由俗至眞，由因至果」的結構安排，是泰多詮釋者通用的方式。此種方式，優點是有邏輯性的建立《肇論》的完整結構，彼此呼應，環環相扣，使後進學者能從生活熟悉的事法上切入認知僧肇思想，缺處是易令人忽視僧肇的思想歷程，以及前、後觀點的關聯性、齊一性。第三種「先果後因，觀俗入眞」的結構安排，古今應僅有陳・慧達取此編排方式。推測慧達此種將〈涅槃無名論〉置於《肇論》首篇，由是舖展的方式，概有順應重視涅槃學時代的考量，但恐有顚倒僧肇先言〈般若無知論〉、末談〈涅槃無名論〉的初衷本懷。第四種「眞俗二分」的安排方式，亦即將《肇論》二分爲心物論與聖法論，恐有不精準的缺失，而有關「心物論」的說法，易將〈物不遷論〉、〈不眞空論〉的要旨，定位爲由心所生一切，恐不契僧肇原義。

　　在檢討以上三種結構安排方式後，再觀第二種「先智後境，由因至果」的結構安排。此種方式，缺點是不像第一種方式層次漸進、由淺至深；優點是，較能忠實反映僧肇著述歷程的思想與特色。

　　在此，有一問題，即泰多詮釋者皆將談事法的〈物不遷論〉置於《肇論》篇首，那麼爲何僧肇要先作較艱深難懂的〈般若無知論〉，而不像第一種「由俗至眞，由因至果」的編排方式，首〈物不遷論〉、次〈不眞空論〉、〈般若無知論〉、末〈涅槃無名論〉呢？筆者認爲「由因至果，由俗至眞」的編排方式，確有由淺入深的優點，能讓世人循序識得諸法實相，然而僧肇會先作〈般若無知論〉之因，除了下一章第一節將提及的〈般若無知論〉的撰作緣由之外，有一因素，應是僧肇直承龍樹大乘中觀佛學，是般若宗的發揚者，僧肇著作向來有「開門見山」〔註122〕明篇旨的風格，會首作〈般若無知論〉，大力闡明「般若」要義，想必是理所當然。因此，根據僧肇著作的先後，其實便可覺察僧肇思想的內在體系，是先有能知主體的「般若」，後有所知客體的眞、俗二諦，後再匯歸至涅槃果位。

　　要之，雖然「先智後境，由因至果」的《肇論》結構安排，古今詮釋者較少採用，但筆者認爲此種方式，能反映僧肇思想重心在首明「般若」、次眞、俗二諦，末歸結至「涅槃」，因此筆者於本文結構安排，首〈般若無知論〉、次〈不眞空論〉、〈物不遷論〉、末〈涅槃無名論〉。

〔註122〕僧肇於《肇論》中，每一篇篇首盡「開明見山」的點出篇旨，然後再反覆以權巧方式顯豁之。

第四節　《肇論》的基源問題

誠如僧肇所言,「道不虛應,應必有由」,〔註123〕《肇論》正是僧肇由基源問題加以開展的作品。僧肇所要解決的基源問題,一言以蔽之,即是爲了駁正「異端」〔註124〕之說。「異端」之說,有那些呢?由僧肇「有無之境,邊見所存,豈是處中莫二之道」,〔註125〕可知凡執「有」、「無」一端的邊見,非「處中莫二之道」,皆是僧肇所欲駁正的對象。以下,茲以《肇論》簡論之。

1、〈般若無知論〉

〈般若無知論〉,旨在闡說「般若」的道理。僧肇於篇首即表明:

> 夫般若虛玄者,蓋是三乘之宗極也,誠眞一之無差。然異端之論,
> 紛然久矣……。〔註126〕

所謂虛無玄妙的「般若」,乃是三乘一切教義的究極旨歸,誠是唯一眞實無別的道理。僧肇就此點出,長久以來,世人甚或佛教界對「般若」一義的認知,時常言說紛紛,曲說叢生,充滿歧異之見。僧肇並於〈答劉遺民書〉回應劉遺民有關「般若」等問題時再次點出:

> 而今談者,多即言以定旨,尋大方而徵隅,懷前識以極玄,存所存
> 之必當。是以聞聖有知,謂之有心;聞聖無知,謂等大虛。有無之
> 境,邊見所存,豈是處中莫二之道乎?〔註127〕

現今談論「般若」的人,大多根據名言表象而判定其旨趣,意在尋求大道之理卻局於小處,不加思索的稟持前人的識見來參究「般若」,固執的認同自己以爲正確的眞理。因而這些人聽聞聖智「有知」,即認爲聖人眞的「有心」存在;聽聞聖智「無知」,便以爲聖人是等同太虛般的全然無知。僧肇質問,「有」、「無」之境,是邊見所存之處,豈是處中不二之道?

由此可知,僧肇〈般若無知論〉所欲解決的基源問題,在於闡明般若並非可用偏執「有」、「無」一端的邊見來認知,亦即般若並非是「有心」的「有知」,也並不是「大虛」般的「無知」。

2、〈不真空論〉

〔註123〕見僧肇:〈般若無知論〉,《大正藏》冊四十五,頁153上。
〔註124〕見僧肇:〈般若無知論〉,《大正藏》冊四十五,頁153上。
〔註125〕見僧肇:〈答劉遺民書〉,《大正藏》冊四十五,頁153上。
〔註126〕見僧肇:〈般若無知論〉,《大正藏》冊四十五,頁153上。
〔註127〕見僧肇:〈答劉遺民書〉,《大正藏》冊四十五,頁156中。

〈不真空論〉旨在闡明「空」的道理。僧肇云：

> 頃爾談論，至於虛宗，每有不同。夫以不同而適同，有何物而可同
> 哉？故眾論競作，而性莫同焉。……然則真諦獨靜於名教之外，豈
> 曰文言之能辨哉？然不能杜默，聊復厝言以擬之。〔註128〕

近來佛學家與世人談論「空」的道理，常有歧義出入。僧肇質問，若眾人本
持不同的見解心得，而欲企圖解釋相同一物，則可推想天下有何物可博得眾
人準確的相同描摹？由此僧肇點出，眾人儘管相競立論「空」義，其所言的
性理道體終究仍是不一。僧肇並強調，真理是在名言教相之外，豈非用語言
文字所能辨別？但自己又不能保持靜默，因此暫且運用詞句以揣說「空」義。
此段可知，僧肇說明未解「空」義者，常如「瞎子摸象」，個個依自己的經驗
與所理解的概念，來詮說般若的局部要義或自己所假構的「般若」。如此「眾
論競作」，「性」將莫同。僧肇並表明語言有應用的困限，不能言詮超乎名言
概念的真理，而自己會「厝言以擬之」之因在於，「不能杜默」，所以假不「能
辨」的「文言」以論之。

由此可知，〈不真空論〉所欲解決的基源問題，在於說明緣起性空之理，
駁正佛學家與世人對佛教「空」的道理的不同程度的理解。

3、〈物不遷論〉

〈物不遷論〉主要是一篇取材玄學「動」、「靜」的議題，來討論物性的
文章。僧肇於篇首即云：

> 動靜未始異，而惑者不同，緣使真言滯於競辯，宗途屈於好異。所
> 以靜躁之極，未易言也。〔註129〕

動靜本無別，而世間迷惑的人卻以為不同。致使真理滯著於世人的競相辯論
當中；趨向旨歸的道路扭曲於世人的好惡之中。由此僧肇說明，動靜究極之
理是不易言。由此段可知，僧肇點出，世人以為物有動靜的現象，其實並非
如此，而箇中道理卻不易明。僧肇並言：

> 夫談真，則逆俗；順俗，則違真。違真，故迷性而莫返；逆俗，故言
> 淡而無味。緣使中人未分於存亡，下士撫掌而弗顧。近而不可知者，
> 其唯物性乎。然不能自已，聊復寄心於動靜之際，豈曰必然。〔註130〕

〔註128〕見《大正藏》冊四十五，頁 152 上。
〔註129〕見《大正藏》冊四十五，頁 151 上。
〔註130〕見《大正藏》冊四十五，頁 151 上。

談論眞理，則將悖逆世人之見，使世人覺得眞理索然無味；隨順世俗，則將悖逆眞理，使世人迷失對現象本質的眞實認知，卻又無法引領世人返回眞理之途。僧肇並且談及不同根器的人面對眞理時的反應，諸如中等根器者無法分辨眞理的存在與否；下等根器者則將拍掌大笑，對眞理棄之弗顧。由此僧肇表示，萬物眞實本性之理是唯一近在世人眼前，世人卻又不能知曉的。末，僧肇點出那不能不表達己見的自己，暫且援用動靜的議題來說明物性的眞實道理，因而萬物豈絕對眞的動或靜。

由此段可知，至高無上的眞理雖能引導世人通往康莊大道，卻往往曲高和寡，未能有良好人間市場接受度，致使僧肇揭示自己未直言眞理，而聊寄動靜議題以述之，是有一定之由。

4、〈涅槃無名論〉

〈涅槃無名論〉旨在闡明涅槃是「無名」的道理。僧肇云：

今演論之作旨，曲辨涅槃無名之體，寂彼廓然排方外之談。〔註131〕

僧肇表明〈涅槃無名論〉的撰作宗旨是，以曲折的方式演繹辨明涅槃無名的本體，以平息世人對涅槃的種種不正確認知。

由此可知，〈涅槃無名論〉所欲解決的基源問題，是辨明涅槃無名的道理，以駁正「方外之談」。

由上可知，《肇論》四論雖各有各的基源問題，但皆有一個共通點，在說明諸法實相，以遣世人的惑執。順此可推測，僧肇生於玄學與佛學交涉的東晉時代，親身體驗當時思潮不契眞理、或佛義的弊端，以及世人盲目執著自以爲是的眞理，僧肇自己想必感慨頗深，於是著作《肇論》，以駁正種種謬誤。由此可反應，僧肇其實有深厚的人道關懷，諸如深知大、小乘者的不契佛義，將會在修行路上事倍功半，自我困限，並在教義傳承宣說上有謗佛的疏失；深知執著是苦的來源、煩惱的淵藪，以及不得解脫的關鍵，因而在著作中一直強調不偏執一端的概念，來渡世人登得涅槃彼岸。

第五節　小　結

本章，旨以宏觀的方式，對僧肇的生平、著述、思想背景、僧肇時代玄、佛交涉的思潮、《肇論》的結構定位與基源問題等，作一基層的初探。

────────────

〔註131〕見《大正藏》冊四十五，頁157中。

　　就第一節可知，僧肇生平，可分為三個階段：一是中國傳統文化薰習期，即指年少家貧，以傭書為業，因而飽覽經史，有著豐厚的中國文化學養；二是「學善方等，兼通三藏」期，即指僧肇在中國傳統文化薰習期中，志好玄微，喜讀《莊》、《老》之書，卻有未盡善之感。後，因讀《維摩詰經》而出家，因而「學善方等，兼通三藏」；三是師承鳩摩羅什、歸趣般若三論期，即指僧肇追隨印度中觀學派龍樹傳人 —— 鳩摩羅什十餘年。在受學羅什的期間，僧肇奠定般若學的思想系統，不僅受羅什「實相」之學的影響，並直承龍樹緣起性空的思想，以及「八不中道」。關於僧肇著作的真偽問題，可分為四類：一是真作；二是後人偽托之作；三是尚有真偽爭論之作；四是不確定之作。其中，本文旨欲探討的《肇論》四論，除了〈涅槃無名論〉尚有真偽的爭論，其餘者應屬真作。關於僧肇的思想背景，主要奠定在大乘中觀佛學上，受龍樹、羅什緣起性空思想影響彌深。此外，並蘊涵中國傳統文化、佛教大、小乘思想、外道與世人之見。

　　由第二節可知，僧肇的思想，與生逢玄、佛交涉的「格義」時代息息相關。相關之處，並非在於是「格義」的產物，也並非屬於道、玄的系統，而是僧肇著作中所欲解決的基源問題之一，在於駁正當時「格義」方法所產生的弊端。

　　由第三節可知，古今中外《肇論》結構的安排，有好幾種方式。其中，最普遍通行的是，首〈物不遷論〉，次〈不真空論〉、〈般若無知論〉，末〈涅槃無名論〉，側重於「由俗至真，由因至果」來開展僧肇思想。筆者於本文，卻非如此安排《肇論》結構，而是依從梁・慧皎《高僧傳・僧肇傳》所述的僧肇撰著先後，亦即隨順僧肇思想發展的歷程，首〈般若無知論〉、次〈不真空論〉、〈物不遷論〉，末〈涅槃無名論〉，來編排《肇論》結構。筆者認為此種編排方式，較能反映出僧肇思想的內在體系是，首明「般若」、次真、俗二諦，末歸結至「涅槃」，亦即較能反映出僧肇思想重心在，先有能知主體的「般若」，後有所知客體的真、俗二諦，末再匯歸至涅槃果位。

　　由第四節可知，僧肇於著作中，透露出深厚的人道關懷，深知真理不明，有著煩惱惑執謬見的世人將不得解脫，因而分別著作〈般若無知論〉、〈不真空論〉、〈物不遷論〉、〈涅槃無名論〉等四論，來闡明「般若」、「空」、「物性」，以及「涅槃」的道理，透由蕩相遣執的方法，以駁正當時佛教界對佛教教義的不明、間接點出玄學家內在學說的自我矛盾處，以及世人的種種謬誤。並

在《肇論》四論中關涉玄學家與世人熱衷談論的「有無」、「動靜」、「名實」等問題。且在以緣起性空思想舖展著作內容的同時，揭示「有無」、「動靜」等等吾人自以爲相對的眞實概念，其實並非眞的二元對立。僧肇表明，唯有不偏執一端，無爲行走於中道之理，才能離苦得樂，開智慧，證涅槃。

以上四節，僅是概述「僧肇與《肇論》」。以下幾章，將隨順僧肇著述的歷程，加以深入開展僧肇思想，並解決相關詮釋議題。

第二章 〈般若無知論〉探析

本章，旨在探討僧肇首篇著作〈般若無知論〉。〔註 1〕該文，是僧肇闡明「般若」思想的代表作。誠如上一章曾提，僧肇首作〈般若無知論〉之因，在於僧肇直承龍樹大乘中觀佛學，本身是般若宗的發揚者，因而在著作中先闡明能知主體的「般若」，以便與隨後所作的〈不真空論〉、〈物不遷論〉，以及〈涅槃無名論〉相互呼應。

依據唐・元康《肇論疏》，可知〈般若無知論〉旨在「明因，申般若教」，可分為「三章」：一是〈般若無知論〉，二是「劉公致問」，三是「肇師釋答」。〔註2〕本章佈局主要參照元康之說，因而在第二節，主要探討〈般若無知論〉的要義；第三節，主要探討僧肇與劉遺民書信的對話內容。此外，在第一節與第四節，將分別探討僧肇〈般若無知論〉的撰作緣由與方式，以及〈般若無知論〉相關的詮釋議題。第五節，則是小結。

第一節 〈般若無知論〉的撰作緣由與方式

一、撰作緣由

僧肇〈般若無知論〉的撰作緣由，可見梁・慧皎《高僧傳・僧肇傳》：

> 後羅什至姑臧，肇自遠從之。什嗟賞無極。及什適長安，肇亦隨返。
>
> 姚興命肇與僧叡等，入逍遙園，助詳定經論。肇以去聖久遠，文義

〔註 1〕見《大正藏》冊四十五，頁 153 上～157 上。本章，凡引文引自〈般若無知論〉者，其出處多不贅言。

〔註 2〕見《大正藏》冊四十五，頁 174 下。

舛雜，先舊所解，時有乖謬。及見什諮稟，所悟更多。因出《大品》
之後，肇便著〈般若無知論〉，凡二千餘言。竟以呈什。什讀之稱善，
乃謂肇曰：「吾解不謝子，辭當相挹」。〔註3〕

由此段可知，〈般若無知論〉的撰作緣由，有三：一、僧肇有感「去聖（佛）
久遠」，關於宣說般若空義的佛教譯經，「文義舛雜」；二、中土的高僧名士，
對於般若「空」義的理解，常有乖謬之處；三、僧肇遵奉姚興之命，協助羅
什翻譯《摩訶般若波羅蜜經》，有賴其師羅什的啓迪，「所悟更多」。〔註4〕由
以上三點因素，致使僧肇著作〈般若無知論〉，闡述「般若」思想，以駁正時
人的乖謬。

時人有何乖謬之見呢？僧肇指出：

夫般若虛玄者，蓋是三乘之宗極也，誠眞一之無差。然異端之論，
紛然久矣。〔註5〕

而今談者，多即言以定旨，尋大方而徵隅，懷前識以極玄，存所存
之必當。是以聞聖有知，謂之有心；聞聖無知，謂等太虛。有無之
境，邊見所存，豈是處中莫二之道乎？〔註6〕

時人常「多即言以定旨，尋大方而徵隅」，以致「聞聖有知，謂之有心；聞聖
無知，謂等太虛」。易言之，時人常以邊見理解「有無之境」，未能處中莫二
之道。如此未能客觀周圓之說，猶如「異端之論」，言說紛紛，曲說叢生，致
使僧肇著作〈般若無知論〉以駁正之。

二、撰作方式

（一）難答的筆法

僧肇於〈般若無知論〉中，爲了駁正世人的偏頗之見，並且爲了解答世

〔註3〕 見梁・慧皎：《高僧傳》卷六，《大正藏》冊五十，頁365上。

〔註4〕 Richard H. Robinson 說明〈般若無知論〉：「依慧皎《高僧傳》所述暨〈般若無
知論〉之前段，吾人可知本文之作，其靈感得自《摩訶般若經》，而僧肇本人
則於西元403及404年之間參與該經的翻譯工作。本文寫成之時，《百論》已
經譯出，而《大智度論》應也已經開始翻譯，從而僧肇對中觀思想已有相當
程度的認識。」（見 Richard H. Robinson 著，郭忠生譯：《印度與中國的早期
中觀學派》，南投：正聞出版社，1996年12月，頁205～206）從中可證，僧
肇撰作因素之一，在於「所悟更多」。

〔註5〕 見僧肇：〈般若無知論〉，《大正藏》冊四十五，頁153上。

〔註6〕 見僧肇：〈答劉遺民書〉，《大正藏》冊四十五，頁156中。

人對「般若」有著不同程度認知而萌生的種種疑難問題，於是自設一個提出多元面向問題的難方，以及代表自己立場的答方。透由問答對辯的方式，來加深「般若」真義的概念輪廓與內涵。從中可知，僧肇似乎深明，單方面的吸收知識或真理，腦力在欠缺問題激盪之際，往往僅能知解被知解對象的一部分，因此僧肇賦予自身的著作有難答的特質，讓欲得知「般若」義者、或持謬見者，更有廣闊的思考空間。如此難答的寫作方式，與僧肇〈涅槃無名論〉、其師羅什《鳩摩羅什法師大義》等作相類似。〔註7〕

此外，附錄〈劉遺民書致問〉與〈答劉遺民書〉，也是屬於問答的性質，只不過這兩篇文章中，難方與答方不再是虛設，而是實有其人（事）。即，前篇代表難方，後篇代表答方。亦即，劉遺民透過書信，以廬山法性論立場詰難僧肇，而僧肇在〈答劉遺民書〉中，則加以回應，以駁正劉遺民的謬誤，並且補充或強化〈般若無知論〉未大力強調的、或是易令人誤解之處。

（二）「狂言」的表達方式

僧肇於作品中，三度提及「狂言」。〈般若無知論〉云：

> 聖智幽微，深隱難測，無相無名，乃非言象之所得。為試罔象其懷，寄之狂言耳。〔註8〕

> 經云：般若義者，無名無說，非有非無，非實非虛。虛不失照，照不失虛，斯則無名之法，故非言所能言也。言雖不能言，然非言無以傳。是以聖人終日言，而未嘗言也。今試為子狂言辨之。〔註9〕

〈答劉遺民書〉並云：

> 貧道思不關微，兼拙於筆語。且至趣無言，言必乖趣，云云不已，竟何所辨。聊以狂言，示酬來旨耳。〔註10〕

這三段，是僧肇在回應難方的過程之中，深感「般若」真義幽遠微妙，無相無名，並非言象所能強為之說，因此隨文適機加以強調。僧肇表示，真理難言，但是若不藉由言語途徑，則難以傳遞真理要義，因此僧肇自謙的以「狂

〔註 7〕關於僧肇如此難答的寫作方式，Richard H.Robinson 亦是認為「與鳩摩羅什之《鳩摩羅什法師大義》（大乘大義章）相似」。（見 Richard H.Robinson 著，郭忠生譯：《印度與中國的早期中觀學派》，南投：正聞出版社，1996 年 12 月，頁 211）

〔註 8〕見《大正藏》冊四十五，頁 153 上。

〔註 9〕見《大正藏》冊四十五，頁 153 下。

〔註 10〕見《大正藏》冊四十五，頁 156 上。

言」〔註11〕一詞，來涵括自己的撰作內容。

由上可知，僧肇有感「去聖久遠，文義舛雜，先舊所解，時有乖謬」，再加上對中觀思想「所悟更多」，因而著論。並且基於眞理難言，所以僧肇以「狂言」的方式來闡述之。

第二節　〈般若無知論〉析義

〈般若無知論〉正文，可分爲三部分：一、「先序般若之因由」；二、「正標無知之宗旨」；三、「問答料簡」。〔註12〕亦即僧肇於文中，說明撰作緣由、標明「般若無知」的宗旨，並設有九問九答，以一難一解的方式，解答時人對「般若無知」的疑惑。其中，有關僧肇〈般若無知論〉的撰作緣由，已在上一節作敘述，而本節旨分別對〈般若無知論〉的宗旨，以及「問答料簡」作探討。

一、正標無知的宗旨

僧肇在「先序般若之因由」中，提及將寄之「狂言」。後，即展開「般若無知」說宗旨的闡述。以下茲分爲「標宗」、「辨相」、「融會」、「明體」，以及「總結」等五部分來探討。〔註13〕

（一）標　宗

1、引聖言立宗

僧肇云：

> 試論之曰：《放光》云：般若無所有相，無生滅相。《道行》云：般
> 若無所知，無所見。此辨智照之用，而曰無相無知者，何耶？果有
> 無相之知，不知之照，明矣。

僧肇援引《放光經》「般若無所有相，無生滅相」，〔註14〕與《道行經》「般若

〔註11〕所謂「狂言」一詞，最早概出自《莊子‧知北遊》：「無所發予之狂言而死矣夫」；「夫體道者，天下之君子所繫焉。今於道，秋豪之端萬分未得處一焉，而猶知藏其狂言而死，又況夫體道者乎。」郭象注：「自肩吾以下，皆以至言爲狂而不信也。」成玄英疏：「狂言，猶至言也，非世人之所解，故名至言爲狂言也。」（見清‧郭慶藩輯：《莊子集釋》，臺北：漢京書局，1973 年 9 月初版，頁 754～755）可知「狂言」意謂至高無上，不同俗見，並非常人所易解的眞理。

〔註12〕參唐‧元康：《肇論疏》卷二，《大正藏》冊四十五，頁 174 下。

〔註13〕參唐‧元康：《肇論疏》，《大正藏》冊四十五，頁 177 中。

〔註14〕概引自西晉‧無羅叉譯《放光般若經》：「般若波羅蜜……，亦非有相，亦非

無所知，無所見」。〔註15〕之後設問，表示經義中主要在辨明般若智慧的觀照作用，為何又言般若「無相」、「無知」？僧肇解釋，原因在於，假如般若有「無相」之知，即能證得聖智有「無知」的觀照作用。可知此段，僧肇主要在援引聖言，以解釋聖言中看似矛盾的「智照之用」與「無相無知」，其實並沒有矛盾，原因在於有「無相之知」，即有「不知之照」。可見，僧肇此段主要在闡明「般若無知」的關鍵要義。

2、釋旨

僧肇云：

> 何者？夫有所知，則有所不知。以聖心無知，故無所不知。不知之知，乃曰一切知。

僧肇解釋，若肯定有所知道之處，則相對的，必定有所遺漏，而存在著不知道之處。般若由於有著無刻意有為的覺知之心，所以才能什麼都知道。如此沒有刻意有為覺知的「知」，才能遍知諸法實相。此段，僧肇主要在闡明聖心是「無知，而無所不知」。前「知」，是名詞，指惑智；後「知」，是動詞，此「知」的對象是真理。整合言之，即是不含惑智的聖智，即能知「一切知」。

3、引證

僧肇云：

> 故經云：聖心無所知，無所不知。信矣！

僧肇援引聖言「聖心無所知，無所不知」，〔註16〕以證前說。

（二）辨　相

僧肇云：

> 是以聖人虛其心而實其照，終日知而未嘗知也。故能默耀韜光，虛心玄鑒，閉智塞聰，而獨覺冥冥者矣。

僧肇描述體道的聖人，由於有虛心，所以能如實鑑察洞照四方，終日有「知」的活動進行，卻未曾沾染惑智俗見。因而能不顯露自身的光耀，虛靜其心，

無相。」（見《大正藏》冊八，頁 53 中。

〔註15〕概引自後漢・支婁迦讖譯《道行般若經》：「諸法不可知，不可見者，皆從般若波羅蜜。」（見《大正藏》冊八，頁 450 中）

〔註16〕蓋引自姚秦・鳩摩羅什譯《思益梵天所問經》：「如來坐道場時，惟得虛妄顛倒，所起煩惱畢竟空性。以無所得，故得；以無所知，故知。」（見《大正藏》冊十五，頁 39 中）

深入明鑑萬物的玄冥幽微。閉其小智，塞其小聰，獨自覺照冥悟無上的正理。

（三）融　會

僧肇云：

> 然則智有窮幽之鑒，而無知焉；神有應會之用，而無慮焉。神無慮，
> 故能獨王於世表；智無知，故能玄照於事外。智雖事外，未始無事；
> 神雖世表，終日域中。所以俯仰順化，應接無窮，無幽不察，而無
> 照功。斯則無知之所知，聖神之所會也。

僧肇進一步將「般若」細分為「聖智」與「神智」。藉由推論的方式，來呈顯
般若的特質，並強調般若無知的所知對象，即是「聖智」與「神智」融會之
處。亦即，僧肇先是說明「聖智」能深入明鑑萬物的玄冥幽微處，絕不含世
人的惑智成分，遂能深遠鑑照萬物萬事背後的實相玄理，並且不相對的摒絕
事物的存在價值。繼而僧肇說明「神智」有適機應會萬物的功用，因而能夠
不動心起念，無慮的隨緣應會萬物，所以能夠超然獨立於世外，不為世俗之
事所牽累。然而「神智」雖然超然於世外，卻不相對的表示不身處於真實人
間世。僧肇在說明般若有「聖智」與「神智」兩種細分之後，進而表示般若
能適順萬化，應接萬物而有感，隨順眾生以教化，能覺察至幽微深妙處，卻
不因此有鑑照之功。僧肇歸結，般若無知的「所知」對象，即是「聖智」與
「神智」所相交融會之處。

由此段可知，僧肇將「般若」分成「聖智」與「神智」；將「般若」作用，
分成「窮幽之鑒」與「應會之用」兩類，二者各有不同的特質。茲示圖如下：

從中可知，「聖智」是般若之「體」，「神智」是般若之「用」，二者有著
即二即一的關係。

（四）明　體

僧肇云：

> 然其為物也，實而不有，虛而不無。存而不可論者，其唯聖智乎！
> 何者？欲言其有，無狀無名；欲言其無，聖以之靈。聖以之靈，故

　　虛不失照；無狀無名，故照不失虛。照不失虛，故混而不渝；虛不

　　失照，故動以接麁。

僧肇表示，說物真實，卻並非表示物真的存在；說物虛假，卻並非表示物真
的不存在。存在，卻不可言詮，大概惟獨般若聖智能如此。僧肇解釋其因，
意謂若要說聖智是實有，聖智卻沒有任何形狀與名相，因而能應照萬物，卻
不失其虛靜的本體，如此雖然混用萬端，其本性卻不曾改變。相反的，若要
說聖智是實無，聖智卻又能靈妙玄應、冥知大道，因而有著虛靜的本體，卻
不失其鑑照的功用，所以能隨緣應化接應世間法。此段，僧肇主要在藉由語
言文字的途徑，賦予弔詭性質，以描述「存而不可論」的般若聖智。茲示圖
如下：

（五）總　結

僧肇云：

　　是以般若可虛而照，真諦可亡而知，萬動可即而靜，聖應可無而為。

　　斯則不知而自知，不為而自為矣。復何知哉？復何為哉？

僧肇繼上之後，作一歸結，標明般若虛心而可鑑照；真諦雖然沒有形狀，卻
可被覺察；世間萬法雖然看似動轉，卻可窺知是常靜；聖智隨應眾生的感召，
無為而無所不為。如此，無心知物，因而能自然知物；無心鑑照，因而能自
然的鑑照。又何必執著於所知之相與造作觀照？由此段可知，僧肇提及「般
若」、「真諦」、「萬動」的實相、「聖應」的活動，來歸結「般若無知」的宗旨，
並點出般若是「不知而自知，不為而自為」。

　　細察之，此段蓋為論證〈涅槃無名論〉是僧肇作的證據線索之一，原因
在於此段蘊涵僧肇的微言，分別點出已作的〈般若無知論〉，以及待作的作
品旨趣，諸如「般若可虛而照」，意指〈般若無知論〉的聖智主體；「真諦可
亡而知」，意指〈不真空論〉的「不真空」；「萬動可即而靜」，意指〈物不遷
論〉的即動即靜；「聖應可無而為」，意指〈涅槃無名論〉無為而無不為的涅

槃。〔註17〕或許這是巧合，或許僧肇在首作〈般若無知論〉時，即預先架構未來的著作方向，設將四論環環相扣爲一有機體。此說，仍待進一步的論證，但相信暫可資爲明瞭《肇論》四論的思想體系，以及作爲考察〈涅槃無名論〉眞僞的線索。

由上可知，僧肇在「正標無知之宗旨」，主要以五個部分來表述般若。其中，「無知」是僧肇敘述的主角，可謂是「實而不有，虛而不無」的般若的代稱。其「無知」的「知」，是名詞，指惑智，意謂般若不含惑智，所以稱爲般若。此外，僧肇並證成般若是「無知」，眞諦是「無相」，二者並不相矛盾。

二、問答料簡

有關〈般若無知論〉的問答料簡部分，主要是由九個問答組成，層層相扣。茲述如下：〔註18〕

（一）對話一——以「能所」觀討論聖智「無知無會」

1、難方：詰難者對僧肇所提出的聖人「無知無會」有意見，因而以「能所」發難：

（1）立說：詰難者云：

> 夫聖人眞心獨朗，物物斯照，應接無方，動與事會。物物斯照，故
> 知無所遺；動與事會，故會不失機。會不失機，故必有會於可會；
> 知無所遺，故必有知於可知。必有知於可知，故聖不虛知；必有會
> 於可會，故聖不虛會。

詰難者表示，聖人眞純的心能獨自朗悟萬事，洞鑑萬物，遍知一切而絲毫沒有遺漏，對「可知」之事必是「有知」，因此聖人沒有「虛知」；能隨感應物，應接萬方，不受特定的方所所局限，時時與物交會，不會錯失應會的機緣，

〔註17〕此種觀點，不少前人皆認同，如楊士偉不僅有此見，並表示僧肇此段引文，「對於綜觀僧肇思想的整體，具有相當重大的意義」，「幾乎已經是預告了他未來的作品所要處理的課題」（參見楊士偉：《知識與行動——僧肇聖人概念的批判分析》，臺灣大學哲學研究所碩士論文，1991年12月，頁33）。

〔註18〕元康科判九個問答，分成四難：「第一、有一番能所難；第二、有一番名體難；第三、有四番境智難；第四、有三番生滅難。前三難，皆難無知；後一難，直難生滅。」（見唐・元康：《肇論疏》卷二，《大正藏》冊四十五，頁178中）意謂九個問答可分爲「能所」、「名體」、「境智」，以及「生滅」等四難類型。筆者認爲九個問答中，並非僅有第一難才側重就「能所」問難，因此本文僅將元康之說納爲參考。

對「可會」之物必是「有會」，因此聖人沒有「虛會」。由此段可知，詰難者主要是基於聖人「有知有會」的立場發難。

（2）詰難：詰難者在立說後，設問：

　　既知既會，而曰無知無會者，何耶？若夫忘知遺會者，則是聖人無

　　私於知會，以成其私耳。斯可謂不自有其知，安得無知哉？

詰難者持「聖不虛知」、「聖不虛會」的立場，推論出「既知既會」的判定，而質問僧肇豈可言「無知無會」？詰難者認為所謂「無知無會」，是聖人選擇對可知可會的事物不「知」不「會」，來成就自己的所「知」與所「會」，而並非像僧肇所認為的「無知無會」。

由詰難者的質問可知，詰難者對僧肇「智有窮幽之鑒，而無知焉；神有應會之用，而無慮焉」，有意見，因而將「知」、「會」並舉，認為聖人既有「應會之用」，聖智既有「窮幽之鑒」，則必是「有知有會」。可見詰難者的謬誤，在於以絕對「有」或「無」的二元觀念，將聖人的「無知無會」理解為「忘知遺會」，因而固執「聖不虛知」、「聖不虛會」。

2、答方：僧肇對詰難者「有知有會」的詰難，提出回應之見。

（1）批評難方「不可以事相求知」：僧肇回應詰難者，云：

　　夫聖人功高二儀而不仁，明逾日月而彌昏，豈曰木石瞽其懷，其於

　　無知而已哉？誠以異於人者神明，故不可以事相求之耳。子意欲令

　　聖人不自有其知，而聖人未嘗不有知。無乃乖於聖心，失於文旨者

　　乎？

難方將聖人的「無知」理解為「不自有其知」的「忘知」，因此僧肇以「木石瞽其懷」為譬，形容難方所理解的「無知」，屬於「木石」無情的「無知」。僧肇表示，聖人的功德高於天地，卻不自以為仁慈；聖智超過日月，卻不自以為聰明，聖人實具異於世人的神明，因此難方不可以事相求之。僧肇表示，聖人的「無知」，並非像難方所以為的，聖人自己選擇不知道任何事。就此僧肇批評難方的「忘知遺會」，將有違聖心，有失經文義旨。由此段可知，僧肇透顯聖人的「無知」，並非像難方所理解的「忘知」，且因聖人的神明「異於人者」，所以「不可以事相求之」。

（2）援引聖言定義「無知」：僧肇云：

　　何者？經云：真般若者，清淨如虛空，無知無見，無作無緣。斯則

　　知自無知矣，豈待返照，然後無知哉？若有知性空而稱淨者，則不

辨於惑知。

僧肇援引《般若經》，定義聖人的「無知」。意謂眞正的般若智慧，清淨如虛空，無知無見，無造作，無攀緣。因而般若的本質本是「無知」，毋須像難方刻意藉由「忘知」、「無私」，才得其「無知」。僧肇批評，若像難方認爲聖人是「有知」，而般若清淨是透由般若所觀的性空實相才證成，則將與俗智無別。

（3）釋「般若體性眞淨」：僧肇云：

> 三毒四倒皆亦清淨，有何獨尊淨於般若？若以所知美般若，所知非般若。所知自常淨，故般若未嘗淨，亦無緣致淨，歎於般若。然經云：般若清淨者，將無以般若體性眞淨，本無惑取之知。本無惑取之知，不可以知名哉？豈唯無知名無知，知自無知矣。

僧肇提問，貪、瞋、癡三毒，以及妄執常、樂、我、淨的四倒，本質皆是清淨，何須單獨尊崇般若是清淨？就此僧肇表示，「所知」並非是般若，「所知」清淨，不能決定般若是清淨，因而以「所知」清淨來稱美般若，並不恰當。僧肇進而解釋佛典提及般若是清淨，是針對般若本質本是清淨，本無俗智妄執之知，因此不可依憑惑智的「無知」去定位般若的「無知」。

就此段可知，僧肇不認同難方所理解的聖人「無知」，是依據聖人「不虛知」、「不虛會」的「所知」立場來判定，因而僧肇運用「能所」觀念，提及諸如三毒四倒、「所知」、以及般若皆是清淨。般若的清淨「無知」，不是「所知」的清淨所能決定。般若的「無知」是本具，因而與俗智的「無知」是同名異質。僧肇歸結己說：

> 是以聖人以無知之般若，照彼無相之眞諦。眞諦無兔馬之遺，般若無不窮之鑒。所以會而不差，當而無是，寂怕無知而無不知者矣。

聖人以「無知」的般若，來觀照無相的眞諦，能遍盡妙處，不像兔、馬渡河有所遺漏，僧肇由此表示般若的觀照沒有不究竟之處。僧肇並重新解釋聖人的「無知無會」，來歸結自己的回應之見，意謂聖人應會萬物而毫無差錯，適時適機而毫無偏執，虛靜寂然，「無知而無所不知」。

由本對話可知，詰難者理解聖人的「無知無會」爲「忘知遺會」。以爲聖人的「無知」，是聖人「不自有其知」。可見，詰難者視聖人的「無知」等同世人的「無知」，是「有知有見」、「有作有緣」的「惑取之知」，因而其「無知」須透由「待返照」、「知性空」的還原過程才成就。僧肇則回應詰難者，般若的「無知」本俱，並非藉由「所知」的清淨才致成，因此聖智與俗智的

「無知」名同質異，「不可以事相求之」。

（二）對話二──以「名體」觀討論「無知而無不知」

1、難方：詰難者對上一對話中，聖人回應的「無知而無不知」有意見，因而以「名體」發難：

（1）立說：詰難者云：

> 夫物無以自通，故立名以通物。物雖非名，果有可名之物，當於此名矣。是以即名求物，物不能隱。

詰難者以「名」必有「實」的立場，說明事物立「名」的用途，在於事物本身不能表達自己，因此必須立「名」以瞭解事物。詰難者表示，物雖不能等同於「名」，但畢竟有與「名」相當的事物，因此循「名」求物，物將不能隱匿。可見，詰難者相信物必有「名」，有「名」必有物。

（2）詰難：詰難者云：

> 而論云：聖心無知。又云：無所不知。意謂無知，未嘗知；知，未嘗無知。斯則名教之所通，立言之本意也。然論者欲一於聖心，異於文旨，尋文求實，未見其當。何者？若知得於聖心，無知無所辨；若無知得於聖心，知亦無所辨。若二都無得，無所復論哉！

詰難者在立說之後，進一步質疑僧肇在上一答難中，所表示的「聖心無知」與「無所不知」。詰難者認為，所謂「無知」，即表示沒有「知」的存在；所謂「知」，即表示並不是「無知」。這是名言教法的通則，立論的主要依據。由此詰難者批評僧肇雖然試圖以「無知」與「無所不知」，來合乎聖心的「一」而無異，卻悖離文句的義旨。詰難者解釋，若尋文求「實」、以「名」求物，則僧肇「無知」與「無所不知」併論的說法將有不當之處。詰難者解釋，若聖心有「知」，則不應說聖心「無知」；若聖心「無知」，則不應說聖心有「知」。若說聖心不是有「知」或「無知」，則可不用再進行辯論。

此段中，詰難者運用矛盾律推論，若聖心是「有知」，則不能有「無知」的稱謂；反之，若聖心「無知」，則不能有「有知」的稱謂。可見，詰難者有著二元對立的思考模式，認為「名」必有「實」，因而「知」與「無知」不可併論。

2、答方：僧肇旨在回應詰難者的「名體」難。

（1）援引聖言說明般若「無名」：僧肇云：

> 經云：般若義者，無名無說，非有非無，非實非虛。虛不失照，照不失虛。斯則無名之法，故非言所能言也。言雖不能言，然非言無

以傳，是以聖人終日言，而未嘗言也。今試爲子狂言辨之。

僧肇引經說明，般若之義是「無名無說，非有非無，非實非虛」，意謂般若之體雖然虛寂，卻不失觀照之用；般若雖有觀照之用，卻不失虛寂之體。因此般若「無名」之法，並非語言文字所能言詮表述。既非語言文字所能表述，又不能不藉由語言文字來傳達教義，因此聖人雖然終日言說，其實未曾有言。僧肇表示，以下將藉由「狂言」，爲詰難者表述「非言所能言」的眞理。由此可知，般若是「無名無說」，「非言所能言」。

（2）論證聖心是「知即無知」、「無知即知」：僧肇云：

夫聖心者，微妙無相，不可爲有；用之彌勤，不可爲無。不可爲無，故聖智存焉；不可爲有，故名教絕焉。是以言知不爲知，欲以通其鑒；不知非不知，欲以辨其相。辨相不爲無，通鑒不爲有。非有，故知而無知；非無，故無知而知。是以知即無知，無知即知。無以言異，而異於聖心也。

僧肇分別就「相」、「用」兩層面，以交互推論的方式，論證聖心是「知即無知」、「無知即知」。意謂聖心是微妙無相，不可稱爲「有」，因而不能以名言教法的通則來統籌它。因此，言聖心「不知」，並非眞的表示什麼都不知道，僅是用來辨明所知之相是沒有計執的「相」，因此聖心是「無知而知」；聖心是用之不盡，應照無窮，不可稱爲「無」，聖智由此而存，由是言聖心有「知」，並非眞的表示有「知」，僅是用以說明聖心有鑑照的功用，因此聖心是「知即無知」。就此，僧肇批評詰難者，不可將世人「知」與「無知」的認知概念，套用在聖心身上，而以爲聖心不可「知即無知」、「無知即知」。

可見，僧肇表示，聖心是不可絕對以「有知」或「無知」的一方論之，必須以「通其鑑」的「無知」和「辨其相」的「有知」併論，使「非有，故知而無知；非無，故無知而知」，亦即「知即無知，無知即知」，才能完善表述般若聖心。

由本對話可知，詰難者不解般若「無知而無不知」的奧妙，以致「尋文求實」的質疑聖心「知」與「無知」豈可併論。僧肇則以「狂言」來回應詰難者的「尋文求實」，表示聖心是「知即無知，無知即知」。

（三）對話三──以「以緣求智」討論聖智之知

1、難方：詰難者以「以緣求智」證成聖智是「有知」，云：

夫眞諦深玄，非智不測。聖智之能，在茲而顯。故經云：不得般若，

不見眞諦。眞諦，則般若之緣也。以緣求智，智則知矣。

眞諦深奧玄妙，若沒有聖智，則將難以測度。聖智的功用在此彰顯。因此佛經說，沒有般若，則不見眞諦。如此即意謂，眞諦是般若所緣之境。若以般若所緣之境來尋求般若聖智，聖智則是「有知」。可知，詰難者運用「能所」觀念，將眞諦視爲「所知」，是「般若」的「所緣之境」；將聖智視爲「能知」，是「眞諦」的「所緣之智」，而認爲憑藉「所知」的眞諦可推求「能知」的聖智，因此可證聖智是「有知」。

2、答方：僧肇不認同詰難者的「以緣求智，智則知矣」的看法，而主張「以緣求智，智非知也」。僧肇以「能所」觀念回應之。

（1）援引聖言證「以緣求智，智非知」：僧肇云：

> 以緣求智，智非知也。何者？《放光》云：不緣色生識，是名不見色。又云：五陰清淨，故般若清淨。般若，即能知也；五陰，即所知也。所知，即緣也。

僧肇回應詰難者之見，認爲憑藉「所知」的眞諦以推求「能知」的聖智，並不能證明聖智是「有知」。《放光般若經》說，（聖智）由於不是「緣色」才產生「識」，因此名爲「不見色」。又說，色、受、想、行、識等五陰清淨，所以般若清淨。僧肇在此定義般若是「能知」；五陰是「所知」。「所知」，即是「緣」。可知此段要旨，僧肇主要援引聖言來說明般若「無知」之因，在於「不緣色生識」；惑智「有知」之因，在於「緣色生識」，是緣法致成。〔註19〕

（2）說明「能知」與「所知」的關係： 僧肇云：

> 夫知與所知，相與而有，相與而無。相與而無，故物莫之有；相與而有，故物莫之無。物莫之無，故爲緣之所起；物莫之有，故則緣所不能生。緣所不能生，故照緣而非知；爲緣之所起，故知緣相因而生。是以知與無知，生於所知矣。

僧肇指出「能知」與「所知」有著「相與而有，相與而無」的關係。所謂「相與而有」，即指惑智觀照現象界的物，物並非不存在，可知物會存在，是惑智攀緣所生，因而明瞭惑智、惑境是緣法相因而生；所謂的「相與而無」，即指聖智雖然觀照現象界的物，卻知曉物並非眞的存在，可知聖智並非藉由緣法

〔註19〕參唐・元康《肇論疏》注此段：「凡人皆緣色生識，所以有見，有見即有知；聖人不緣色而生識，即是無見，無見即無知也。」（見《大正藏》冊四十五，頁179下）

所能生，因而明瞭聖智雖有照用，卻不同惑智。由此可知，惑智的「知」與「無知」，皆由惑境所生。

（3）以緣法區別眞智、惑智：僧肇云：

> 何者？夫智以知所知，取相故名知。眞諦自無相，眞智何由知？所以然者，夫所知非所知，所知生於知。所知既生知，知亦生所知。所知既相生，相生即緣法。緣法故非眞，非眞故非眞諦也。故《中觀》云：物從因緣有，故不眞；不從因緣有，故即眞。

僧肇以因緣法解釋「知與無知，生於所知」，意謂惑智執取緣起的萬法爲「實有」，而有所謂「知」的對象。而眞諦本無形相，無可執著，則眞智要如何含有惑智的成分？就此可知，惑智的「所知」，不同於眞智的「所知」。惑智的「所知」，實際上是來自於對緣起的萬法有妄執實有的認知，以致有惑境的存在。惑境既與惑智相待而生，其相生之法即爲「緣法」。因爲是緣起之法，所以雖然有形相，卻非眞實。因爲是「非眞」，所以惑智的「所知」非指眞諦。僧肇並援引《中觀》來證明惑智、惑境從因緣而有，所以「不眞」；眞智、眞境，不從因緣而有，因此是「眞」。由此僧肇質問詰難者，豈可言「以緣求智，智則知矣」？

此段，僧肇以緣法區別眞智與惑智。認爲眞智、眞境非緣法所生，是「眞」；惑智、惑境則是緣法所生，是「不眞」，並且是「所知既生知，知亦生所知」。由此可知，僧肇在文意中，隱涵駁正詰難者之語：其一、眞智、眞境「不從因緣有」，因此詰難者「以緣求智」是謬誤。二、眞智並非「有知」，因此詰難者的「智則知矣」是謬誤。

（4）明眞智不取所知：僧肇云：

> 今眞諦曰眞，眞則非緣。眞非緣，故無物從緣而生也。故經云：不見有法，無緣而生。是以眞智觀眞諦，未嘗取所知。智不取所知，此智何由知？然智非無知，但眞諦非所知，故眞智亦非知。而子欲以緣求智，故以智爲知。緣自非緣，於何而求知？

僧肇繼上一段，進一步解釋眞諦既名爲「眞」，「眞」即意謂不是緣法所能生，因此無物從緣而生。僧肇引經說明，物必由緣法所生。意謂俗諦「有」法皆由緣所生，而眞諦由於不是由緣法所生，所以是無相的眞諦。因此，眞智雖以眞諦爲觀照之境，卻不執取它爲「所知」。眞智既不執取眞諦爲「所知」，則眞智即不含惑智的「知」。僧肇由此說明，眞智並非像木石般絕對的「無知」，只是眞諦非屬惑智的所觀之境，因此眞智並非像惑智的「有知」。由此，僧肇

點出詰難者「以緣求智，故以智爲知」的謬誤，在於眞智、眞境並非是緣法所生，則如何以緣求聖智是「有知」。

由本對話可知，詰難者主要提出「以緣求智，故以智爲知」，來反對聖人「無知」之說。僧肇則認爲眞智與眞境的「能」、「所」關係，並非是「緣法」所致成，因此不像惑智的「有知」，但也不相對表示即有木石般的絕對無知。此外，惑智與惑境，則是由「緣相因而生」，執取緣起的萬法爲實有，僧肇順此點出詰難者「以緣求智，故以智爲知」的謬誤，在於誤以爲眞智像惑智一樣皆是緣法所生，皆是「有知」。僧肇表示，實際上，眞諦非「緣法」所生，般若非以緣可求。

（四）對話四──討論「聖智無知」與「不取」的關係

1、難方：詰難者云：

> 論云：不取者，爲無知，故不取？爲知，然後不取耶？若無知，故不取，聖人則冥若夜游，不辨緇素之異耶？若知，然後不取，知則異於不取矣。

詰難者針對上一答難中，僧肇曾言「眞智觀眞諦，未嘗取所知。智不取所知，此智何由知」，由此發難，而詰難僧肇，所謂的「不取」，是「無知」所以「不取」，抑或是「知」然後「不取」？詰難者推論，若聖人是「無知」所以「不取」，則像「冥若夜游，不辨緇素之異」；若聖人是「知」然後「不取」，則其「所知」則是有所「取」。

由此段可知，詰難者將僧肇「未嘗取」，分作兩種解釋：一、「爲無知，故不取」；二、「爲知，然後不取」。詰難者的論意，主要是藉由聖人並非冥頑無知，撥去前者，以肯定後者聖人有著同如惑智的「有知」，然後「不取」。可見，詰難者在歷經僧肇三次答難後，仍不認同般若「無知」之說，並且也未能明瞭聖智的「無知」與惑智的「無智」是不同。

2、答方：僧肇云：

> 非無知，故不取。又非知，然後不取。知即不取，故能不取而知。

僧肇以兩難的方式，表示聖智並非像「冥若夜游，不辨緇素之異」的「無知，故不取」，也並非像惑智有「知」，「然後不取」。僧肇說明聖智「無知而無不知」的「知」本身即是無取著，所以能「不取而知」。亦即僧肇強調，聖智的「知」是一切不執取的知，是有別惑智之知。可知，僧肇否定詰難者對聖智「無知」的認知，而認爲聖智「無知」是超越世人的認知概念，「知即不取」。

　　由本對話可知，詰難者質疑般若的「知」，究竟是「無知，故不取」，抑或是「知，然後不取」。僧肇回應之，認為聖智能「不取而知」之因，在於「知」的內涵即是「不取」，因此能「不取而知」。

（五）對話五──討論「無是無當」與「聖心無所不知」的關係

1、難方：詰難者云：

> 論云：不取者，誠以聖心不物於物，故無惑取也。無取，則無是。
> 無是，則無當。誰當聖心，而云聖心無所不知耶？

詰難者於本難，與上一詰難相同，皆是對聖智的「不取」發難。只不過本難中，詰難者主要是針對上一答難中僧肇所提及的「知即不取，故能不取而知」，有意見。詰難者解釋聖人「不取」的緣故，在於聖心不計著於外物，因此沒有妄執的惑見。順此，詰難者認為，既然聖心沒有執取「所知」，則表示沒有可觀照的對象。既然沒有可觀照的對象，則表示沒有物可與聖智相對應，如此，豈可言聖心「無知」，還「無所不知」呢？由此段可知，詰難者認為聖智「不取」，即等於「無是無當」，則聖心將不能如僧肇所言的，是「無所不知」。

2、答方：僧肇云：

> 然，無是無當者。夫無當，則物無不當；無是，則物無不是。物無
> 不是，故是而無是；物無不當，故當而無當。故經云：盡見諸法，
> 而無所見。

僧肇並不否定詰難者所提及的「不取，則無是。無是，則無當」的判斷。僧肇所欲說明的是「無是無當」並不影響「聖心無所不知」的可能。原因在於沒有與聖智相對應的事物，即表示沒有不與聖智相對應的事物，則一切事物將與聖智相對應也不相對應；沒有聖智可肯定的事物，即表示沒有聖智不肯定的事物，則一切事物將是聖智所肯定的對象。僧肇引經為證，意謂見到一切事物，事實上卻又是一無所見。

　　此段，僧肇以聖智「不取」為前提，而推論「無是無當」，並非像詰難者所認為的，聖智將不能「無所不知」。僧肇表示，正因為聖智本身即是「不取」，因而能「是而無是」，「當而無當」，「無知」而「無所不知」。

　　由本對話可知，詰難者雖然明瞭聖智「不取」即等於「無是無當」，卻以實「有」、實「無」的相對概念來理解之，以為「無是無當」是絕對沒有「是」、絕對沒有「當」，而由此質疑聖智豈可「無所不知」？僧肇則就聖智本身「不取」的特質，推論出聖智對於無名無相的真諦是「無不是」、「無不當」、「無

不知」。

（六）對話六──討論聖人「無相」

1、難方：詰難者對上一答難中僧肇所提及的「物無不是，故是而無是」，作進一步的討論，云：

> 聖心非不能是，誠以無是可是。雖無是可是，故當是於無是矣。是
> 以經云：眞諦無相，故般若無知者，誠以般若無有有相之知。若以
> 無相爲無相，有何累於眞諦耶？

此段詰難者的質難，主要可分成四個部分：一、詰難者解釋聖心的「無是」，並非指聖心不具有對事物予以肯定的能力，而是因爲沒有事物可以讓聖心肯定。可知，詰難者以否定事物的存在，來進行「無是」的論述。二、詰難者進一步指出，雖然所知之境中不存在事物來讓聖智肯定，但是如此即相對的意謂著，聖智肯定沒有事物存在的所知之境。此處，詰難者的語意，在說明眞諦的「無相」，來自於聖心肯定所知之境中沒有事物的存在。三、詰難者引經說明，眞諦由於「無相」，因此般若是「無知」。詰難者加以解釋，般若的「無知」，是因爲肯定所知之境是沒有事物存在的「無相」。四、最後，詰難者表示，象徵沒有事物存在的「無相」，將可作爲眞諦的「無相」，此說應是無誤吧？

由此段可知，詰難者定義「無相」爲沒有事物存在的相，並援引聖言，以「般若無知」來證明己說「眞諦『無相』」的合理。

2、答方：僧肇云：

> 聖人無無相也。何者？若以無相爲無相，無相即爲相。捨有而之無，
> 譬猶逃峰而赴壑，俱不免於患矣。是以至人處有而不有，居無而不
> 無。雖不取於有無，然亦不捨於有無。所以和光塵勞，周旋五趣，
> 寂然而往，怕爾而來，恬淡無爲而無不爲。

詰難者以沒有事物存在，來定義「無相」，由此界定般若的「無知」，是眞諦的「無相」所致成。僧肇不認同詰難者此說，因此乃以三點回應之：一、僧肇表示聖人連「無相」也沒有。原因在於，若聖人的「無相」是取決於所知之境沒有事物的存在，則聖人的「無相」便是一種「相」。二、僧肇引喻批評，若聖人的「無相」，來自於否定有事物存在的「有相」，而執取沒有事物存在的「無相」，則猶如逃離險峻的山峰，又跑入險惡的山溝，皆是有過失。三、僧肇進而以聖人面對「有」、「無」的方式，以及聖人的境界說明。意謂聖人面對現象界中有事物存在的「有相」，或沒有事物存在的「無相」，並不執取「有相」或「無相」，

也不否定現象界的「有相」或「無相」的存在。因此，聖人能隨順萬物，而與惑境共處；輪迴於五趣，卻不妨礙解脫。行走人間，虛靜無爲而無所不爲。

　　由本對話可知，詰難者理解聖人的「無是」，是因爲所知之境中不存在可以肯定的事物。由此，代表著眞諦的「無相」。詰難者順此推論，般若的「無知」，即是因爲眞諦的「無相」致成，亦即由眞諦不存在任何事物的「相」所致成。僧肇則回應，聖人不執取反應事物存在或不存在的「有」相或「無」相。意謂聖人的「無知」、「無相」，並非取決於所知之境中不存在可以肯定的事物，而是因爲沒有分別心的緣故，所以能「無知」、「無相」、「無爲而無不爲」。

（七）對話七──以「應會」討論聖心有否生滅

　　1、難方：詰難者云：

> 聖心雖無知，然其應會之道不差。是以可應者應之，不可應者存之。
> 然則聖心有時而生，有時而滅，可得然乎？

詰難者表示，聖心雖然是「無知」，但是在應會萬物的方面卻絲毫沒有差別。因此，般若聖心在可應會的時候，便應會；不可應會的時候，便存而不應。由此，可推論出聖心「有時而生，有時而滅」，亦即聖心是有生滅的變化。

　　2、答方：僧肇云：

> 生滅者，生滅心也。聖人無心，生滅焉起？然非無心，但是無心心耳。又，非不應，但是無應應耳。是以聖人應會之道，則信若四時之質，直以虛無爲體。斯不可得而生，不可得而滅也。

詰難者由聖心「可應者應之，不可應者存之」，而導出「聖心有時而生，有時而滅」的判定。僧肇主要以三點回應之：一、僧肇表示，所謂有「生滅」，是來自於像凡夫妄心的「生滅心」。聖人沒有「生滅心」，則沒有生滅。由此，僧肇回應詰難者的「生滅」疑難。二、僧肇唯恐詰難者誤執聖人「無心」、「無應」，因此補充說明聖人「無心」是「無心心」，聖人的「無應」是「無應應」。意謂聖人並非眞的像木石般無感無慮無觀無照，只是不以能生能滅的凡夫妄心作爲「心」而已。同理，聖人並非眞的沒有應會，只是以不刻意應物的方式來應物。三、僧肇歸結，說明聖人的應會之道，則猶如春夏秋冬四時的自然運行，全然以虛靜無爲作爲內在的本質，因而沒有生滅。

　　由本對話可知，詰難者根據聖心「可應者應之，不可應者存之」，而詢問聖心有否生滅。僧肇則回應，聖人沒有「生滅心」。僧肇並補充說明，所謂的聖人「無心」，並非像木石般的「無心」，而是不取凡夫有生有滅的妄心作爲「心」；

所謂聖人「無應」，並非表示沒有應會萬物，而是以不刻意的方式應會萬物。

（八）對話八——討論聖智與惑智之別

1、難方：詰難者問：

> 聖智之無，惑智之無，俱無生滅，何以異之？

詰難者承上一答難中，僧肇提及聖人沒有「生滅心」，由此詢問，聖智的「無」，與惑智的「無」，皆沒有生滅，則要如何區別二者？

2、答方：

（1）明聖智與惑智之「無」：僧肇云：

> 聖智之無者，無知；惑知之無者，知無。其無雖同，所以無者異也。
> 何者？夫聖心虛靜，無知可無，可曰無知，非謂知無。惑智有知，
> 故有知可無，可謂知無，非曰無知也。無知，即般若之無也；知無，
> 即眞諦之無也。

僧肇表示，聖智的「無」，是「無知」；惑智的「無」，是「知無」。二者的「無」同名，但在意涵上，則實然不同。其因在於，聖心虛靜，不含任何世俗的「知」，也不用予以否定，因此可說是「無知」，卻不可說是什麼都不知道的「知無」。惑智既稱爲惑智，即是有俗知俗見的存在，因此即表示有世俗的「知」可予以否定，因此稱爲「知無」，卻不可稱爲「無知」。僧肇於此，以「無知」定位「般若之無」，以「知無」定位「眞諦之無」。

由此段可知，僧肇表示聖智的「無」主要是指「無知」，即指聖智的「知」的成分不含俗知。惑智的「無」，與眞諦的「無」相同，皆是指「知無」，主要是指進行消解俗知的工夫。

（2）明般若與眞諦之別：僧肇云：

> 是以般若之與眞諦，言用，即同而異；言寂，即異而同。同，故無
> 心於彼此；異，故不失於照功。是以辨同者，同於異；辨異者，異
> 於同。斯則不可得而異，不可得而同也。

僧肇緊接以「寂」、「用」，說明般若與眞諦的關係是同不離異，異不離同。亦即，就功用而言，般若觀照眞諦，因此是「即同而異」；就體性而言，二者皆言寂然無爲之理，因此是「即異而同」。因爲二者相同，所以沒有彼此的分別；因爲二者相異，所以般若不失鑑照的功用。可知，欲探般若與眞諦二者相同之處，主要是就體性而言「同於異」；欲辨二者是相異之處，則是就功用而言「異於同」。因此，絕對不能偏執般若與眞諦二者是完全相同或相異。

（3）再明般若與眞諦的異同：僧肇云：

> 何者？內有獨鑒之明，外有萬法之實。萬法雖實，然非照不得。內
> 外相與，以成其照功，此則聖所不能同，用也。內雖照而無知，外
> 雖實而無相，內外寂然，相與俱無，此則聖所不能異，寂也。

僧肇解釋般若與眞諦「不可得而異，不可得而同」，原因在於，般若就自身內在而言，有獨特的鑑照之明；就外在的眞諦而言，有萬法性空的實相之境。萬法性空的實相之境，沒有般若的鑑照，則不能證得。因此，惟有在內的般若鑑照在外的眞諦，在外的眞諦顯發在內的般若，二者相互配合，才可成就般若觀照之功。因此，就功用而言，般若與眞諦「不能同」。此外，在內的般若雖然觀照在外的眞諦，卻是「無知」；在外的眞諦，雖有萬法性空的實相之境，究竟而言，卻是「無相」。因此，就體性而言，在內的般若與在外的眞諦，二者皆是寂然無爲，是性空，因此般若與眞諦「不能異」。

（4）引聖言爲證：僧肇云：

> 是以經云：諸法不異者，豈曰續鳧截鶴，夷嶽盈壑，然後無異哉？
> 誠以不異於異，故雖異而不異也。故經云：甚奇世尊，於無異法中，
> 而說諸法異。又云：般若與諸法，亦不一相，亦不異相。信矣！

僧肇此段援引聖言爲證。意謂佛經中所說的「諸法不異」，並非要截取鶴的長腿，以接長野鴨的短腿，也並非削平山峰，來塡滿山溝，才算是沒有不同。「諸法不異」，主要在說明對於相「異」的東西，要以「不異」的無分別心視之，所以東西雖然看似有「異」，事實上，卻是「不異」。僧肇並且再援引聖言，說明世尊能在相同的事物當中，闡述相異之理，並且又能肯定，般若與萬物既非「一相」，又非「異相」。僧肇附議此說。

在本對話中，詰難者主要在詢問，如何區別般若與惑智之「無」。僧肇則回應，聖智的「無」，主指「無知」，即指聖智的「知」的成分不含俗知。惑智的「無」，與眞諦的「無」相同，皆是指「知無」，主要是指進行消解俗知的工夫。順此，僧肇並討論般若與眞諦的異同。僧肇表示，就「寂」而言，二者是相同；就「用」而言，二者是相異。二者是不一不異的關係，因此不能偏於「同」或「異」的一端視之。由此可知，僧肇的回應，將龍樹的「八不」思想中的「不一不異」表達得淋漓盡致。

（九）對話九——以「寂」、「用」討論「般若之內」

1、難方：詰難者云：

論云：言用則異，言寂則同。未詳般若之內，則有用寂之異乎？

詰難者對上一答難中僧肇「言用則異，言寂則同」的回應有意見，而質疑在般若之內，豈有「用」、「寂」的差別？由此可知，詰難者主要認為在般若之內，不可二分為「用」與「寂」。

2、答方：僧肇云：

用即寂，寂即用。用寂體一，同出而異名，更無無用之寂而主於用也。是以智彌昧，照逾明；神彌靜，應逾動。豈曰明昧動靜之異哉？

故《成具》云：不為而過為。寶積曰：無心無識，無不覺知。斯則窮神盡智，極象外之談也。即之明文，聖心可知矣。

僧肇回應，可分為三點：一、僧肇表示，「用」即「寂」，「寂」即「用」，「用」與「寂」就本體而言是相同，是同出一源，只不過名稱不同罷了，並沒有另外有一個「寂」來作為「用」的本體。此處，僧肇主要在說明「寂」與「用」有著「不一不異」的關係。二、僧肇說明「寂」與「用」有著相生相長的關係，意謂聖智愈是無知，愈能發揮觀照的作用；聖人的心識愈是寂靜，愈能應會萬物。如此豈能像詰難者所認為的，無知與鑑照、寂靜與應物是不同？三、僧肇援引聖言以證己說。亦即，《成具光明定意經》說「無為而過為」。《維摩詰經》說「無心無識，無不覺知」。這些皆是極盡闡明般若智慧的言論，高深微妙。僧肇最後表示，若仔細參詳這些經文，即可明瞭般若聖心。

由本對話可知，詰難者主要在詰難般若之中，豈有「用」與「寂」的差別？僧肇則表示，「用」與「寂」是相同，是「同出而異名」。

由〈般若無知論〉的問答料簡部分可知，僧肇假詰難者提問，並假答方——回應詰難者的問題。從中可知，答方的回應，應代表著僧肇個人對般若的認知與看法，而難方的詰難問題，應是僧肇在身處的東晉時代中，所見到、所聞到一些對般若不解者的可能提問，因而僧肇虛擬難方與答方二者，來闡明般若的道理，並釐清一些可能令人難以理解的般若問題。

僧肇所假的詰難者，其詰難方式是「尋文求實」，詰難的對象是僧肇所闡述的般若內容。所詰難的問題，諸如：在難一，以「聖不虛知」、「聖不虛會」的立場，質疑聖人是否「無知無會」；在難二，質疑聖心豈可「知」又「無知」；在難三，以真諦是般若之緣的見解，推論「以緣求智」，則般若將是「有知」，豈可「無知」；在難四，質疑般若的「知」是「無知，故不取」或「知，然後不取」；在難五，質疑若「知即不取」，將「無是」、「無當」，將導致聖心不能

「無所不知」；在難六，詮釋「眞諦無相」；在難七，質疑聖心有否生滅；在難八，質疑聖智與惑智之「無」，「俱無生滅」，有否不同；在難九，質疑「般若之內」「用」與「寂」是否有別。

　　而就僧肇所假的答方內容可知，其回應的方式與內容，十足承繼大乘中觀學來立說，將般若的要義深刻闡述，諸如：般若是「無知無會」、「知即無知，無知即知」、眞諦非「緣法」所生，般若非以緣可求、「知，即不取」、「是而無是」、「當而無當」、「無無相」、「無心心」、「無應應」，又如般若與眞諦不一不異，或「用即寂，寂即用」。僧肇假答方的回應，化解世人對般若不解的迷團，並駁正執「有」或「無」一端者的謬誤。

第三節　僧肇與劉遺民的對話析義

　　〈劉遺民書問〉，是廬山慧遠弟子劉遺民閱讀〈般若無知論〉後，產生種種疑問，因而致書給僧肇，提出一些讀後疑問。而僧肇則於〈答劉遺民書〉中，〔註20〕一一加以回應。可知，此番書信往返的內容，可作爲〈般若無知論〉的附錄與補充資料。因此，爲了更能完善明瞭僧肇的般若思想，本節旨探討劉遺民與僧肇所展開的思想對話，從中來深化僧肇的般若觀點，並釐清僧肇〈般若無知論〉中一些易令人產生詰難之處。

　　〈劉遺民書問〉可分爲三部分：「第一，敘暄涼；第二，正致問；第三，總結」。〈答劉遺民書〉也可分爲三部分：「第一，敘暄涼；第二，正答；第三，總結」。〔註21〕而本節，主要針對二文中有關問題討論的部分作探討，分成五大點：第一，介紹難者劉遺民的致問背景；第二至第四部分，旨在依次探討僧肇與劉遺民的三則主題對話；第五，則以僧肇〈答劉遺民書〉「總結」〔註22〕部分收尾。

一、〈劉遺民書問〉的致問背景

　　劉遺民是廬山法性論者慧遠的弟子，其法性論的思想背景與僧肇的中觀般若思想迥異，茲述其致問背景，如下：

〔註20〕劉遺民〈劉遺民書問〉與僧肇〈答劉遺民書〉二文，請分見《大正藏》冊四十五，頁154下～155中；155中～157上。

〔註21〕見唐・元康：《肇論疏》卷中，《大正藏》冊四十五，頁182上；184上～中。本文從之。

〔註22〕參唐・元康：《肇論疏》，《大正藏》冊四十五，頁188中。

（一）致問緣由

劉遺民會以書信致問僧肇，主因在於對〈般若無知論〉有意見，〈劉遺民書問〉云：

> 去年夏末，始見生上人示〈無知論〉，才運清俊，旨中沈允……。夫理微者辭險，唱獨者應希。苟非絕言象之表者，將以存象而致乖乎？意謂答以緣求智之章，婉轉窮盡，極爲精巧，無所間然矣。但暗者難以頓曉，猶有餘疑一兩。今輒題之如別，想從容之暇，復能麁爲釋之。〔註23〕

劉遺民於書信中，在敘暄涼末，正式致問前，有一段話，明顯可算是致問緣由。劉遺民先是稱讚由竺道生所帶回的〈般若無知論〉，認爲此文才情韻味清雅俊秀，表達旨趣深奧允當等。爾後話鋒一轉，提及精湛微妙的道理往往不是語言所能表詮清楚，而其闡明道理者所唱的曲調常是特有，往往不是世人所能應和。假使不是能得意而忘言象的人，大概會執言而誤解闡明道理者的原義吧？劉遺民提及，僧肇回答難方「以緣求智」的話，說得婉轉詳盡，極爲精巧，並沒有表達不清楚之處。由此，劉遺民點出致問的動機，在於讀後有幾點疑惑。於是將疑點標示下來，請僧肇閒暇時能加以解釋。由此段可見，劉遺民先揭示對〈般若無知論〉有幾處「難以頓曉」。

（二）致問立場

〈劉遺民書問〉末段總結時，云：

> 論至日，即與遠法師詳省之。法師亦好相領得意。但標位似各有本，或當不必理盡同矣。〔註24〕

劉遺民提及，〈般若無知論〉乍至的當日，即與慧遠法師詳加省視。法師對於大作也多所領會。但是有關宗本思想部分，則與〈般若無知論〉觀點不同。劉遺民婉轉表示，道理本來便不用相同。

此段引文透露，劉遺民與法性論立說者廬山慧遠非常重視〈般若無知論〉，因而「論至日」即共同詳審之，此外，從此段引文並可得知法性論的本位思想與僧肇的中觀般若思想不同。由於劉遺民的致問觀點頗受其師慧遠的影響，因此以下茲以兩點扼要說明慧遠法性論的思想：

〔註23〕見《大正藏》冊四十五，頁 155 上。
〔註24〕見《大正藏》冊四十五，頁 155 上～中。

1、「至極以不變爲性」

〈釋慧遠傳〉云：

> 至極以不變爲性，得性以體極爲宗。〔註25〕

此段話，是慧遠法性論的宗旨。前句明法性的宗義，後句明悟得法性的方法。意謂推諸法至極處，得其不變者，即是法性。若要得其法性，則以體極工夫爲要事。從中可見法性論者持有「至極」、「不變」、「法性」、「體極」等實有思想。

2、定慧有別的禪法

慧遠云：

> 禪非智，無以窮其寂；智非禪，無以深其照。則禪、智之要，照、寂之謂，其相濟也。照不離寂，寂不離照。感則俱遊，應必同趣。
> 〔註26〕

慧遠的禪法以「禪」、「智」爲大綱，二者息息相關。意謂禪定沒有智慧的引導，不能窮究其玄寂的本體；智慧沒有禪定的工夫，不能深廣其鑑照的所知之境。如此，禪定與智慧，鑑照與寂靜，是相輔相成。鑑照不離寂靜，寂靜不離鑑照。感應則「俱遊」，應會則「同趣」。此段說明，「禪」與「智」、「寂」與「照」，有著「相濟」、「俱遊」、「同趣」的關係。

由以上兩點可知，慧遠的法性論與僧肇的般若中觀思想不同，因而其弟子劉遺民不能全然接受僧肇的論點，會書信詰難僧肇，實有其思想脈絡可循。

二、討論「聖心之異」的問題 —— 僧肇與劉遺民對話一

（一）劉遺民問一

劉遺民云：

> 夫「聖心冥寂，理極同無，不疾而疾，不徐而徐。是以知不廢寂，寂而廢知，未始不寂，未始不知。故其運物成功化世之道，雖處有名之中，而遠與無名同。」斯理之玄，固常所彌昧者矣。但今談者，所疑於高論之旨。〔註27〕

劉遺民在書信中，先載自己所理解的有關〈般若無知論〉中「寂」「用」同一

〔註25〕見梁・慧皎：《高僧傳》卷六，《大正藏》冊五十，頁360上。
〔註26〕見東晉・慧遠：〈廬山出修行方便禪經統序〉第十四，《出三藏記集》卷九，《大正藏》冊五十五，頁65中。
〔註27〕見《大正藏》冊四十五，頁155上。

之說的內容，爾後表示如此玄之又玄的要義，本是常人迷昧而不能理解。由此劉遺民導出寫信之由，在於對僧肇的論述主旨有疑問。

此段中，由「理極同無」一詞，可顯見劉遺民持著「至極以不變爲性」的廬山法性論觀點發難。劉遺民問道：

> 欲求聖心之異。爲謂窮靈極數，妙盡冥符耶？爲將心體自然，靈怕獨感耶？若窮靈極數，妙盡冥符，則寂照之名，故是定慧之體耳。
>
> 若心體自然，靈怕獨感，則群數之應，固以幾乎息矣！〔註28〕

劉遺民對僧肇「用寂體一」之說有意見，因而在書信中，欲求「聖心之異」。劉遺民主以推論的方式，證之：一、聖心若是窮究般若的靈照，極盡聖智的心數，神妙盡知，並能與道冥合，則其名爲「寂」的本體與名爲「照」的功用，應是禪定與智慧的體稱。二、聖心若是心體本是自然無心於知，靈妙無爲，獨存眞境，不應會萬物，則將息止於萬物的相應。

可知，劉遺民前者之說，主要是將僧肇描述聖智的「寂照之名」，取爲與禪法的「定慧之體」相比擬，以彼此類比的合理，證明般若「寂」體與「照」用是有別，不是僧肇所認爲的「用寂體一」；後者敘述，主要是認爲僧肇敘述聖智「心體自然，靈怕獨感」，如是將導致「群數之應，固以幾乎息矣」，由此「寂」「照」並不能同一，聖心是有異。可知此段，劉遺民主以禪定的「定慧」，論證「聖心」是「異」，而非「一」。

此外，由劉遺民此段話，亦可尋得身爲法性論者的線索。諸如前者，「窮靈極數」的「窮」、「極」二字，即是「法性論」「至極」〔註29〕之意。因而劉遺民認爲聖智有「窮靈極數」的「至極」，所以能「妙盡」的契合萬法，而有應化之用，因此有「定」的「寂」體與「慧」的「照」用，從中可見二者是二分。又如後者，劉遺民用來描述僧肇之說的「心體自然，靈怕獨感」一句中，其「心體自然」，是法性論者立義「定」、「慧」中「定」的語句，謂心的體性本是如此。

劉遺民解說聖智，將無應他之變，僅顯「寂」體，無顯「照」用，亦即有「定」無「慧」，以證聖心是二分。因此，由劉遺民此段話中運用「窮」「極」、「心體自然」的語彙，即可知劉遺民是以法性論者的立場發難。要之，劉遺

〔註28〕見《大正藏》冊四十五，頁 155 上～中。

〔註29〕參梁‧慧皎《高僧傳》卷六，〈釋慧遠傳〉：「至極以不變爲性，得性以體極爲宗。」（見《大正藏》冊五十，頁 360 上）

民整段話的立說與詰難，即是根據法性論中有關「定」、「慧」各有其性來開
展，而認爲聖心應有「定慧」之別，有著兩種不同的種類。此外，吾人也可
由此測知，僧肇若成功圓滿駁正劉遺民之說，則將意謂著間接論破法性論者
的觀點，諸如「自然」、「至極」、「定慧」等。〔註30〕

（二）僧肇答一

1、主要立場──駁「聖心之異」

僧肇云：

> 疏云：稱「『聖心冥寂，理極同無』。『雖處有名之中，而遠與無名同』。
> 斯理之玄，固常所彌昧者」。以此爲懷，自可忘言內得，取定方寸。
> 復何足以人情之所異，而求聖心之異乎？〔註31〕

僧肇轉述劉遺民書信中所理解的〈般若無知論〉要義與見解，而認爲劉遺民
既能明瞭般若的「斯理之玄」，即可懷寄心中，常去思索，如此自能忘掉言象
之表，了然會意於內心，而對聖心的定義有所寸量。僧肇質問，何須基於人
心情見的不同，來要求聖心有所差異？由此段可知，僧肇提供劉遺民明瞭「聖
心之異」的方法，在於「以此爲懷，自可忘言內得」。

2、駁正之說──明「跡我而乘（乖），在聖不殊」

僧肇云：

> 疏曰：「談者」謂「窮靈極數，妙盡冥符，則寂照之名，故是定慧之
> 體耳。若心體自然，靈怕獨感，則群數之應，固以幾乎息矣」。意謂
> 「妙盡冥符」，不可以定慧爲名；「靈怕獨感」，不可稱群數以息。兩
> 言雖殊，妙用常一；跡我而乘（乖），在聖不殊也。〔註32〕

僧肇轉述劉遺民對「寂」、「照」的見解，進而提出己說，認爲「妙盡冥符」，
則不可將「定」、「慧」分爲二體；「靈怕獨感」，則不可說將息止對萬物的應
會。二話雖殊，所顯的妙用則是相同。原因在於就世人而言，二者形跡相違；
就聖人而言，則是如一。由此段可知，僧肇主要在反對劉遺民「以定慧爲名」
與「稱群數以息」之說。僧肇並進一步分別加以駁正之，可分爲兩點：

〔註30〕任繼愈說：「劉遺民向僧肇的提問，無疑也表達了慧遠與僧肇的分歧。」（見
　　　　任繼愈主編：《中國佛教史》第二卷，北京：中國社會科學出版社，1985 年
　　　　11 月一刷，頁 494）
〔註31〕見《大正藏》冊四十五，頁 156 上。
〔註32〕見《大正藏》冊四十五，頁 156 上。

（1）駁「定慧爲名」之說：僧肇云：

> 何者？夫聖人玄心默照，「理極同無」，既曰爲同，同無不極。何有
> 同「無」之極，而有定慧之名？定慧之名，非同外之稱也。若稱生
> 同內，有稱非同；若稱生同外，稱非我也。〔註33〕

僧肇以兩點理由論證己說：一、僧肇順著劉遺民所提及的「理極同無」，而
表示聖人用其幽微玄妙的心靜默觀照，觀照到至極的眞理與空無相同。既然
相同，則是致極，自然沒有不極。由此僧肇質問劉遺民，豈可言「理極同『無』」
後，又認爲「定」、「慧」爲二體。此處，僧肇文意中，其實指出法性論者的
思想矛盾處，在於既主張「至極」，又言「定」、「慧」有別。二、僧肇表示，
「定」、「慧」之名，非般若體外之稱。若「定」、「慧」之名，在一體之內，
即表示沒有「定」、「慧」是二體之說；若「定」、「慧」之名，在一體之內，
則並非是般若的屬名。因此，由此段可知，僧肇點出劉遺民既明「理極同
『無』」，則應知「定」、「慧」非屬二體。僧肇並推論，若「定」、「慧」之稱
「同內」，則無二稱；若「同外」，則非屬般若，來證明「定」、「慧」非屬二
體。

（2）駁「稱群數以息」之說：僧肇云：

> 聖心虛微，妙絕常境，感無不應，會無不通，冥機潛運，其用不勤，
> 群數之應，亦何爲而息耶？〔註34〕

僧肇說明聖心的定義，以反駁劉遺民以爲「心體自然，靈怕獨感，則群數之
應，固以幾乎息矣」，意謂聖心虛無幽微，是玄妙得不同於常境，是有感即應，
有會必通。此外，聖心默默運作，其效用永遠自然無爲的應會萬物。由此，
僧肇質疑劉遺民，聖心那裏有息止，而不與萬物應會呢？

3、補充之見──明「非有非無」之說

法性論的思想特色，在於執實「有」、實「無」，因而僧肇歸結劉遺民持
「聖心之異」的原因，在於不解「非有非無」的道理，因此僧肇對「有」、「無」
的概念展開說明。

（1）明聖心對「有」、「無」概念的認知：僧肇云：

> 且夫心之有也，以其有有。有不自有，故聖心不有有。不有有，故
> 有無有。有無有故，則無無。無無故，聖人不有不無。不有不無，

────────────

〔註33〕見《大正藏》冊四十五，頁 156 上。
〔註34〕見《大正藏》冊四十五，頁 156 上。

其神乃虛。〔註35〕

僧肇以物的有否存在，來代稱「有」、「無」，而進行此段推論。意謂凡心所認知的「有」，是以爲眞的有物存在，來成就其「有」。聖心所認知的「有」，並不是以爲眞的有物存在，來成就其「有」，因此聖心不執物的存在爲「有」。聖心不執物的存在爲「有」，所以能夠認知現象界看似有物存在，其實並非眞的有物存在。由於能認知有物存在，並非眞的表示有物存在，所以能夠明瞭並非眞的沒有物的存在。能夠明瞭並非眞的沒有物的存在，所以聖人能夠不執有物存在，也不執沒有物存在。如此不執「有」、不執「無」，其心神乃是虛靜。

（2）「道超名外」明「有」，「動與事會」明「無」：僧肇云：

> 何者？夫有也、無也，心之影響也；言也、象也，影響之所攀緣也。有、無既廢，則心無影響。影響既淪，則言象莫測。言象莫測，則道絕群方。道絕群方，故能「窮靈極數」。「窮靈極數」，乃曰「妙盡」。「妙盡」之道，本乎無寄。夫無寄在乎冥寂，冥絕故虛以通之。「妙盡」存乎「極數」，「極數」故數以應之。數以應之，故動與事會；虛以通之，故道超名外。道超名外，因謂之「無」；動與事會，因謂之「有」。因謂之「有」者，應夫眞有，強謂之然耳。彼何然哉？〔註36〕

僧肇進一步論證聖人「不有不無」。僧肇表示，有物存在，或無物存在，皆決定在內心的認知上。言語、名象，皆是內心認知的攀緣之處。若物沒有眞的存在或不存在，則心將沒有認知作用。心既然沒有認知作用，則言語名象將無法予以測量。言語名象將無法予以測量，則道將不粘著於萬物的有否存在。道既不粘著於萬物的有否存在，則能窮究般若的靈照，極盡聖智的心數。如此「窮靈極數」，乃稱爲「妙盡」。如此玄妙而了盡執取的道本是無所寄著。無所寄著之因，在於冥合道體。冥合道體，絕滅妄執，因而能虛靜的通達萬物之理。此外，道能玄妙而了盡執取之因，在於極其數。極其數，所以有數應之。有數應之，則聖智能與事應會，因此稱爲「有」；虛靜而通達萬物，則至道是超乎名言之外，因此稱爲「無」。僧肇由此表示，若以爲「有」是眞的代表有物存在，則在強說心體自然的道理。因爲事實上，「有」並不代表眞的有物存在。

由此段可知，僧肇主要是藉由層層推論的方式，來論證物並非眞「有」眞「無」。並在推論中，運用劉遺民的語彙與命題，諸如「窮靈極數」、「妙盡」、

〔註35〕見《大正藏》冊四十五，頁156上。
〔註36〕見《大正藏》冊四十五，頁156上～中。

「有」、「無」、「心體自然」……等，只不過僧肇推演出的結論，並不同於劉遺民推演的結論。原因在於，僧肇深知真正的聖人是無所取著於「有」、「無」，而劉遺民則屬於偏執「有」、「無」一端來論說。易言之，僧肇顯然以「非有非無」，來駁正劉遺民藉由「窮靈極數」與「心體自然」所推論出的結論。因為事實上，「窮靈極數」，是「假無」，將導致「道超名外」，而不會像劉遺民所推論的，使「寂照之名」成為「定慧之體」；「心體自然」是假有，將導致「動與事會」，而不會像劉遺民所推論的，使「群數之應，固以幾乎息矣」。總括而言，此段僧肇論證「有」、「無」並非「實有」、「實無」，物雖「窮靈極數」或「妙盡冥府」，但是並非代表「定」、「慧」將有別。

（3）引聖言明「非有非無」：僧肇云：

> 故經云：聖智無知，而無所不知；無為，而無所不為。此無言無相寂滅之道，豈曰有而為有，無而為無，動而乖靜，靜而廢用耶？而今談者，多即言以定旨，尋大方而徵隅，懷前識以極玄，存所存之必當。是以聞聖有知，謂之有心；聞聖無知，謂等大虛。有無之境，邊見所存，豈是處中莫二之道乎？〔註37〕

僧肇引經「聖智無知，而無所不知；無為，而無所不為」，來說明這「無言」、「無相」的寂滅之道，並非在說明「有而為有，無而為無，動而乖靜，靜而廢用」的道理。此處，僧肇點出真理並非是執「有」或「無」的一端者，也並非是執「動」或「靜」的一端者可明瞭。僧肇就此批評當今的論者，常就名言表象而判定其旨趣，意在尋求大道之理，卻局於小處，不加思索的稟持前人的認知來參究真理，固執的認同自己以為是對的真理。因而聽聞聖智有知，即認為聖人真的有心存在；聽聞聖智無知，便以為等同太虛的全然無知。僧肇強調，「有」、「無」之境，是邊見所存之處，豈是處中的不二中道。由此段文意可知，僧肇強調「非有非無」是莫二的中道，並點出執「有」或執「無」者的謬誤處。

（4）以名實明「非有非無」：僧肇云：

> 何者？萬物雖殊，然性本常一，不可而物，然非不物。可物於物，則名相異陳。不物於物，則物而即真。是以聖人不物於物，不非物於物。不物於物，物非有也；不非物於物，物非無也。非有，所以不取；非無，所以不捨。不捨，故妙存即真；不取，故名相靡因。名相靡因，非有知也；妙存即真，非無知也。故經云：般若於諸法，

〔註37〕見《大正藏》冊四十五，頁156中。

無取無捨，無知無不知。此攀緣之外，絕心之域，而欲以有無詰者，不亦遠乎？請詰夫陳有無者。〔註38〕

僧肇承上的「處中莫二之道」，加以進一步表示，萬物雖然不同，但本性則是相同。不可定之物名，但也不能不定之物名。若以物名來定之於物，則名實將不符。反之，若不定執物名於物，才能顯示物的眞相。僧肇進而以聖人爲例，說明聖人不以物名來認知物，但也不是不以物名來認知物。不以物名來認知物，表示物「非有」，因而不執取，因而名相沒有用處，所以般若不是「有知」；聖人不是不以物名來認知物，表示物「非無」，因而不棄捨萬物的存在，因而能即眞的玄妙存在，所以般若不是「無知」。僧肇並引經說明，般若對於萬法，沒有執取、沒有捨棄，「無知」也「無不知」。僧肇表示，這是凡心所能攀緣之外的道理，不是凡心所能認知。假若要執「有」或「無」一端詰之，則離道將更遠。此處，僧肇意在建議劉遺民再深入明瞭「有」、「無」背後之理。

（5）區別凡聖的「無知」：僧肇云：

夫智之生也，極於相內。法本無相，聖智何知？世稱無知者，謂等木石太虛無情之流。靈鑒幽燭，形於未兆，道無隱機。寧曰無知？且無知生於無知，無無知也，無有知也。無有知也，謂之非有；無無知也，謂之非無。所以虛不失照，照不失虛，怕然永寂，靡執靡拘。孰能動之令有，靜之使無耶？〔註39〕

僧肇表示，惑智的生起，來自於相。而眞諦本是無相，聖智如何有知？世間之人定義「無知」，等同木、石、太虛等無情之流。而聖智的「無知」，則是靈明鑒照至幽微之處，在沒有徵兆之前即能顯示形象，道永遠沒有隱藏的時候。由此，僧肇質問，豈可言聖智「有知」？僧肇並表示，聖智的「無知」生於「無知」，因此沒有所謂的與「無知」相對的「無知」與「有知」。聖智沒有「有知」，名爲「非有」；沒有「無知」，名爲「非無」。因此般若能虛心而不失鑑照之用，有鑑照之用卻不失虛心。淡泊寂滅，無執無拘。順此，僧肇質問，豈可在般若有鑑照之「動」時，判定聖心爲「有」？又豈可在般若寂然虛靜，冥合道體時，判定聖心爲「無」？

由此段可知，僧肇區別凡人與聖人的「無知」，並回應劉遺民所持的「聖心有異」之說。僧肇解釋眞諦本是「無相」，因而聖智是「無知」。而此「無

〔註38〕見《大正藏》冊四十五，頁156中。

〔註39〕見《大正藏》冊四十五，頁156中。

知」，不等同於木、石等無情的「無知」。事實上，聖智「無無知」，也「無有知」；是「非有」，也是「非無」。因而，有「寂」有「照」，不可單就「動」或「靜」的一端視之。

（6）引聖言再明般若「非有非無」：僧肇云：

> 故經云：「眞般若者，非有非無，無起無滅，不可說示於人。」何則？言其非有者，言其非是有，非謂是非有；言其非無者，言其非是無，非謂是非無。非有，非非有；非無，非非無。是以須菩提終日說般若，而云無所說。此絕言之道，知何以傳？庶參玄君子，有以會之耳。〔註40〕

僧肇解釋佛經：「眞般若者，非有非無，無起無滅，不可說示於人」。意謂言般若「非有」，是在說明般若並非眞的存在，並非表示般若眞的不存在；言般若「非無」，是在說明般若不是沒有存在，只是在說明般若並非眞的不存在，並非表示般若眞的存在。所以，「非有」一詞並非意謂眞的「非有」；「非無」一詞並非意謂眞的「非無」。僧肇在此，並援舉須菩提「終日說般若，而云無所說」爲例，來說明般若「非有非無」的道理，是超絕於語言文字，如此將如何傳述？因此請參悟玄道的君子要能心領神會。

此段，爲僧肇回答劉遺民有關「聖心有異」問題的小結。僧肇道出般若是「非有」、「非無」，也是「非非有」、「非非無」，是「絕言之道」，難以言傳。在此，僧肇一同往例，提供若要明瞭般若「非有非無」的方法，則是「會意」於其間。

由本對話可知，劉遺民主要持著法性論的思想，諸如「定」、「慧」有別、「至極」、「心體自然」……等觀點，來論證「聖心之異」。僧肇在行文中，逐一提證，以駁難劉遺民的謬誤之處，並闡釋「非有非無」的道理，來作爲補充說明，好讓執「有」或執「無」一端的劉遺民明瞭聖心無異，以及不二的中道。

三、討論聖心應會「無相與變」的問題——僧肇與劉遺民對話二

（一）劉遺民問二

劉遺民主要對僧肇所言聖心應會「無相與變」有意見，云：

> 疑者當以撫會應機觀變之知，不可謂之不有矣。而論旨云：「本無惑取之知」，而未釋所以「不取」之理。謂宜先定聖心所以應會之道，

〔註40〕見《大正藏》冊四十五，頁156中～下。

爲當唯照無相耶？爲當咸覩其變耶？若覩其變，則異乎無相。若唯
照無相，則無會可撫。既無會可撫，而有撫會之功？意有未悟，幸
復誨之。〔註41〕

劉遺民先表明自己的提問立場，指出用以撫化眾生、隨緣契會、適機應變的
「知」，不可稱爲「不有」，並批評〈般若無知論〉雖言「本無惑取之知」，卻
沒有解釋爲何「不取」的理由。劉遺民運用兩難的方式，加以推論。詢問「聖
心」的「應會之道」，究竟是僅照「無相」？或能盡見萬物的變化？若能盡見
萬物的變化，則有悖違眞諦無相之說；若僅能照見「無相」，則不能撫應萬物，
如此豈有「撫會之功」？

由此段可知，劉遺民以「本無惑取之知」開端的詰難，蓋取自〈般若無
知論〉答難一，〔註42〕而其「未釋『不取』之理」的質疑，則涉及〈般若無
知論〉答難四。

歸結劉遺民此段要義，主要在詰難僧肇不可既言「眞諦無相」，又言聖智
能「咸覩其變」；不可既言「有撫會之功」，又言「唯照無相」。可知，此段劉
遺民主以聖心的應會之道，來推證僧肇之說自相矛盾，而詰難之。

（二）僧肇答二

1、指出謬誤：僧肇云：

又云：「宜先定聖心所以應會之道，爲當唯照無相耶？爲當咸覩其變
耶？」談者，似謂「無相」與「變」，其旨不一。覩「變」，則「異
乎無相」。照無相，則失於撫會。然則即眞之義，或有滯也。〔註43〕

僧肇轉述劉遺民的詰難要點，爾後表示，劉遺民似乎認爲「無相」與「變」
的旨趣不同，亦即認爲聖智若能看到萬物變化，則將有違眞諦無相；聖智若
能鑑照眞諦無相，則將有違聖智有撫會之功。僧肇責斥，若果是如此，則在
體悟眞理方面，將有所滯礙。由此段可知，僧肇以「無相」與「變」，其旨同
一的即眞立場，回應劉遺民之見。

2、引聖言明「色即是空」：僧肇云：

經云：「色不異空，空不異色。色即是空，空即是色」。若如來旨，
觀色空時，應一心見色，一心見空。若一心見色，則唯色非空；若

〔註41〕見《大正藏》冊四十五，頁155中。
〔註42〕見《大正藏》冊四十五，頁153下。
〔註43〕見《大正藏》冊四十五，頁156下。

一心見空，則唯空非色。然則空色兩陳，莫定其本也。〔註44〕

僧肇蓋援引羅什所譯《摩訶般若波羅蜜經》，〔註45〕指出將「色」、「空」分別視之的謬誤。意謂依如來教義，觀「色空」時，應在一心見「色」的同時，也見到「空」。若一心見「色」，另有一心見「空」，則所觀出之境，將非「色」、「空」同一。如此，「色」、「空」截然兩陳，將不能界明佛經本意。可知此段，僧肇引聖言說明「色」與「空」相即不異，來指出劉遺民解讀出的「無相與變，其旨不一」，將致使「色」、「空」截然兩陳，不契佛典原義，也不契法性論主張「至極」的本義宗旨。

3、引聖言明「變即無相」：僧肇云：

> 是以經云：「非色」者，誠以非色於色，不非色於非色。若非色於非色，太虛則非色，非色何所明？若以非色於色，即非色不異色。非色不異色，色即為非色。故知變即無相，無相即變。群情不同，故教跡有異耳。〔註46〕

僧肇繼上一段的言說之後，並以二分法的方式，對佛經所言的「非色」，加以推論闡述，以證「無相即變」，而不是劉遺民所認為的「無相與變，其旨不一」。僧肇於文中提出命題，指出代表著「空」的「非色」，是就「色」上而言，並非離開「色」本身來言「非色」。僧肇以兩點推論證之：一、若「非色」是就「非色」上而言，則「太虛」即是「非色」，如此本身不具「色」的太虛將如何明其「非色」。二、若「非色」是就「色」上而言，如此「非色」將同於「色」。「非色」同於「色」，「色」即為「非色」，如此將能明瞭「變即無相，無相即相」。可見，僧肇推證前說「非色於非色」的矛盾，以及後說「色即為非色」的合理。僧肇最後批評，由於眾生的情見不同，所以誤以為聖人教化的道理有所不同。此處的批評語，應是在批評劉遺民等執「有」或「無」一端的詰難者，曲解了聖人教義。

4、明「覩變動，不乖無相之旨」：僧肇云：

> 考之玄籍，本之聖意，豈復真偽殊心，空有異照耶？是以照無相，不失撫會之功；覩變動，不乖無相之旨。造有，不異無；造無，不異有。未嘗不有，未嘗不無。故曰：不動等覺，而建立諸法。以此

〔註44〕見《大正藏》冊四十五，頁156下。
〔註45〕見《大正藏》冊八，頁223上。
〔註46〕見《大正藏》冊四十五，頁156下。

> 而推，寂用何妨？如之何謂覩變之知，異無相之照乎？恐談者脫謂
>
> 空有兩心，靜躁殊用，故言覩變之知，不可謂之不有耳。〔註47〕

僧肇繼上，在援引聖言明「色即是空」、「變即無相」的道理後，重新針對劉遺民所詰難的「無相與變，其旨不一」本身，來作討論。主要可分爲兩點：

一、僧肇指出，考究玄奧的佛經教理，推研參習聖人教化的本意，並沒有說眞諦與俗諦是兩種不同的心，也並沒有說，聖智有「無相」與「有相」兩種鑑照。因此，聖智照鑑「無相」，並不失「撫會之功」；觀覩事物的變動，不違眞諦「無相」的要旨。立說「有」，並不與「無」相悖；立說「無」，並不與「有」相悖，因而未嘗沒有「有」或「無」的存在。僧肇進而援引聖言，說明不離平等正覺，所以能建立諸法。如此而推，「寂」、「用」彼此並不相妨。

二、僧肇在闡述佛教眞義「寂」、「用」無妨後，質疑劉遺民何必認爲「覩變」的聖智，將有別於鑑照「無相」的聖智？僧肇並指出，恐怕是劉遺民自己誤認爲心可分「空」與「有」兩種，功用可有「靜」與「躁」之別，所以才會以爲聖人覩變動的「無知」不可謂爲「無知」。

由此段可知，僧肇藉由「考之玄籍，本之聖意」，來與劉遺民詰難的內容相對照，證明「覩變之知」無異「無相之照」，並指出劉遺民恐誤執「空有兩心，靜躁殊用」，以致不明「照無相，不失撫會之功；覩變動，不乖無相之旨」。

5、呈工夫論以釋疑：僧肇云：

> 若能捨己心於封內，尋玄機於事外，齊萬有於一虛，曉至虛之非無
>
> 者，當言：至人終日應會，與物推移，乘運撫化，未始爲有也。聖
>
> 心若此，何有可取？而曰：「未釋不取之理」？〔註48〕

僧肇此段，主要在提出有關明瞭聖心無異的工夫論，來回應劉遺民所詰難的「未釋不取之理」。僧肇表示，若能放棄自己的成見，於名言表相之外，尋求玄妙的至理，以緣起性空之理來齊視萬物的存在，明瞭「至虛」的究竟之道是「非無」，則當能體悟至人終日應會萬物，隨順事物推移，乘時運而撫化有情眾生，並非是「有爲」、「有相」、「有知」。僧肇就此質問劉遺民，聖心即是如此，那裏有「有取」之心？而劉遺民何必再言〈般若無知論〉「未釋不取之理」？

要之，就本對話中，僧肇的回應之見可知，劉遺民的詰難不足以成立。劉遺民的謬誤有二：一、在於以「不有」，來詮釋聖智的「無知」，而其「不

〔註47〕見《大正藏》冊四十五，頁156下。

〔註48〕見《大正藏》冊四十五，頁156下。

有」的內涵，卻不等同僧肇的「非有」，而是「實無」的意思。二、不知「色即是空」、「寂」與「用」無妨、「變即無相」。歸結可知，劉遺民有著「有」、「無」絕對對立的謬誤。而就僧肇的回應可知，「變即是無相」、「色即是空」、「覩變動，不乖無相之旨」。

四、討論「無當」、「無是」的問題——僧肇與劉遺民對話三

（一）劉遺民問三

劉遺民主要在詰難僧肇「當而無當」、「是而無是」之說的矛盾，云：

> 論云：「無當，則物無不當；無是，則物無不是。物無不是，故是而無是；物無不當，故當而無當」。夫「無當，而物無不當」，乃所以為「至當」；「無是，而物無不是」，乃所以為「眞是」。豈有「眞是」而「非是」，「至當」而「非當」，而云「當而無當」，「是而無是」耶？〔註49〕

劉遺民此難，主要在質疑僧肇〈般若無知論〉答難五「無當，則物無不當；無是，則物無不是」。劉遺民判定「無當，而物無不當」的「無當」是「至當」，「無是，而物無不是」的「無是」是「眞是」；判定「無當，而物無不當」的「無不當」是「非當」，「無是，而物無不是」的「無不是」是「非是」，因而詰難僧肇豈可言「眞是」是「非是」，「至當」是「非當」，甚至言「當而無當」，「是而無是」？

盧山法性論最基本的思想特性，即是認為諸法背後，有一不變的「性」，而由此段可知，劉遺民以「至當」、「眞是」來詮釋僧肇的「無當」、「無是」，並以「非當」、「非是」，來詮釋僧肇的「無不當」、「無不是」，可見此種詮釋觀點，與盧山法性論的「至極」思想相關，乃以實有論的立場，來肯定「至當」、「眞是」的絕對存在，也因此劉遺民才會質疑「是而無是」、「當而無當」的合理性。

（二）僧肇答三

1、婉轉回應：僧肇云：

> 又云：「無是」，「乃所以為眞是」；「無當」，「乃所以為至當」。亦可如來言耳。〔註50〕

〔註49〕見《大正藏》冊四十五，頁155中。
〔註50〕見《大正藏》冊四十五，頁156下。

僧肇先覆述劉遺民將「無是」、「無當」理解爲「眞是」、「至當」的文句，然後婉轉稱許劉遺民的達意。

　　2、釋名：僧肇云：

　　　　若能無心於爲是，而是於無是；無心於爲當，而當於無當者。則終
　　　　日是，不乖於無是；終日當，不乖於無當。〔註51〕

僧肇解釋「是而無是」的定義是「無心於爲是」，「當而無當」的定義是「無心於爲當」。意指，聖智終日肯定事物，但也不肯定事物；終日感應事物，但也不感應事物。由此段可知，僧肇在回應劉遺民此詰難問題時，雖然沒有直接明言劉遺民「眞是」、「至當」的謬誤，卻在本段以「無心」來爲「是而無是」、「當而無當」下定義時，已隱約的指出劉遺民「眞是」、「至當」的立說基礎並非是「無心」，有著內在矛盾成分的存在。

　　3、明「眞是」、「至當」的危機：僧肇云：

　　　　但恐「有是」於「無是」，「有當」於「無當」，所以爲患耳。何者？
　　　　若「眞是」可是，「至當」可當，則名相以形，美惡是生。生生奔競，
　　　　孰與止之？〔註52〕

僧肇繼上以「無心」定義「無是」、「無當」之後，於此段，則點出「眞是」、「至當」潛藏的危機。僧肇表示，劉遺民之說恐怕將使世人刻意執著「無是」、「無當」，使本是「無心」爲之的「無是」、「無當」，成爲「有心」爲之的「有是」、「有當」，如此將形成妄執惑見的禍患。僧肇解釋「有患」之因，在於若「眞是」眞的成爲「是」，「至當」眞的成爲「當」，則名言相狀將會形成，對事物有美、惡的分別心將會生起，不斷的競逐執著現象界假有之物，而不能止盡。可知此段，僧肇在表明，劉遺民的「眞是」、「至當」之說若能成立，即意味著先設萬物的存在是「實有」、「實無」，如此將更趨使世人偏執「有」或「無」的一端，以致「有是」、「有當」。

　　4、述聖人悟道之境：僧肇云：

　　　　是以聖人空洞其懷，無識無知。然居動用之域，而止無爲之境。處
　　　　有名之內，而宅絕言之鄉。寂寥虛曠，莫可以形名得，若斯而已矣。

　　〔註53〕

〔註51〕見《大正藏》冊四十五，頁156下。
〔註52〕見《大正藏》冊四十五，頁156下～157上。
〔註53〕見《大正藏》冊四十五，頁157上。

僧肇以聖人爲例，描述體證「是而無是」、「當而無當」之後的境界。意謂聖人心胸空虛開闊，無分別心、無惑智。身處擾攘的世間，心卻止於無爲的境域之中；身處名相充斥的環境，卻棲於無以言狀的實相之中。聖人悟道的境界無聲無色，不可言詮，即是如此。

5、明「自然」：僧肇云：

乃曰：「眞是」可「是」，「至當」可「當」。未喻雅旨也。恐「是」、「當」之生，物謂之然。彼自不然，何足以然耳？〔註54〕

僧肇表示，不明劉遺民「眞是」有一實有的「是」，「至當」有一實有的「當」的雅義。僧肇猜測劉遺民「是」、「當」之說的產生，概是根據法性論所持據的，有關物「本自而然」的「自然」要義。僧肇質問，若物自己不是體性自然，則何足以自然而然？

由此段可知，劉遺民執「眞是」、「至當」，以「無是」、「無當」爲疑，應是受法性論本質思想的影響，因此僧肇在回應中，再度對形成「至當」、「眞是」背後的「自然」說加以論破。僧肇點出法性論「自然」說的矛盾之一，在於體性既是「空」，則如何「自然」，因而「至當」、「眞是」也並非「自然」存在。

由本對話可知，劉遺民以法性論「至極」、「自然」思想來解讀僧肇的「無是」、「無當」，而質疑「眞是」豈可等同「非是」，「至當」豈可等同「非當」？僧肇則以「無心」，來說明自己思想系統中的「是而無是」，「當而無當」，以區別劉遺民以「有心」立場定位的「眞是」、「至當」。僧肇並點出，劉遺民「眞是」、「至當」的立說觀點，將生起「名相以形」、「美惡是生」的惑患，並質疑萬物本是性空「不然」，何能自然。由此可知，僧肇在本對話中的回應，必也間接點出法性論「至極」、「自然」思想本身俱有的內在矛盾性，而有駁正的意味。

五、僧肇總答

僧肇在回應劉遺民三個問題後，於文末云：

夫言迹之興，異途之所由生也。而言有所不言，迹有所不迹。是以善言言者，求言所不能言；善迹迹者，尋迹所不能迹。至理虛玄，擬心已差。況乃有言，恐所示轉遠。庶通心君子，有以相期於文外耳。〔註55〕

〔註54〕見《大正藏》冊四十五，頁 157 上。
〔註55〕見《大正藏》冊四十五，頁 157 上。

僧肇指出,言語迹相的生起,是歧見殊途產生之由。言語有所不能言詮之語,迹相有不能顯示的迹相,因此善於言說者冀求表達言語所不能詮解之理,善於由形迹尋求形迹者,常尋求形迹所不能留形迹之處。僧肇進而表明,至理本身虛無玄妙,若心有異想分別,即有差錯,何況滯著文字表相來表達或理解,則將更遠離眞義。期望有心悟理的仁德君子能會意文外之旨。〔註56〕

僧肇此段話,總結對劉遺民發難的回應之見。強調至理難以言詮,唯有會意語言文字背後的眞義才是。

本節,主要在探討僧肇與劉遺民的對話內容,亦即在探討劉遺民〈劉遺民書問〉與僧肇〈答劉遺民書〉書信往返的要義,可謂是僧肇〈般若無知論〉的附錄與補充資料。對話的內容,主要在討論僧肇〈般若無知論〉中較易令劉遺民不解之處,可分爲三:第一對話,主要在討論「聖心之異」的問題;第二對話,主要在討論聖心應會「無相與變」的問題;第三對話,主要在討論「無當」、「無是」的問題。由於劉遺民是廬山法性論者慧遠的弟子,其法性論的思想背景與僧肇的中觀般若思想迥異,因而在與僧肇書信對話的過程中,可反映出法性論者思想未周圓之處。諸如在第一對話中,劉遺民持有「定」、「慧」有別、「至極」、「心體自然」……等觀點,來詰難「聖心之異」。而在第二對話中顯見,劉遺民持有「有」、「無」絕對對立的謬誤。而在第三對話中可知,劉遺民以法性論「至極」、「自然」思想來解讀僧肇的「無是」、「無當」。其中,僧肇皆以般若中觀思想回應之,客觀合理的點出劉遺民等法性論者的謬誤。此外,僧肇在回應劉遺民諸問題之後,並強調至理難以言詮,須「相期於文外」。

第四節 〈般若無知論〉釋疑

僧肇〈般若無知論〉,主要在闡述「般若」的思想。誠如劉遺民有感此文

〔註56〕 呂澂評僧肇有關「虛心實照」的思想時說:「僧肇當時原有不少的典據可以用來作解釋,但是,他在文字上並沒有能徹底發揮,所以劉遺民、慧遠等對論文還是發生了疑問。僧肇答他們的信,也感到用語言不易完全表達,只能說『相期於文外』」。(見呂澂:《中國佛學思想概論》,臺北:天華出版社,1982年初版,頁118～119)估不論呂氏對僧肇「虛心實照」的理解是否恰當,若就呂氏根據僧肇「相期於文外」,而理解爲僧肇在文字上沒能徹底發揮的疏失,甚至有講不清楚的疏失,呂氏此說恐有待商榷。

「理微者辭險，唱獨者應希」，〔註57〕而有「不解」文意的諮難行動，想必「不解」僧肇微言大義亦是一種古今的普遍效應。以下茲分四點討論，希冀能多少釐清〈般若無知論〉一些難解之處。

一、般若「無知」釋名

〈般若無知論〉一文，僧肇不僅以「般若無知」來命題，並且在全文中，普遍以「知」、「無知」等術語，來論證般若的「無知」，以成就闡述般若的撰作動機。充斥全文的「無知」，在不同的語境，實有不同的義涵，卻易令人滯於文字表相，而曲解僧肇的原義，因此有必要辨析之。

〈般若無知論〉中所談及的「無知」概念，就所專屬的對象而言，可分為兩種：一、指般若的「無知」；二、指世人的「無知」。有關般若的「無知」，主要是指般若本身「無」世人妄見的「惑智」。此「般若無知」語境中的「知」是名詞，指世人的惑智，是與聖智相對待的一組概念，而「無」則是用來描述般若之為般若，在於本身不含惑智。因而此處的「般若無知」，主要意謂著般若不含惑智。此外，有關世人的「無知」，主要是指世人「無聖智」。其中，就「無聖智」的等級而言，可再二分為充斥妄見的「無知」，以及像木石般無情、一無所知的「無知」。〔註58〕由此段可知，般若的「無知」與世人的「無知」，不可等同而喻。

二、般若「無知」內涵

在〈般若無知論〉中，僧肇主要是以「無知」來描述形而上、難以言喻、「實而不有，虛而不無」的「般若」。其「無知」的顯著代稱，計有「無知，而無不知」、「知即無知，無知即知」、「無知知」、「不知之知」……等；其微言代稱，計有「無心心」、「無應應」、「是而無是」、「當而無當」……等。從中可見，僧肇傾向於運用[（－A）^－（－Ã）]的雙遣法，以及（"A即B"）的雙存法來表述般若的「無知」，教人在兩難的語句中，不偏「知」或「不知」的一端來理解般若。此外，從以上般若「無知」的種種同義異名的稱謂中可知，般若能「無知」的關鍵處，在於無分別、無執取。此種說法，在〈般若

〔註57〕見劉遺民：〈劉遺民致問〉，《大正藏》冊四十五，頁155上。
〔註58〕僧肇〈答劉遺民書〉云：「世稱無知者，謂等木石太虛無情之流。」（見《大正藏》冊四十五，頁156中）

無知論〉中已有詳明，可見於本章二、三節，而在僧肇《注維摩詰經》中也有提及。以下茲舉二則，以作爲補充之見，如：

> 夫有由心生，心因有起。是非之城，妄想所存。故有無殊論，紛然交競者也。若能空虛其懷，冥心眞境。妙存環中，有無一觀者。雖復智周萬物，未始爲有。幽鑑無照，未始爲無。故能齊天地爲一旨，而不乖其實；鏡群有以玄通，而物我俱一。物我俱一，故智無照功；不乖其實，故物物自同。故經曰：聖智無知，以虛空爲相。諸法無爲，與之齊量也。故以空智，而空於有者，即有而自空矣。豈假屏除，然後爲空乎？上空智空，下空法空也。直明法空，無以取定，故內引眞智，外證法空也。〔註59〕

僧肇解釋「有無殊論，紛然交競」之因，在於「有」由心生，心因「有」起，是非之城，皆由分別心的妄執導致，因此若偏執「有」或「無」一端，將有紛紛相競相較優劣的歧說。僧肇在說明歧說皆來自於有分別的偏執一端之說後，提出建議，認爲若能空虛其懷，冥悟眞境，妙守中道，來審觀「有」、「無」，則能夠明瞭能知之智雖然普照萬物，萬物並非眞的存在。此外，也能明瞭，幽察內省其心，沒有洞鑑萬物的照用時，聖智也並非表示不存在。因而體道者能齊天地之道爲一旨，而不悖違其究竟眞理，因此可知物物皆是相同；照鑑萬物以玄通，因而物我俱一，因此可證聖智沒有鑑照之功。僧肇援引聖言說明，聖智無知，以虛空爲相。諸法無爲，與天地齊量。是故，能知之智以「空智」而「空」於萬有，即萬有而能體「空」，豈待摒除萬有，才是「空」？僧肇並表示，上空是「智空」，下空是「法空」。若要直明「法空」，將不易說明，因而內引「眞智」，以外證「法空」。

由此段可知，僧肇雖提及「智空」、「法空」等〈般若無知論〉未提及的術語，但其內容要義其實與〈般若無知論〉相互呼應，建議求道者要能「空虛其懷，冥心眞境」，妙存緣起性空之理的「環中」，「有無一觀」，如此將能「聖智無知」、「虛空爲相」。僧肇又云：

> 智之生也，起於分別。而諸法無相，故智無分別。智無分別，即智空也；諸法無相，即法空也。以智不分別於法，即知法空已矣。豈別有智空，假之以空法乎？然則智不分別法時，爾時智法俱同一空，無復異空。故曰：以無分別爲智空，故智知法空矣，不別有智空以

〔註59〕見《注維摩詰經》卷五，《大正藏》冊三十八，頁 372 下。

空法也。〔註60〕

僧肇直明，惑智的產生，起於分別之心。諸法無相，因此知見將無分別，如此即是「智空」；諸法無相，即是「法空」。僧肇解釋「法空」之因，在於能知之智不分別於諸法，如此豈另有一「智空」假藉「空法」，來使「法空」。僧肇進一步申論，若能知之智不分別諸法時，則將致使能知之智與所知之境皆臻於「一空」，不再另有「異空」。因此，以無分別爲「智空」，則能使能知之智知曉「法空」，不另有一智空來致使「空法」。此段，僧肇主要強調「無分別」的重要。若能「無分別」，則能使能知之智成「智空」，而所知之境亦隨能知之智於法上的無分別，而成爲「法空」。並非另有一「智空」假以「空法」，來使「法空」。

　　由《注維摩詰經》的這兩段引文，即可明瞭僧肇在建構般若「無知」之說時，主以「無分別」來舖展「眞諦」無相、聖智「無知」。而僧肇「無知」、「無分別」之說，也恰與其師羅什的般若思想相互呼應。〔註61〕

由上可知，般若「無知」的內涵，主要在於沒有分別心，所以能不執一切，而知一切。

三、般若本具「無知」

　　般若的「無知」，是否有等級次第之分？是否等同陳・慧達所言「心法研修，於今成悟，眾相皆絕」，〔註62〕要透過「研修」的過程才能「成悟」？或依陳・慧達評僧肇有小頓悟說和七地以上「始悟無生」的思想，〔註63〕而判定般若的「無知」有等級？或像呂澂認爲，僧肇所講的般若，是在八地以上能夠任運後得智的階段？〔註64〕

〔註60〕見《注維摩詰經》卷五，《大正藏》冊三十八，頁 373 上。
〔註61〕如羅什在面對姚興「聖人三達觀」的詰問時，以「不住般若」的說法回應之，恰等同僧肇所闡明的般若「無知」、「無取」、「無爲而無不爲」等（參唐・道宣：《廣弘明集》卷十八，《大正藏》冊五十二，頁 228 下）。
〔註62〕見《卍續藏》冊一五○，頁 875 下～876 上。
〔註63〕參陳・慧達注僧肇〈涅槃無名論〉，《卍續藏》冊四十五，頁 833 上～869 上。
〔註64〕呂澂說，僧肇將般若區分出「根本智」與「後得智」，以二者來解釋般若的「寂」、「照」關係。呂澂並言，僧肇在『根本』、『後得』中分了若干層次。其初對無分別智的運用是著意的」；「到了成熟的階段，就不用著意，可以任運自在。這個階段，相當於十地修習中的第八地」。呂氏就此表示，「僧肇在〈般若無知論〉中講到的般若，是在八地以上能夠任運後得智的階段。所以他說：『以聖心無知，故無所不知；不知之知，乃曰一切知。』」（見呂澂：《中國佛學思

考察〈般若無知論〉文意，就「眞般若者，清淨如虛空」、「聖人未嘗不有知」、「般若體性眞淨，本無惑取之知」、「眞諦自無相，眞智何由知」、「聖人……以虛無爲體」、「聖心虛靜，無知可無」……等句，〔註65〕可知般若之爲般若的條件，在於「無知」，亦即本身不含惑智，所以成爲般若。因此，般若的「無知」，不取決於能知之智否定所知之境中事物存在的「無相」致成，而是在於般若本具。由此可知，僧肇的般若「無知」，並無等級次第的概念。

若般若本具「無知」，則爲何陳・慧達會認爲般若是「心法研修，於今成悟」？考其根據，在於僧肇〈般若無知論〉「問答料簡」前的「正標般若宗旨」部分，曾提及：

> 聖人虛其心而實其照，終日知而未嘗知也。故能默耀韜光，虛心玄鑒，閉智塞聰，而獨覺冥冥者矣。

此段，僧肇原義在描述體道的聖人，由於心能虛，所以能如實鑑照四方，終日有「知」的活動進行，卻未曾沾染惑智俗見。陳・慧達評此段，同《老子》意旨，並注「虛其心」爲「除有無之心」。〔註66〕如此，將產生兩個問題：

其一，聖人之爲聖人，是否會進行「『除』有無之心」的活動？筆者認爲進行「『除』有無之心」的活動，是在聖人之爲聖人前便告完成。同如般若若有「去智」的活動，此活動必是般若成爲般若前便告完成。因此當「虛其心」銜接上「聖人」時，應是在描述聖人的心有著虛靜的狀態。

其二，僧肇此段文意，是否等同《老子》？此問題，若就上一段「其一」內容可知，聖人沒有「『除』有無之心」的活動，即可證明僧肇此段與《老子》不同，因而元・文才也認爲此段「文似老書，義意實殊」。〔註67〕

由以上可知，般若的「無知」是本具，並沒有等級次第之別。

想概論》，臺北：天華出版社，1982 年初版，頁 119）
〔註65〕見僧肇：〈般若無知論〉，《大正藏》冊四十五，頁 153 下～154 下。
〔註66〕陳・慧達注〈般若無知論〉「虛其心，實其照」時云：「《老子》云：虛其心，實其腹。注釋：心懷智，而腹懷食也。今意亦然。『虛』有無心，而『實』無智。今無智，名『照』者，申云：照云：神凝智滅，心冥如寂，無智不者，強謂之照。何者？心法研修，於今成悟，眾相皆絕。」（見《卍續藏》冊一五〇，頁 875 下～876 上）
〔註67〕文才注僧肇「聖人虛其心」此段，認爲「文似老書，義意實殊。『虛心』者，無知相故；『實照』者，有照用故。『終日』下，知即無知故。『默耀』下正顯無相。但般若之體了非分別。……『閉智』下智及聰，屬能證之智，冥冥，屬所證之理。以智證理，返照歸寂。亦義言閉塞。……寂用雙融，實相般若，該於一切。」（見元・文才《肇論新疏》卷二，《大正藏》冊四十五，頁 214 中）

四、就「無知」說論僧肇思想與道、玄的關係

僧肇思想與道、玄的關係，向來是學界關注的焦點。〈不眞空論〉與〈物不遷論〉，主要是就所知之境來顯豁諸法實相，由其文意中明顯蘊涵著緣起性空的核心思想，而可與道、玄之間劃清血緣關係。但是僧肇〈般若無知論〉，主要是藉由「無知」來描述「般若」的本質，其「無知」說與道、玄的「無知」說，不僅彼此「無知」的「知」的內涵相同，連行文的語彙也相似，再加上般若非「緣求」可得，〔註68〕不能直接以因緣法交待與道、玄之別，如此，即令人易於致信，僧肇思想與道、玄同屬一學說系統，或令人易於致信，僧肇的「無知」說與道、玄之間，有著實質相承的關係。

道家的「無知」說，諸如老子以「無知無欲」教民，提及「滌除玄覽」〔註69〕的認識原則，並提及「爲道日損」〔註70〕、「夫唯無知，是以不我知」〔註71〕、「知不知，上；不知知，病」；〔註72〕《莊子》爲「無知」提出重要的理論依據「吾生也有涯，知也無涯，以有涯隨無涯，殆已。已而爲知者，殆而已矣」，〔註73〕並提及「唯道集虛，虛者，心齋」〔註74〕、「無知知」，〔註75〕以及「且夫知不知論極妙之言，而自適一時之利者……」。〔註76〕玄

〔註68〕 僧肇〈般若無知論〉云：「以緣求智，智非知也。」（見《大正藏》冊四十五，頁 154 上）

〔註69〕 見《老子》章十，樓宇烈校釋：《王弼集校釋》，臺北：華正書局，1992 年 12 月初版，頁 23。

〔註70〕 《老子》章四十八云：「爲學日益，爲道日損。損之又損，以至於無爲。無爲，而無不爲。」（見樓宇烈校釋：《王弼集校釋》，臺北：華正書局，1992 年 12 月初版，頁 127～128）

〔註71〕 《老子》章七十云：「吾言甚易知，甚易行，天下莫能知，莫能行。言有宗，事有君。夫唯無知，是以不我知。知我者希，則我者貴，是以聖人被褐懷玉。」（樓宇烈校釋：《王弼集校釋》，臺北：華正書局，1992 年 12 月初版，頁 176）。

〔註72〕 見《老子》章七十一，樓宇烈校釋：《王弼集校釋》，臺北：華正書局，1992 年 12 月初版，頁 179。

〔註73〕 見《莊子・養生主》，清・郭慶藩輯《莊子集釋》，臺北：漢京書局，1973 年 9 月初版，頁 115。

〔註74〕 《莊子・人間世》云：「若一志，無聽之以耳，而聽之以心。無聽之以心，而聽之以氣。聽止於耳，心止於符。氣也者，虛而待物者也。唯道集虛，虛者，心齋也。」（清・郭慶藩輯《莊子集釋》，臺北：漢京書局，1973 年 9 月初版，頁 147）

〔註75〕 見《莊子・人間世》，清・郭慶藩輯《莊子集釋》，臺北：漢京書局，1973 年 9 月初版，頁 150。

〔註76〕 見《莊子・秋水》，清・郭慶藩輯《莊子集釋》，臺北：漢京書局，1973 年 9

學的「無知」說，諸如王弼的「用智不及無知」〔註77〕、「道……，體之不可得而知」〔註78〕、郭象的「以不知爲宗」〔註79〕等。從中可見道、玄「無知」說的共通內涵，在於要去掉有雜染、有爲的俗智。

僧肇的「無知」說，主要在描述「般若」的本質，本是「無知」、「不取」、「無分別」、「無爲而無不爲」……等。雖然與道、玄相同，皆談及「閉智塞聰」，僧肇的「無知」說卻不同於道、玄的工夫義涵，而是在描述得道聖人的境界。因此，品讀僧肇的般若「無知」說，不能依循老、莊的思想路線，而是必須進入僧肇的思維模式系統來作理解工夫。

由此可知，道、玄與僧肇的「無知」說，其「知」的內涵，雖然皆指惑智，但是兩者「無知」說的不同之處，在於僧肇所闡述的「無知」的所屬對象，是般若，亦即「眞智」、「能知」之智、「聖智」。「無知」是般若本具，毋須外求，毋須像道、玄須透過「去智」的工夫才得。相反的，道、玄的「無知」說，不管是究極描述聖人「無知」的境界，或是勸導求道者要有「去智」的工夫，其側重的面向，皆在強調要在心上，透過一番「無心」的「滌除玄覽」工夫，諸如「墮肢體，黜聰明，離形去智，同於大通」等，使心神靜，無惑智，來契合大道。

本節，旨在釋疑〈般若無知論〉中的一些疑點，主要分成四個部分作探討：一、對般若「無知」的「無知」加以釋名；二、探討般若「無知」的「無知」內涵；三、強調般若本具「無知」；四、就「無知」說來探討僧肇思想與道、玄的關係。由本節的釋疑可知，般若「無知」的「無知」，主要是用來描述形而上、難以言喻、「實而不有，虛而不無」的「般若」。其「無知」義是「無知，而無不知」、「知即無知，無知即知」、「無知知」、「不知之知」、「無

月初版，頁601。

〔註77〕王弼注《老子》章二十五云：「自然者，無稱之言，窮極之辭也。用智不及無知，而形魄不及精象……。」（見樓宇烈校釋：《王弼集校釋》，臺北：華正書局，1992年12月初版，頁65）

〔註78〕見王弼《老子指略》，樓宇烈校釋：《王弼集校釋》，臺北：華正書局，1992年12月初版，頁195。

〔註79〕郭象注《莊子・大宗師》「知天之所爲者，天而生也」時云：「天者，自然之謂也。夫爲爲者不能爲，而爲自爲耳；爲知者不能知，而能自知耳。自知耳，不知也，不知也，不知也則知出於不知矣；自爲耳，不爲也，不爲也則爲出於不爲矣。爲出於不爲，故以不爲爲主；知出於不知，故以不知爲宗。是故眞人遺知而知，不爲而爲，自然而生，坐忘而得，故知稱絕而爲名去也。」（見清・郭慶藩輯《莊子集釋》，臺北：漢京書局，1973年9月初版，頁224）

心心」、「無應應」、「是而無是」、「當而無當」等。易言之，般若會「無知」，原因在於般若本是沒有分別心、本是不執取，亦即，般若本具「無知」。而吾人若就「無知」說來探討僧肇思想與道、玄的關係，則可知道、玄「無知」說的「無」是動詞，是去掉有雜染、有爲的俗智，而僧肇「無知」說的「無」則是述詞，意在描述般若本身不含惑智。由此可知，僧肇思想不可與道、玄體系同質論定。

第五節　小　結

　　〈般若無知論〉是僧肇首篇著作。完稿後，廬山法性論者劉遺民曾以書信致問，僧肇並詳加回應之，以致僧肇另著〈答劉遺民書〉。因此本章在探討〈般若無知論〉的思想時，也涵括劉遺民與僧肇有關般若的對話內容。

　　本章第一節，主要在探討〈般若無知論〉的撰作緣由與撰作方式。從中可知，〈般若無知論〉是僧肇有感宣說般若的佛教譯經「文義舛雜」、時人曲解般若空義，以及自身多所領悟而作，可謂是一篇闡述「般若」思想的文章。而僧肇的撰作方式，主要是藉由難答的筆法，假難方、答方來進行般若思想的對辯討論。難方，代表著「尋文求實」而執「實有」、執「實無」者，而答方的回應，則代表著承繼大乘中觀學來立說的僧肇，其個人對般若的認知與看法。此外，僧肇並訴諸「狂言」的表達方式。

　　本章第二節，主要是析義〈般若無知論〉，抉微該篇的宗旨與問答料簡部分。從中可知，〈般若無知論〉的宗旨，主要在闡明般若是「實而不有，虛而不無」，是「無知」的道理，而般若的「無知」，並非什麼都不知道，而是意謂不含惑智。而關於〈般若無知論〉的問答料簡部分，主要在以難答的方式，討論聖智是否「無知無會」；討論「無知而無不知」；討論是否可「以緣求智」；討論「聖智無知」與「不取」的關係；討論「無是無當」與「聖心無所不知」的關係；討論聖人「無相」；討論聖心有否生滅；討論聖智與惑智之別；討論「般若之內」的「寂」與「用」等。可見，僧肇藉由九難九答思想互動的方式，將般若的要義深刻闡述，諸如：般若是「無知無會」、「知即無知，無知即知」、真諦非「緣法」所生，般若非以緣可求、「知，即不取」、「是而無是」、「當而無當」、「無無相」、「無心心」、「無應應」，又如般若與真諦不一不異，或「用即寂，寂即用」……等，化解世人對般若不解的迷團，並駁正偏執「有」

或「無」一端者的謬誤。

本章第三節，主要在探討僧肇與劉遺民的對話內容，亦即在探討劉遺民〈劉遺民書問〉與僧肇〈答劉遺民書〉書信往返的要義，可謂是僧肇〈般若無知論〉的附錄與補充資料。對話的內容，主要在討論僧肇〈般若無知論〉中較易令劉遺民不解之處，諸如討論「聖心之異」的問題；討論「無相與變」的問題；討論「無當」、「無是」的問題。從僧肇與劉遺民的書信內容可知，這可謂是一場法性論與大乘中觀學的對話。原因在於，劉遺民所諮難的問題點，常是僧肇般若思想與廬山法性論「至極」、「自然」等思想相衝突之處，而劉遺民所持有的「有」、「無」絕對對立的觀點，或是「定」、「慧」有別、「至極」、「心體自然」等觀點，皆代表法性論的思想，因此從僧肇的回應可知，僧肇不僅駁正劉遺民個人的思想謬誤，也間接點出法性論思想本身的內在矛盾性。僧肇書信回應的要點有三：一、聖心無異；二、「無相即變」；三、「是而無是」、「當而無當」並沒有矛盾。此外，僧肇在回應劉遺民諸問題之後，並強調至理難以言詮，必須「相期於文外」。

本章第四節，主要是將〈般若無知論〉中較令人費解之處，加以澄釋。主要可分成四個部分：一、對般若「無知」的「無知」加以釋名；二、探討般若「無知」的「無知」內涵；三、強調般若本具「無知」；四、就「無知」說來探討僧肇思想與道、玄的關係。由本節的釋疑可知，般若「無知」的「無知」，主要是用來描述形而上、難以言喻、「實而不有，虛而不無」的「般若」。其「無知」義是「無知，而無不知」、「知即無知，無知即知」、「無知知」、「不知之知」、「無心心」、「無應應」、「是而無是」、「當而無當」等。此外，由於般若本是沒有分別心，本是不執取，因此般若本具「無知」。而吾人若就「無知」說來探討僧肇思想與道、玄的關係，則可知道、玄與僧肇「無知」說的「知」的義涵是相同，其「無」則不同，因此僧肇思想不屬道、玄的體系。

由本章的探討可知，僧肇會首作〈般若無知論〉，後才相繼作〈不真空論〉、〈物不遷論〉，以及〈涅槃無名論〉，當是僧肇深感自己所承繼的龍樹空宗思想並非易於讓時人知解，再加上僧肇思想立定的基礎，本是般若空宗，因而會首作〈般若無知論〉，來闡明般若無知之理，應是有理可尋。

第三章 〈不眞空論〉探析

　　〈不眞空論〉，〔註1〕據梁・慧皎《高僧傳》〔註2〕所載，是僧肇繼〈般若無知論〉後的著作。〔註3〕僧肇在〈不眞空論〉中，主要在闡明「空」的道理，亦即在闡明所知之境是緣起性「空」之理，恰與〈般若無知論〉所欲闡明的能知之智相互呼應。

　　僧肇所欲闡明的「空」的道理，並非是世人以爲的「實無」，而是指萬物的存在是「不眞」。這是萬物的根本道理，卻也是難以言說與理解，因此本章將回歸〈不眞空論〉，闡釋僧肇所言詮的「空」義，並且對相關詮釋議題作一探討。

第一節 〈不眞空論〉的撰作緣由

　　誠如僧肇所言，「道不虛應，應必有由」，〔註4〕道理的闡述，往往背後有其相應的動機。僧肇〈不眞空論〉的撰作緣由：

〔註1〕見《大正藏》冊四十五，頁152上～153上。本章，凡引文引自〈不眞空論〉者，其出處多不贅言。

〔註2〕見《大正藏》冊四十五，頁365中。

〔註3〕Richard H. Robinson 介紹〈不眞空論〉：「按本論係寫於西元409年或是其後之某時，然此論之體裁與〈般若無知論〉之論辯式體裁有異，完全以著者一人之陳述來表達。」（見 Richard H. Robinson 著，郭忠生譯：《印度與中國的早期中觀學派》，南投：正聞出版社，1996年12月，頁232）Robinson 之說，可資參考。

〔註4〕見〈般若無知論〉，《大正藏》冊四十五，頁152上。

> 然則物我同根，是非一氣，潛微幽隱，殆非群情之所盡。故頃爾談
> 論，至於虛宗，每有不同。夫以不同而適同，有何物而可同哉？故
> 眾論競作，而性莫同焉。

「物」與「我」、「是」與「非」，從萬物的根本道理上而言，是相同的。但是這樣微妙深奧的道理，並非世人可通透理解，因此世人對於大乘空宗學說的理解程度也有所不同。僧肇就此點出世人以不同的理解程度來詮釋「空」義，豈會有相同的義涵？是故，諸家競相造論立說，對於萬物性空之理各有所觀，有著種種異說的詮解。僧肇茲舉六家七宗中最具有代表性的心無、即色、本無等三宗爲例：

（一）心無宗

僧肇評論心無宗，云：

> 心無者，無心於萬物，萬物未嘗無。此得在於神靜，失在於物虛。

僧肇標明，對萬物「無心」是心無宗詮「空」的方式。亦即，心無宗並不否認客觀的萬物並非不存在。該宗的優點是，側重主體的寂然神靜工夫；缺點是，不知物本身即是「空」的道理。可見，心無宗肯定萬物是「實有」的存在，其詮「空」的方式，是「心空境不空」，全然偏重於主體在心上所下的「神靜」功夫，去掉異想，無著外境，絲毫不分辨萬物存在的眞僞，並且不明萬物性空之理。

（二）即色宗

僧肇評論即色宗，云：

> 即色者，明色不自色，故雖色而非色也。夫言色者，但當色即色，
> 豈待色色而後爲色哉？此直語色不自色，未領色之非色也。

僧肇標明，明白「色不自色」，因而「雖色而非色」，是即色宗詮「空」的方式。僧肇表示，所謂「色」，是「當色即色」，毋須等待「色色」才成爲「色」。僧肇由此批評，即色宗詮「空」，勝處在於明瞭「色」是「假有」，是有待的「不自色」，缺處在於未領會「色之非色」，色的本性即是空寂。

（三）本無宗

僧肇評論本無宗，云：

> 本無者，情尚於無，多觸言以賓無。故非有，有即無；非無，無亦
> 無。尋夫立文之本旨者，直以非有非眞有，非無非眞無耳。何必非

有無此有，非無無彼無？此直好無之談，豈謂順通事實，即物之情
哉？

僧肇標明本無宗詮「空」的方式，在否定相對的「有」、「無」概念，而將一切存在的可能性，皆歸於「無」。僧肇解釋如法的「空」義，是「非有非眞有，非無非眞無」，由此批評本無宗將萬物的存在與否，皆歸於「無」的詮「空」方式，未能通達事理，窮究物性的實情。

就僧肇以上的評論可知，心無宗的詮「空」方式，是不否定萬物的存在，認爲只要認知主體不執著於外境，有著「內止其心」、「內停其心」的修心功夫，使心寂然神靜，則能體「空」。該宗的謬誤，有二：一、認爲現象界的萬物是眞實存在；二、偏執認知主體的「心無」工夫，未能針對現象界的萬物，去體會「空」的道理。而即色宗的詮「空」方式，在於知曉萬物沒有自性，是有待因緣和合而成，是「假有」。該宗的謬誤在於，雖然明白萬物「雖色而非色」的「假有」，卻太過執著「待色而後爲色」的詮「空」論據，未能明瞭「假有」的萬物當下即是「空」。此外，本無宗「多觸言以賓無」，將一切皆歸於「無」。該宗的謬誤，在於太過「好無之談」。可知這三家詮「空」的程度有別，其共通疏失，在於各執「有」、「無」的一端，離物體空。

僧肇駁正三宗後，提出正義：

夫以物物於物，則所物而可物。以物物非物，故雖物而非物。是以
物不即名而就實，名不即物而履眞。

僧肇闡述假名的觀念，意謂「物」雖有名稱，卻不表示即具有該「物」名的實質內容，反之，有「物」的實質內容，卻也不表示有著與該物實質內容相應的「名」。因此，「物」並非名實相符。僧肇並云：

然則眞諦獨靜於名教之外，豈曰文言之能辨哉？然不能杜默，聊復
厝言以擬之。

語言有應用的困限，不能言詮超乎名言概念的眞理。僧肇表示，又不能保持靜默，因此暫且「厝言以擬之」。此段，可與僧肇《注維摩詰經》相呼應：

眾生本空，不能自覺，故爲說斯法，令其自悟耳，豈我有彼哉？
〔註5〕

僧肇解釋眾生不能自覺「空」的道理，因而說法，使其自悟。這與僧肇著〈不眞空論〉的用意相同。

〔註 5〕見《注維摩詰經》卷六，《大正藏》冊三十八，頁 384 中。

由本節可知，僧肇的撰作緣由，在於有感世人「至於虛宗，每有不同」、「眾論競作，而性莫同」的分歧亂象，諸如六家七宗的心無、即色、本無等三宗詮「空」的偏差，但僧肇又深明眞理甚深微妙，難以言詮，因此假以「文言」，以廓清般若三宗、以及世人對「空」的偏頗。

第二節　僧肇「不眞空」義

僧肇「空」的概念，有四種類型，分別關涉境界論、宇宙論、本體論，以及作爲駁正對象的俗智。第一種類型，是境界的描述，如僧肇於〈般若無知論〉中所指稱的聖智所觀之境，或是於〈涅槃無名論〉中，用來描述聖人成正果、登得彼岸的涅槃境界。其餘三種，則分別指涉現象界背後的實相、萬物緣起性空的本質，以及世人所認知的「實無」。後三種「空」的概念，僧肇主要於〈不眞空論〉中，以「不眞空」一詞加以通貫論述之。

僧肇〈不眞空論〉主要可分成「序文」與「正文」兩部分，〔註6〕彼此相互呼應。在「序文」中，僧肇首先標明「空」的定義，爾後駁斥心無、即色、本無宗等異見，繼而導出撰作論意。而「正文」的起頭，即在僧肇的撰作論意後，加以開展。本節即分別針對「序文」、「正文」中，僧肇所闡明的「空」的道理作一探討。

一、序　文

（一）明「空」的定義

僧肇於篇首開宗明義表示：

> 夫至虛無生者，蓋是般若玄鑑之妙趣，有物之宗極者也。

僧肇以「至虛無生」代稱「空」，意謂「空」是聖智所觀之境，是萬物的本質。

（二）體「空」的方法

1、「契神於有無」

僧肇云：

> 自非聖明特達，何能契神於有無之間哉？

僧肇引出「有無」的概念，說明「空」在「有無之間」，唯有聖人特具的通達

〔註6〕唐·元康《肇論疏》介紹〈不眞空論〉的結構：「此論文有二章。先序，後正。」（見《大正藏》冊四十五，頁170下）筆者參之。

智慧，才能在「有無之間」體悟「空」的道理。

2、「即萬物之自虛」

僧肇舉至人爲例：

> 是以至人通神心於無窮，窮所不能滯；極耳目於視聽，聲色所不能
> 制者。豈不以其即萬物之自虛？故物不能累其神明者也。

僧肇以「即萬物之自虛」，描述至人體「空」之後，儘管「通神心」、「極耳目」，皆能暢順而無所滯礙，任何事情皆不能勞累其神明。

（三）體「空」的境界

僧肇云：

> 是以聖人乘眞心而理順，則無滯而不通；審一氣以觀化，故所遇而
> 順適。無滯而不通，故能混雜致淳；所遇而順適，故則觸物而一。
> 如此，則萬象雖殊，而不能自異。不能自異，故知象非眞象；象非
> 眞象，故則雖象而非象。

「混雜致淳」、「觸物而一」，是契入「空」義後的聖人所朗現的生活智慧，以及所見的諸法實相。儘管萬象多麼千差萬別，聖人皆能明瞭「象非眞象」的諸法實相。

可知，僧肇於序文，分三步驟明「空」，先是標明「空」的定義，爾後以聖者爲例，提供體「空」的方法，進而描述體「空」後的境界。

二、正 文

僧肇在「序文」提綱挈領明「空」之後，並在「正文」中，反覆申論「空」的道理。

（一）以「非有非無」詮「空」

「空」的道理難以言詮，因此僧肇藉由世人對萬物存在認知的「有無」概念，以遮撥的方式說明「非有非無」，以闡明「空」的道理。僧肇細分幾點：

1、引聖言明「非有非無」

僧肇援引聖言，作爲闡明「非有非無」的立論依據：

> 《摩訶衍論》云：諸法亦非有相，亦非無相。《中論》云：諸法不有
> 不無者，第一眞諦也。

《大智度論》說，諸法沒有存在的相，也沒有不存在的相。《中論》說，諸法

「不有不無」，是第一眞諦。要之，二經皆以雙遮的方式，說明諸法實相是「非有非無」。

2、說明體「非有非無」的方法

僧肇繼上一段聖言的立說之後，進而提供明瞭「非有非無」道理的方法。

（1）非「滌除萬物」

僧肇云：

> 尋夫不有不無者，豈謂滌除萬物，杜塞視聽，寂寥虛豁，然後爲眞諦者乎？

此段，僧肇意有所指。意謂尋求「不有不無」的眞諦，並非要像心無宗在心上滌除對萬物的執著、杜絕耳目對外界的接觸，非僅藉由內心的神靜工夫來獲悉。

（2）「即物順通」、「即僞即眞」

僧肇云：

> 誠以即物順通，故物莫之逆；即僞即眞，故性莫之易。性莫之易，故雖無而有；物莫之逆，故雖有而無。雖有而無，所謂非有；雖無而有，所謂非無。

就萬物本身來瞭解其存在的玄妙，將不會違逆萬物本身的道理。假有的俗諦即是眞諦，因此物的「性」空之理不曾改變。僧肇就此以互文的方式，說明物的「性」空之理不曾改變，以致物即使不存在，也是存在，因此是「非無」；同理，不違逆萬物本身的道理，則物雖然存在，卻也是不存在，因此是「非有」。此段，僧肇主要是以「即」的連結，說明要曉得「非有非無」的道理，則必須「即物順通」、「即僞即眞」，不離萬物本身，也不離「假有」的現象界。

（3）「即萬物之自虛」

僧肇並云：

> 如此，則非無物也，物非眞物。物非眞物，故於何而可物？故經云：色之性空，非色敗空。以明夫聖人之於物也，即萬物之自虛，豈待宰割以求通哉？

此段，僧肇有三個步驟，來說明體「非有非無」的方法：一、僧肇歸結，導出物是「不眞」。意謂「非有非無」並不代表沒有物存在，而只是在說明物「不是眞的」。二、物並非眞物，則並沒有什麼東西，可稱之爲物。此處，僧肇點出假名的概念。三、僧肇引經「色之性空，非色敗空」，證明聖人的體「空」，

是參究萬物本身存在的道理而得，並非要對萬物加以分析剖解至「完全沒有」才得。此處，僧肇應該是意有所指即色宗，不必將色「敗空」、有所宰割以求「空」。

要之，僧肇提供尋求得知「不有不無」的「空」義之方，是「即物順通」、「即僞即真」，以及「即萬物之自虛」。由於這三個方法其實是同一，可見僧肇大力強調體「非有非無」，是不離萬物。

3、以真俗二諦無異明「非有非無」

（1）「三藏殊文，統之者一」

僧肇引聖言為據：

> 是以寢疾有不真之談，《超日》有即虛之稱。然則三藏殊文，統之者一也。

《維摩詰經》中有菩薩患病非真病的說法，《超日明三昧經》有地、水、火、風四大皆空的說法。僧肇就此說明，經、律、論說法雖有不一，但是所說的根本道理則是相同。

（2）「二理未始殊」

僧肇再引聖言，云：

> 故《放光》云：第一真諦，無成無得；世俗諦故，便有成有得。夫有得，即是無得之僞號；無得，即是有得之真名。真名故，雖真而非有；僞號故，雖僞而非無。是以言真未嘗有，言僞未嘗無。二言未始一，二理未始殊。

《放光經》說明，在第一真諦中，沒有成佛，沒有得涅槃；在世俗諦中，有成佛，有得涅槃。僧肇表示，有得涅槃是無得涅槃的「僞號」，所以雖然是「假」的，卻並非表示沒有得涅槃；無得涅槃是有得涅槃的真名，所以雖然是「真」的，卻並非表示得涅槃。僧肇由此指出，談「真」，並非表示具有真實性；說「僞」，並非表示具有虛假性。兩種說法雖然不一，其道理則非不同。

此段，僧肇的微言應在說明，世人慣性思考「真」即是「有」，「僞」即是「無」，往往認為「無得」的真諦既是「真名」，順理即意謂真的「無得」。世人並往往認為「有得」的俗諦既是「僞號」，順理即意謂「有得」便是虛假。僧肇則藉由論辯，顛覆世人執「真」是「有」、執「僞」是「無」的觀念，提出真諦的「無得」並非真的「無得」，俗諦的「有得」並非真的沒有「有得」。僧肇並云：

故經云：眞諦、俗諦，謂有異耶？答曰：無異也。此經直辯眞諦，

以明非有；俗諦，以明非無。豈以諦二，而二於物哉？

僧肇引經說明眞、俗二諦毫無差別。僧肇並表示佛經說眞諦，以闡明「非有」；說俗諦，以闡明「非無」，但是豈能因二諦之說不同，而視物的「非有」與「非無」是不同。此段，僧肇連結眞、俗二諦，以詮說「非有非無」的「空」義。

（3）「有無稱異，其致一也」

僧肇歸結：

然則萬物果有其所以不有，有其所以不無。有其所以不有，故雖有

而非有；有其所以不無，故雖無而非無。雖無而非無，無者不絕虛；

雖有而非有，有者非眞有。若有不即眞，無不夷跡，然則有無稱異，

其致一也。

僧肇表示，萬物是「不有」，是「不無」。因爲「不有」，使得「雖有而非有」，因此「有」並非表示「眞有」；因爲「不無」，使得「雖無而非無」，因此「無」並非表示「眞無」。如此，「有」並非眞有，「無」並非眞無，那麼「有」、「無」的名稱雖然不一，其表達的根本道理則是相同。

要之，僧肇表示「空」有二說：一、眞諦是「眞名」，是「非有」；二、俗諦是「假號」，是「非無」。兩種說法雖是不同，其根本道理則是相同。亦即，眞、俗不二，「非有非無」也是不二。

4、明「非有非無」的可成立性

僧肇以眞、俗二諦明「非有非無」之後，繼而以因緣的觀念明之。

（1）「非有非無」是「眾經之微言」

僧肇云：

故童子歎曰：說法不有亦不無，以因緣故，諸法生。《瓔珞經》云：

轉法輪者，亦非有轉，亦非無轉，是謂轉無所轉。此乃眾經之微言

也。

僧肇援引聖言。《維摩詰經》中，童子讚嘆佛的說法不是「有」，也不是「無」，是因緣和合的關係，才生起萬法。《瓔珞經》描述轉法輪說法，並非有轉，也並非無轉，而是「轉無所轉」。僧肇表示，這是眾經中有關「非有非無」的微妙之言，蘊涵深奧的道理。

（2）「非有非無」是「眞諦之談」

僧肇論述「非有非無」，云：

> 何者？謂物無耶，則邪見非惑；謂物有耶，則常見爲得。以物非無，
> 故邪見非惑；以物非有，故常見不得。然則非有非無者，信眞諦之
> 談也。

若說物是「眞無」，則世間有關「實無」的邪見就沒有謬誤；若說物是「眞有」，則世間有關「實有」的常見也可算是正確。由於物是「非無」、「非有」，所以邪見、常見皆不足以成立。僧肇由此，點出「非有非無」是眞諦。可知，此段僧肇主要是分別論證，以「有」或「無」表示的「存在」概念將落於常見或邪見之中，唯有「非有非無」，才是如法。

（3）「非有非無」是「尋理」可知

僧肇援引聖言：

> 故《道行》云：「心亦不有亦不無。」《中觀》云：「物從因緣故不有，
> 緣起故不無。」尋理即其然矣！

《道行般若經》描述心是「不有」、「不無」。《中論》解釋，物是因緣和合而成，所以是「非有」，又因爲是緣起，所以是「非無」。僧肇點出，萬物的根本道理即是如此。

（4）「眞有」與「眞無」的命題不足以成立

僧肇進一步以因緣，闡明「有」、「無」的概念，云：

> 所以然者，夫有，若眞有，有自常有，豈待緣而後有哉？譬彼眞無，
> 無自常無，豈待緣而後無也?若有不能自有，待緣而後有者，故知有
> 非眞有。有非眞有，雖有，不可謂之有矣。不無者，夫無，則湛然
> 不動，可謂之無。萬物若無，則不應起。起，則非無。以明緣起，
> 故不無也。

僧肇分別推論，「有」、「無」若是「眞有」、「眞無」，則應該是永遠存在，毋須有待因緣，才成爲「有」、「無」。因此，由於「有」不能自己成爲「有」，必須有待因緣才能成爲「有」，則可知「有」並非「眞有」，因此不可認爲是「眞有」。同理，萬物若是「眞無」，就不該因緣和合而生起。既依因待緣而生起，則不可定義爲「眞無」。要之，僧肇論證「有」並非「眞有」，「無」並非「眞無」。

（5）「非有」與「非無」是「無異而不同」

僧肇在說明「眞有」、「眞無」存有矛盾性後，進而援引聖言爲證：

> 故《摩訶衍論》云：一切諸法，一切因緣，故應有；一切諸法，一

　　切因緣，故不應有。一切無法，一切因緣，故應有；一切有法，一

　　切因緣，故不應有。

僧肇援引《大智度論》，揭示諸法皆是因緣所生，因此「有」與「無」的存在並非是絕對。意謂萬物是因緣和合所致成，所以算是「有」存在，也不算是「有」存在。現象界中一切看似「無」存在的東西，因爲因緣的緣故，所以應算是存在；一切看似存在的東西，因爲因緣的緣故，所以不應算是存在。可知，僧肇所要表述的應是，一切諸法皆因「一切因緣」的緣故，是「存在」，也是「不存在」；是「不存在」，也是「存在」。要之，萬物並非絕對是「有」或「無」的一端。僧肇繼而云：

　　尋此有無之言，豈直反論而已哉？若應有，即是有，不應言無；若

　　應無，即是無，不應言有。言有是爲假有，以明非無，借無以辨非

　　有。此事一稱二，其文有似不同。苟領其所同，則無異而不同。

僧肇重申「有」與「無」的關係，並非像世人順著二元對立思考的模式以爲的「反論」。僧肇善巧提出世人的疑惑，亦即「有」則應是「實有」，不應涉「無」；「無」則應是「實無」，不應涉「有」，如此爲何眞理「非有非無」的「有」、「無」概念能併立？僧肇解釋，爲了避免世人在得知「有」是「假有」後，又以爲「假有」等同於「無」，所以才借「無」以辨明「非有」。順理可知，「非有」與「非無」的說法看似不同，若能理解緣起之法，則能明瞭二者是一體兩面，並沒有不同。

（二）以「不真」詮「空」

　　僧肇全文，盡以因緣來闡述世人所認知的「有」、「無」概念並非是眞實。在文末，並尤加強調「不眞」，以證明物是「非有非無」，是「空」。

1、顯「不真空義」

僧肇云：

　　然則萬法果有其所以不有，不可得而有；有其所以不無，不可得而

　　無。何則？欲言其有，有非眞生；欲言其無，事象既形。象形不即

　　無，非眞非實有。然則不眞空義，顯於茲矣。

僧肇表示，萬法有其「沒有存在」的面向，不可判定它是「存在」；有其「存在」的面向，不可判定它「沒有存在」。僧肇解釋其因在於，若言物眞正「存在」，則基於因緣的關係，又非眞正的「存在」，因此並非「實有」；若言沒有

存在，物卻有形狀，不能說它是「實無」。僧肇由此段話，說明「有」、「無」並非眞實，而彰顯與篇名相互呼應的「不眞空」義。

2、「諸法假號不眞」

僧肇引經舉譬，云：

> 故《放光》云：諸法假號不眞。譬如幻化人，非無幻化人，幻化人非眞人也。〔註7〕

僧肇援引《放光般若經》，並以幻化人爲喻，以證「不眞」。意謂諸法皆是假的名號，並非眞實。猶如幻化人，並非表示沒有幻化人，而只是說幻化人並非實有其人。

3、「名實無當」

僧肇云：

> 夫以名求物，物無當名之實；以物求名，名無得物之功。物無當名之實，非物也；名無得物之功，非名也。是以名不當實，實不當名，名實無當，萬物安在？

僧肇以「名實」證「不眞」。意謂若以「名」求物，並沒有與物「名」相符的實質內容，因此此「名」並非是物的眞正名稱；若以物來求「名」，也並沒有與物實質內容相當的「名」，因此此「物」並非等同於有物「名」的「物」。僧肇由此導出，「名」與「實」，或「實」與「名」並非相當。「名」、「實」既不相當，則豈可有萬物的存在？

4、「此彼莫定乎一名」

僧肇引聖言證成，云：

> 故《中觀》云：物無彼此。而人以此爲此，以彼爲彼，彼亦以此爲彼，以彼爲彼。此彼莫定乎一名，而惑者懷必然之志。然則彼此初非有，惑者初非無。既悟彼此之非有，有何物而可有哉？

《中論》說，物沒有彼此。但是人卻有分別心，立於此方，而「以此爲此，以彼爲彼」，或立於彼方，「以此爲彼，以彼爲此」。「此彼」並沒有固定的名稱，而迷惑的人卻以爲可有固定的名稱。僧肇由此表示，「彼此」本來就不存在，迷惑的人卻以爲並非不存在。就此僧肇質問，若能明瞭「彼此」的關係

〔註7〕僧肇《注維摩詰經》亦云：「幻師觀幻，知其非眞。大士觀眾生，亦若此也。」（見《大正藏》冊三十八，頁383下）可與此段相呼應。

並不能成立，如此豈會認為有物存在呢？

5、萬物「假號久矣」

僧肇並云：

> 故知萬物非眞，假號久矣。是以《成具》立強名之文，園林託指馬
> 之況。如此，則深遠之言，於何而不在？

僧肇就上段「此彼莫定乎一名」，而導出萬物並非眞實，僅是假名。因此，《成具光明定意經》中，有勉強為物立名的說法，《莊子‧齊物論》中，有「指」、「馬」的譬喻。就此，僧肇表示，何處不存在著蘊涵深遠義旨的言論？

就僧肇「不眞」詮「空」的論述可知，談「有」，並非指「實有」萬物，其因在於萬物皆無自性，皆有賴因緣條件產生，因此物僅是「假名」；說「無」，也不是指絕對虛無，這猶如幻化變現的人，並非表示此人不存在，而僅能說它不是眞人。

（三）總結──「觸事而眞」、「體之即神」的工夫論

僧肇云：

> 是以聖人乘千化而不變，履萬惑而常通者，以其即萬物之自虛，不
> 假虛而虛物也。故經云：甚奇！世尊！不動眞際，為諸法立處。非
> 離眞而立處，立處即眞也。然則道遠乎哉？觸事而眞。聖遠乎哉？
> 體之即神。

僧肇三唱「即萬物之自虛」，〔註 8〕以聖人的體「空」工夫作為全文的總結。意謂聖人乘順千變萬化而不受改變，身處世人萬般迷惑之見中，而始終通達無礙。其原因在於，聖人不離萬物，能體悟萬物緣起性空的本質，並且明瞭體「空」，並非是藉由分析切割萬物而得，或是離開萬物本身，另闢一「無」或「空」，然後憑藉此「無」或「空」去否定萬物。僧肇引經為證，說明萬物本身即是眞理的所在處，並非離開萬物，而在它處尋找。僧肇最後強調，道並不遠，就萬物本身即能體現道的存在；聖人並不遠，能體悟萬物的根本道理，即是聖人。可見，「空」的道理，與物相即而不相離。

由本節可知，「空」，就世人的認知而言，常是「實無」的代稱；就佛教

〔註 8〕湯用彤說：「〈不眞空論〉曾三次言『即萬物之自虛』，蓋肇公顯此義為通篇主旨，而用之以自別於從來之異執也。」（見湯用彤：《漢魏兩晉南北朝佛教史》（上），臺北：駱駝出版社，1996 年 1 月一版二刷，頁 336）可見僧肇極其重視體「空」的工夫。

而言，則蘊涵著甚深微妙、難以言詮的道理。若要一言以蔽之，則必須回歸萬物本質的探討。僧肇〈不眞空論〉旨明「空」的道理，即是以萬物爲對象而加以開展，其中，「不眞空」義是貫串全文的靈魂角色。

若歸結「不眞空」義，可知僧肇主要分成三大點敘述：一、說明「空」的內在義涵；二、提供體「空」的方法；三、描述「體之即神」的境界。這三種類型，僧肇以即一即三的方式，時而個別說明，時而通貫說明，其用意皆在闡明萬物是「空」的道理。從中可知，僧肇強調「空」並非是世人慣性思考下的「實無」，而是基於緣起性空的緣故，物並不存在，也並非不存在。物是以「假名」的方式存在，不是「有」，也不是「無」。如此「非有非無」的「不眞」，即是「空」的道理。若要尋求「空」的道理，並非離物而求，或對物分析切割而得，而是設身處地就物本身，加以明瞭緣起性空的本質後即可得取。此外，若能體「空」，即爲聖人，如此將能「混雜致淳」、「觸物而一」，「乘千化而不變，履萬惑而常通」。

此外，歸納上述，可知「不眞空」，就僧肇而言，有兩重義涵：一、「不眞」即「空」；二、「不」是眞「空」。兩者的「空」義，並非等同。前者的「空」義，是描述現象界「不是眞的」存在的道理；後者的「空」義，則是指世人所認知的「實無」。因而，兩者的「不眞空」義也非等同。前者「不眞」即「空」，基於諸法緣起性空之理而彰顯；後者「不」是「眞空」，則有著專爲駁正世人以爲「空」是「實無」的用途。然而前者「不眞空」義的論說理據，則可涵攝後者的「不眞空」義。因此，「不眞」即「空」，可謂是統括僧肇〈不眞空論〉的要義。

第三節　就〈不眞空論〉論僧肇思想與玄學的關係

僧肇與玄學的關係，歷來爲人所諍議，或認爲僧肇學說「仍屬玄學系統」，〔註9〕或「與玄學劃不清界線」，〔註10〕或僧肇總結玄學，〔註11〕或認爲二者

〔註9〕見湯用彤：《漢魏兩晉南北朝佛教史》（上），臺北：駱駝出版社，1996 年 1 月一版二刷，頁 338。

〔註10〕呂澂批評僧肇思想「未能完全擺脫所受玄學的影響，不僅運用了玄學的詞語，思想上也與玄學劃不清界限」。呂澂並舉〈不眞空論〉「審一氣以觀化」、「物我同根，是非一氣」等句爲例，認爲「這就大同於玄學思想」。原因在於，玄學主要談論宇宙論，而「印度大乘佛學對認識論很注意，但對宇宙論就不大注意，羅什本人也不理解，因此僧肇一碰到關於宇宙論問題，就會不知不覺

並非屬於「同質性的體系」。〔註12〕這個議題，牽涉僧肇思想本質歸屬何處，以及將影響詮釋者的詮釋視野，因此本節茲以〈不真空論〉為例，重新檢視僧肇與玄學的關係。

在〈不真空論〉中，若欲探討僧肇思想與玄學的關係，則可藉由貫串二者思想的「有」、「無」概念為方法進路。若再細分，可就兩層面而論：一、探討僧肇所駁正的般若三宗有否受玄學的影響，並蠡測其受玄學影響的程度。探究之因，在於般若三宗若果真有受玄學影響，即意味僧肇既駁正含有玄學意味的般若三宗，同時也兼含駁正玄學思想，如此即可透顯僧肇思想與玄學有高下之分，並證明雙方屬於不同的思想體系。二、比較僧肇與玄學共有的「有」、「無」概念。探究之因，在於「有」、「無」概念雖然貫串二者的思想體系，但是由於二者對「有」、「無」概念的認知不同，即可證明彼此思想並無相承的關係。

本節在論證前，首先先分析玄學家的「有」、「無」概念，茲以王弼與郭象的思想為代表。

（一）王　弼

王弼《老子注》云：

> 凡有皆始於無，故未形無名之時，則為萬物之始。……萬物始於微而後成，始於無而後生。〔註13〕
>
> 天下之物，皆以有為生。有之所始，以無為本。將欲全有，必反於無也。〔註14〕

又《老子指略》云：

地走進了玄學的圈子。」「這可說是由於羅什學說本身帶給僧肇的缺點」。由此，呂澂還認為「這一缺陷也影響到以後中國佛學的發展，使得不純粹的思想摻雜其間，從而更傾向於神祕化」。（參呂澂：《中國佛學思想概論》，臺北：天華出版社，1982年初版，頁113）

〔註11〕如許抗生《三國兩晉玄佛道簡論》說：「僧肇的佛教哲學思想，實就是用三論的中觀哲學的思辯方法，來對兩晉佛教般若學思想的總結，同時也是對魏晉時期玄學思想的總結。」（濟南：齊魯書社，1991年12月，頁256～257）

〔註12〕見龔雋：〈僧肇思想辯證──《肇論》與道、玄關係的再審查〉，《中華佛學學報》第十四期，2001年9月，頁137。

〔註13〕見王弼《老子注》章一，（樓宇烈校釋：《王弼集校釋》，臺北：華正書局，1992年12月初版，頁1）。

〔註14〕見王弼《老子注》章一（樓宇烈校釋：《王弼集校釋》，臺北：華正書局，1992年12月初版，頁110）。

> 夫物之所以生，功之所以成，必生乎無形，由乎無名。無形無名者，
> 萬物之宗也。〔註15〕

王弼的「無」，即是道，意謂無形、無名、無著，超乎象外，是萬有群生的所本，並且寓於萬有之中；其「有」，即指「無」所生成的具體萬物。

（二）郭　象

郭象注《莊子・齊物論》云：

> 無既無矣，則不能生有；有之未生，又不能爲生。然則生生者誰哉？
> 塊然而自生耳。〔註16〕

郭象的「無」，意謂不能生成萬物的絕對無；其「有」，意謂「塊然而自生」的萬物。

由上可知，王弼的「無」，指萬物生化的本源；其「有」，指「無」所生成的存在萬物。郭象的「無」，指不能生成萬有的「實無」；其「有」，意謂能自生的萬物。可見二者之別，在於王弼的「無」能生成萬有，而郭象的「無」，則是絕對死寂的「實無」。因而二者對於萬物生成變化的看法，也隨著各自的「有」、「無」概念而不同。

在明瞭王弼、郭象的「有」、「無」概念之後，即可正式探討僧肇與玄學的關係：

一、就般若三宗論僧肇與玄學的關係

僧肇〈不眞空論〉中所駁正的心無、即色，以及本無宗等，其詮「空」的方式，雖未能完全契入佛義，卻頗有玄學的色彩。

（一）心無宗

僧肇所駁正的心無宗，肯定萬物是實有，「空」純粹是主觀心體所下的「神靜」工夫致成。探心無宗與玄學思想有關的部分，明顯可見於「心空（無）」的工夫。如王弼注《老子》章五云：

> 橐籥之中空洞無爲，故虛而不得窮屈，動而不可竭盡也。〔註17〕

〔註15〕見樓宇烈校釋：《王弼集校釋》，臺北：華正書局，1992 年 12 月，頁 1：110。

〔註16〕見郭慶藩：《莊子集釋》，臺北：漢京書局，1973 年 9 月，頁 50。

〔註17〕《老子》原文：「天地之間，其猶橐籥乎？虛而不屈，動而愈出。」（見樓宇烈校釋：《王弼集校釋》，臺北：華正書局，1992 年 12 月初版，頁 14）此外，陳寅恪就此段，而判定心無義與《老子注》之旨相符合，並無契入「空」義

王弼同《老子》，將風箱喻爲天地之道，要能空洞虛靜，無情無爲，才能虛而不得窮屈，動而不可竭盡。又如郭象注《莊子》云：

> 付物使各自任，無心則物各自主其知也……，不虛則不能任群賢，
>
> 鑑物而無情，來則應，去則止。〔註18〕

郭象詮釋《莊子》，強調無心、虛凝如鏡的重要，如此才能在面對萬物時，使物各安其分，物雖有去來，主觀心體卻無迎無送，物感斯應。

由上可知，心無宗雖然不像玄學談及「無爲」、「無心」的用意，是爲了善理現實生活中的主客關係，以及種種切身的名教問題，但是單就「神靜」的修心工夫而言，心無宗與玄學二者之間則有相通之處。此外，呂澂也說：

> 「心無」說表面上似乎無人講過，事實上，它正是從玄學的至人無
>
> 己，「無己故順物」（郭象《莊子注》）脫胎出來的。就是「無心」一
>
> 詞，也是郭象〈逍遙遊〉注中講過的。郭象的無心是無成見，即是
>
> 無我，當然也是空。〔註19〕

雖然呂澂僅提及心無宗的「心無」說是由郭象《莊子注》脫胎出來，但是若整體考察心無宗與玄學的關係，可知心無宗也受王弼的影響。

（二）即色宗

僧肇所駁正的即色宗，就「色不自色」的主張而言，可知已能明瞭現象界是「假有」的道理，因此較心無宗、本無宗詮「空」的等級高。然而即色宗卻僅止於色是「假有」的認知，執著「待色而後爲色」的詮「空」論據，未能進一步究竟明瞭「當色即色」，實爲可惜之處。

若要論及即色宗與玄學的關係，其明顯軌跡，概是其「色不自色」的觀點，應是有感郭象學說的疏失，而加以翻轉。〔註20〕郭象注《莊子》云：

> 然則生生者誰哉？塊然而自生耳。自生耳，非我生也。我既不能生
>
> 物，物亦不能生我，則我自然矣。自己而然，則謂之天然。〔註21〕

（參陳寅恪：〈支愍度學説考〉，收錄於《陳寅恪先生論集》（中央研究院歷史語言研究所特刊之二，1971 年 5 月出版）。

〔註18〕《莊子・應帝王》原文：「無爲事任，無爲知主。……亦虛而已。至人之用心若鏡，不將不迎，應而不藏。」（見清・郭慶藩輯：《莊子集釋》，臺北：漢京書局，1973 年 9 月初版，頁 307～309）

〔註19〕見呂澂：《中國佛學思想概論》，臺北：天華出版社，1991 年，頁 56。

〔註20〕囿於文獻，此觀點僅屬個人蠡測之見。

〔註21〕《莊子・齊物論》原文：「使其自己也……。」（見郭慶藩：《莊子集釋》，臺

造物者無主，而物各自造。〔註22〕

明物物者，無物而物自物耳。物自物耳，故冥也。〔註23〕

誰得先物者乎哉？吾以陰陽爲先物，而陰陽者即所謂物耳。誰又先

陰陽者乎？吾以自然爲先之，而自然即物之自爾耳。〔註24〕

郭象認爲沒有所謂的「造物主」存在，並認爲萬物的生成變化完全是「自生」、「自爾」、「自物」、「自己而然」。可知，郭象肯定物有自性的存在，恰與即色宗，以及佛教正義的「色不自色」相反。推論其時代先後，可知即色宗蓋有感郭象崇「有」之說的自相矛盾，而加以強調「色不自色」，「待色而後爲色」。

〔註25〕

（三）本無宗

僧肇所駁正的本無宗，雖然有「非有」、「非無」的思想，卻是以「無」歸結二者，有著未能「順通事實，即物之情」的疏失。本無宗如此「觸言以賓無」的「好無之談」，顯然深受王弼貴「無」論的影響。王弼注《老子》云：

凡有皆始於無，故未形無名之時，則爲萬物之始……。萬物始於微

而後成，始於無而後生。〔註26〕

天地雖廣，以無爲心。〔註27〕

王弼貴「無」論的「無」，是萬物生化的本源，是道，是天地之心，是王弼立論的基準點。就此可知，本無義與王弼貴「無」論有相通之處，〔註28〕蓋本

北：漢京書局，1973 年 9 月，頁 50）

〔註22〕 《莊子・齊物論》原文：「吾有待而然者邪？」（同上，頁 111～112）

〔註23〕 《莊子・知北遊》原文：「物物者，與物無際。」（同上，頁 752；753）

〔註24〕 《莊子・知北遊》原文：「有先天地生者物邪？物物者非物。物出不得先物也，猶其有物也，無矣。」（同上，頁 763；764）

〔註25〕 湯用彤〈魏晉玄學流別略論〉說：「〈知北遊〉郭注有曰：『明物物者無物，而物自物耳。』又云：『既明物物者無物，又明物之不能自物，則爲之者誰哉，皆忽然而自爾耳。』支公所言，與此文義均同。其不同處，僅《莊子》注粗稱曰萬物，《即色論》析言曰形色耳。」（收錄於湯用彤：《魏晉玄學》，臺北：佛光書局，2001 年 4 月初版，頁 57）湯氏判定支道林與郭象思想相同，筆者卻認爲郭象言物自生，支道林言「色不自色」，二說實差之千里。

〔註26〕 《老子》章一原文：「無名，天地之始。……故常無，欲以觀其妙。」（見樓宇烈校釋：《王弼集校釋》，臺北：華正書局，1992 年 12 月初版，頁 1）

〔註27〕 王弼注《老子》章三十八（同上，頁 93）。

〔註28〕 湯用彤說：「性空本無義之發達，蓋與當時玄學清談有關。……蓋自漢代以本無譯眞如，其義原取之於道家。正始以後，世人尤崇尚道德虛無之論。晉裴頠因時人『無論』紛紛，乃著獨化論以正之。……夫獨化論中所斥之『虛無』、

無宗誤將王弼貴「無」論的「無」視爲佛教「空」義言。

由上可知，心無宗的「心無」工夫，頗受玄學王弼、郭象修「心」工夫的影響；即色宗的「色不自色」、「待色而後爲色」的思想，概是翻轉郭象「無物而物自物」；本無宗的「好無之談」，則盡乎與王弼貴「無」論相通。由此可證，般若三宗雖然不能真正契入「空」義，但是就其特具的玄學意味而言，可知當僧肇駁正般若三宗時，也間接駁正玄學側重「有」、「無」一端的觀點。
〔註 29〕

二、就「有」、「無」概念論僧肇思想與玄學的關係

僧肇思想與玄學，若要一言以蔽之，可以「有」、「無」概念涵括之。但是僧肇的「有」、「無」概念，迥異於玄學家王弼的貴「無」、或郭象的崇「有」、或世人慣性認知的「實有」、「實無」。

僧肇的「有」、「無」概念，就〈不真空論〉而言，主要是援用玄學或世人的「有」、「無」語彙，以言詮「獨靜於名教之外」的「空」義是在「有無之間」尋得。其「有」、「無」概念，是建立在緣起性空的中道基準點上，因此是「不真」，是「假名」，是「非有」，也是「非無」。此外，「不真」的「有」、「無」概念，是可同時併存，有著一體兩面的關係。僧肇此種「假有」、「假無」的說法，即完全顛覆世人以爲「有」、「無」是「實有」、「實無」的認知。

玄學家代表王弼與郭象的「有」、「無」概念，特具義涵，雖然不等同於世人二元對立思考模式之下所認知的「實有」、「實無」，雖然在某個程度之下，

『空無』及『本無』，未必不兼指佛家之說。釋家性空之說，適有似於老莊之虛無。」（見湯用彤：《漢魏兩晉南北朝佛教史》（上），臺北：駱駝出版社，1996 年 1 月一版二刷，頁 240～241）雖然湯氏未明顯區分佛教「性空之說」與「老莊之虛無」，但是湯氏指出本無義與玄學有關，以及郭象獨化論所駁正的「無」也兼指佛教性空之說，則爲可取。

〔註 29〕 任繼愈說：「般若學內部學派的分化和演變並不是毫無規律可尋的。從抽象的思辨哲學的意義來看，它所探討的問題和魏晉玄學基本相同。既然魏晉玄學的分化和演變是圍繞著本末問題，即如何處理本體和現象的關係而展開，般若學繼續魏晉玄學的討論，其分化和演變也離不開這個軸心。本無宗尊崇本體和輕視現象，心無宗尊崇現象而輕視本體。即色宗試圖綜合本無和心無兩派的觀點，避免他們的偏向，這三個最有影響的學派和魏晉玄學中的貴無、崇有、獨化三派大體上相對應。」（見任繼愈主編：《中國佛教史》第二卷，北京：中國社會科學出版社，1985 年 11 月，頁 220）筆者附議任氏認爲般若學討論的議題與玄學相同，但是對於任氏以爲心無、即色、本無等三宗與「玄學的貴無、崇有、獨化三派大體上相對應」的觀點，則稍有異見。

能開展、衍伸而解決玄學各種範疇的清辯議題，並在魏晉紛亂的世代中，多多少少能提供安身立命的良劑，以克服困境的難題，雖然一切看似完滿無瑕，但是審而言之，玄學的「有」、「無」概念，仍然落於自圓其說的層次。其謬誤在於，玄學家皆未能明瞭物是緣起性空之理，以致王弼以爲有一「無」可作爲萬物的主宰者，能生成萬有，而郭象雖然以爲萬物背後沒有主宰者的存在，卻認爲物「有」自性，能自己生成自己，能自然自爾自化。可知，若就萬物的根本道理言之，王弼與郭象的「有」、「無」概念尚屬未究竟。

　　就本節可知，僧肇思想與玄學之間並沒有實質的義理關係。原因有二：其一，僧肇〈不眞空論〉中所駁正的般若三宗，可看出深受玄學影響的影子，而僧肇卻以「非有非無」的詮「空」觀點對般若三宗加以駁正，就此可推論僧肇必也間接駁正玄學家各持「有」、「無」一端之說。其二，就僧肇思想與玄學的「有」、「無」概念的探討，可知僧肇思想的「有」、「無」概念建立於緣起性空的中道基準點上，其「有」、「無」的概念是「非有非無」，這即顛覆玄學家與世人對「有」、「無」的認知。由此可證得，僧肇與玄學的關係僅止於語彙形式上的類同，其內在義涵則迥異。

第四節　論〈不眞空論〉傳統解題

　　僧肇「不眞空」義，歷來詮釋者有多重解說。其中，最有明顯脈絡可循的是，《肇論》傳統詮釋觀點。而這些詮釋觀點，明顯可見於各各詮釋者對〈不眞空論〉的解題。何者才是僧肇的原義？茲論如下：

（一）陳・慧達《肇論疏》

陳・慧達云：

> 上明〈不遷〉，正就今昔以明「不遷」：今明〈不眞〉之文，亦就俗法以明「不眞」。……今明〈不眞〉，直就萬法以明即空之眞。此〈不眞空〉名，所作兩釋：一云：世法不眞，體性自空；一云：俗法浮僞。遣僞之空，亦非眞空，名「不眞空」。若以俗空，名「不眞」者，般若之空，應名「眞空」。故〈無知論〉云：「眞波（般）若者，清淨如（虛）空」。又云：「眞諦何也（耶）？涅槃道是。」今即簡異「眞空」，故以「不眞」立言。若以聖智對之，亦名「眞空」也。〔註30〕

〔註30〕見《卍續藏》冊一五○，頁 864 下～865 上。

陳‧慧達先就〈物不遷論〉與〈不眞空論〉的相較，以明〈不眞空論〉是就俗法以明「不眞」。爾後，慧達就世法層面，解題「不眞空」一詞兼具兩重涵義：其一，「不眞」即是「空」：指有爲法不是眞實，體性是「空」；其二，「不」是「眞空」：爲「遣僞」，而言「空」不是眞的沒有。慧達並表示，就聖智眞諦而言，「般若之空」是「眞空」，則相對的，俗諦所描述的「空」，即是「不眞」。可見慧達之說如實詮釋僧肇的「不眞空」義。

（二）唐‧元康《肇論疏》

唐‧元康云：

> 此論第二，明空，申眞諦教也。諸法虛假，故曰「不眞」。虛假不眞，所以是「空」耳。有人云：「眞」者是有，「空」者是無。言「不眞空」，即明不有不無中道義也。此是爲蛇畫足，非得意也。若如所云：則空，非中乎？大分深義，爲何所在。既不然矣，今不用焉。所明空者，諸大乘經論皆以空爲宗本。今之學者，多生誹謗。謂說空者，爲不了義。無有慧明，可不悲哉。〔註31〕

此段要義有四：其一，元康判定〈不眞空論〉主「明空」，申「眞諦教」。其二，元康解題的方式，是就有爲法的虛假「不眞」爲進路，意謂「不眞」即「空」。可知，元康以「不眞」視爲「空」的狀詞。其三，「有人」闡明「不有不無」中道義的方式是，以「有」詮「眞」，以「無」詮「空」，以致「不」「眞」（不）「空」。元康不認同，其因在於「有人」將「不眞空」義解爲「不」「眞」（不）「空」，視「眞」爲實有，視「空」爲實無，而在「不眞空」中增添一「不」字，以說明「不眞（不）空」。元康就此批評此類詮釋者是畫蛇添足，並未領會「空」的道理。吾人推其元康所駁正的內容，可知「有人」的謬誤，在於將「不眞空」的「空」視爲「實無」，「眞」視爲「實有」，已完全悖離僧肇原義。其四，就元康駁正有學者認爲「空」是「不了義」之說，可知唐代已有「空者，爲不了義」的判準。就上可見，元康詮釋僧肇的「不眞空」義是「不眞」即「空」。此外，元康並云：

> 非有非無宗，爲〈不眞空論〉之宗本也。〔註32〕

可知，元康以「非有非無」詮釋「不眞」，並將「非有非無」視爲〈不眞空論〉的宗旨。

〔註31〕見唐‧元康：《肇論‧宗本義》，《大正藏》冊四十五，頁170下。

〔註32〕見唐‧元康：《肇論‧宗本義》，《大正藏》冊四十五，頁165上。

（三）宋・遵式《注肇論疏》

宋・遵式云：

> 「不眞」者，非實也。緣生，故物性非實有；緣起，故物性非實無。
> 以此而推，性非有無，故曰「不眞」也。言「空」者，寂也。由事
> 相不眞，以顯性本虛寂。故此，則「不」字是能破智；「眞」字是所
> 破執。乃即俗，雙破有無也。「空」字，是所顯中道第一義諦也。故
> 《中論》云：「因緣所生法，我說即是空」，不實有也。「亦名爲假名」，
> 不定無也。「亦名中道義」，空寂也。〔註33〕

此段，遵式分三點詮釋僧肇「不眞空」義：其一，詮釋「不眞」與「空」：遵
式以「非實」詮釋「不眞」，以「緣生」、「緣起」來解釋物性非「實有」或「實
無」。遵式由此而推，「性非有無」，即是「不眞」。遵式進而以「寂」釋「空」，
意謂事相不眞，所以可顯性本虛寂。其二，以能、所觀念詮釋「不」、「眞」：
遵式以「能破智」釋「不」字，以「所破執」釋「眞」字。亦即，遵式就俗
法，雙破實有、實無。其三，以《中論》詮釋「空」：遵式就「不眞」推論出
「空」是所顯中道第一義諦。遵式並分析《中論》「因緣所生法，我說即是空」，
是在言「不實有」；「亦名爲假名」，是在言「不定無」；「亦是中道義」，是在
言「空寂」。遵式並云：

> 又不了緣生者，執有執無，或起異見，迷於至理。今以「不眞」，雙
> 破二執，令即事契理，理本自寂。故曰：「不眞空」。又前〈物不遷〉
> 立俗，即緣法不定無。今明即眞，顯諸法不實有。二論同時，顯中
> 道理。理本寂滅，眞俗雙亡，故曰「空」。又〈物不遷論〉雙照有無，
> 位各住故。「不眞」二字，雙遮有無，緣不定故。「空」之一字，兩
> 亦雙非，契中道故。「不眞空」之「空」，能顯所顯。故「不眞空」
> 之論，能詮、所詮，故皆依主釋。〔註34〕

此段，遵式主要分爲三點：其一，以理事觀詮釋「不眞空」義：意謂不解緣
生者，將執「有」執「無」，或起異見，惑於眞理，而「不眞」能雙破執「有」
執「無」者，令「即事契理，理本自寂」，由此而稱爲「不眞空」。其二，以
「非無」、「非有」併論〈不眞空論〉與〈物不遷論〉的關係：遵式提及僧肇
〈物不遷論〉「立俗」，說明緣法「非無」之理，而〈不眞空論〉「明即眞」，

〔註33〕見宋・遵式：《注肇論疏》卷二，《卍續藏》冊九十六，頁 233 下。
〔註34〕見宋・遵式：《注肇論疏》卷二，《卍續藏》冊九十六，頁 233 下～234 上。

說明諸法「非有」之理。遵式表示，唯有〈物不遷論〉、〈不眞空論〉併論，方可顯中道理。並由此二論併論，方可呈顯「理本寂滅，眞俗雙亡」的「空」義。其三，以「雙遮」、「雙照」併論〈不眞空論〉與〈物不遷論〉的關係：遵式並認爲〈物不遷論〉由於「位各住故」，所以雙照「有」、「無」。〈不眞空論〉的「不眞」，由於「緣不定故」，所以雙遮「有」、「無」。〈不眞空論〉與〈物不遷論〉併論的「空」是雙非「有」、「無」，契入中道。而〈不眞空論〉的「空」是能顯、所顯。遵式就此推論〈不眞空論〉涵蓋能詮、所詮。

　　由上可知，遵式以「事相不眞，以顯性本空寂」釋「空」，同元康，皆以「不眞」視爲「空」的狀詞，意謂「不眞空」義即是「不眞」即「空」。但遵式較慧達、元康，衍生出許多詮釋觀點，可納爲多元的創造性詮釋之例，諸如理、事；雙遮、雙照；能詮、所詮；能顯、所顯等。甚至遵式還併論〈不眞空論〉與〈物不遷論〉的關係，認爲〈物不遷論〉在闡明「非無」，〈不眞空論〉在闡明「非有」。如此將「非有」、「非無」分開論述的方式，恐怕悖離僧肇原義。因爲僧肇詮「空」，是「非有非無」併論，在〈不眞空論〉與〈物不遷論〉皆各具有「非有非無」的深義。再者，遵式表示，〈不眞空論〉與〈物不遷論〉要併論，方顯「空」的中道義，筆者認爲恐有待商榷。

（四）宋・淨源《肇論中吳集解》

宋・淨源云：

> 夫因緣生法，生有滅無。迷者妄執眞有眞無。今以緣生之有，不眞有；緣滅之無，非眞無。情執既亡，即萬有自空矣。豈假屏除，然後爲空乎？〔註35〕

淨源以緣起性空的非「眞有」與非「眞無」，來解題「不眞」即「空」，意謂當迷者不執「眞有眞無」的妄見，則將「萬有自空」。淨源並表示，「空」並非屏除「萬有」後，才可得到。

　　由此可知，淨源以「不眞」即「空」，定義「不眞空」。其中，「眞」指實有、實無。可見慧達、元康、遵式、淨源的共通詮釋點，在以「非實有，非實無」詮釋「不眞」。

（五）元・文才《肇論新疏》

元・文才云：

〔註35〕見《叢書集成續編》冊四十六，臺北：新文豐出版公司，頁437上。

> 一切諸法，無自性生。資緣而起，起而非眞。如幻如夢，當體空也。……
> 緣起故有，「非無」也；從緣故空，「非有」也。中道之旨，於斯玄
> 會，故宗云：「不有不無」也。若約二諦，明空有者。俗諦，故「非
> 無」。眞諦，故「非有」。爲第一眞也。〔註36〕

文才以「明空有者」的二諦，解題「不眞空」。意謂「緣起故有」的「非無」，
是俗諦；「從緣故空」的「非有」，是眞諦。中道之旨，即是玄會「非有非無」。
易言之，「不眞空」義是中道之旨，統攝「非有」的眞諦與「非無」的俗諦。
可見，文才與前人之別，在於以「非有」釋眞諦，以「非無」釋俗諦，並以
眞、俗二諦併言，以明「不眞空」的中道，此說與僧肇以眞、俗二諦釋「空」
的說法相同。此外，文才之說，較遵式如實詮釋「不眞空」。

（六）明・德清《肇論略注》

明・德清云：

> 此論「眞空」不「空」，以爲所觀之境也。「不眞」有二義：有爲之
> 法，緣生故假，假而不實，其體本空，此俗諦不眞，故「空」，名「不
> 眞空」；眞性緣起，成一切法。體非斷滅，不是實實的空，名「不眞
> 空」。「有」是假有，爲「妙有」；「空」非斷空，爲「妙空」。此則非
> 有非空，爲中道第一義諦。〔註37〕

德清主要是就聖智所觀之境來解題「不眞空」，意謂聖智所觀的「空」境不是
「眞空」。

　　德清解題「不眞空」，有二義，其一，「不眞」即「空」：德清就俗諦而言，
有爲法是因緣所生，所以是假而不實，其本體是空。其二，「眞空」不「空」：
德清就眞諦而言，眞性緣起，成就一切法，其性體並非是世人所認知的斷滅
空，並非是「實實的空」。德清進而詮釋僧肇的「非有非無」是「非有非空」，
是「中道第一義諦」。其中，「非無」的「無」，非屬「斷空」義，因此「非無」
是「妙空」；「非有」是假有，因此是「妙有」。德清此段「非有非空」之說，
明顯蘊涵眞空妙有義的創造性詮釋。其「非有非空」的「空」，並非是指世人
所認知的絕對沒有，而是純粹就眞諦「空」而言，致使「眞空」不「空」。可
知，德清以眞常妙有思想詮釋「不眞空」，一反先前詮釋者以及僧肇對「不眞
空」的認知。

〔註36〕見元・文才：《肇論新疏》卷一，《大正藏》冊四十五，頁 208 上。
〔註37〕見《卍續藏》冊九十六，頁 591 上。

　　由此可知，德清詮釋僧肇「不眞空」爲「非有非空」。「非有」是就俗諦有爲法而言，是「假有」，是「妙有」；「非空」是就眞諦而言，主指眞諦的「空」並非是「性空」，而是「性『有』」，是「妙空」。易言之，德清「眞空」與「妙有」不二的思想，是立基於般若性體不是「空」的存在論立場，來詮釋僧肇「不眞空」的「眞空」二字，是眞諦無可名狀的「眞空」；「不眞空」的「不」字，則表示「眞空不空」。

　　由本節可知，僧肇「不眞空」義，有多重的組合方式。其中，慧達的「不眞」即「空」，元康、淨源、文才以「非有非無」詮「不眞」的「不眞」即「空」，以及慧達的「不」是「眞空」等，應是較契僧肇原義。而遵式、德清的詮釋，則較有中國佛教中、後期思想的色彩。尤其是德清對「不」是「眞空」的詮說方式，由僧肇本義原爲不是絕對的空無斷滅，演變成不是眞的緣起性空，這明顯是華嚴有宗的說法。〔註38〕

第五節　僧肇駁正般若三宗的對象商榷

　　僧肇於〈不眞空論〉中，曾駁正六家七宗的心無、即色、本無等三宗，

〔註38〕盧桂珍將僧肇「不眞空」之義，依歷來詮解大致分成二派：一派是以「非有非無」詮解「不眞空」義者，以元康、遵式、文才爲主。另一派則是以「非空非有」釋「不眞空」義，以唐代清涼澄觀及明代憨山大師爲代表。盧氏並提及，憨山大師將「不眞空」義分爲二層：一爲俗諦之空，因諸法緣生故假而非眞，故名不眞空，意指「不眞即是空」。一爲眞諦之空，因諸法緣起，體非斷滅，是爲妙空，故名不眞空，意指「不是眞的空」。憨山大師是以斷滅空與妙有空對舉，此看法與眞常妙有的思想頗近。僧肇並未以眞空妙有爲詮解進路，而是由「我空」、「法空」，進而翻轉一層論「畢竟空」（見盧桂珍：《慧遠、僧肇聖人學研究》，臺北：國立臺灣大學出版委員會，2002 年十月初版（臺灣大學中國文學研究所博士論文，1999 年 6 月），頁 129）此外，蔡纓勳認爲，統攝「不眞空論」的各種解題，依其語型及其所蘊涵的意義，約可歸納爲三種類型，即「眞空不空」的妙空論、「不眞不空」的相即義，以及「不眞即空」的中道觀。其中蔡氏提及，「眞空不空」的妙空論主指唐·澄觀、明·德清；「不眞不空」的相即義主指元康解題中所駁正的「有人」的「不眞（不）空」之說；「不眞即空」的中道觀，主指元康、遵式、文才及近代學者湯用彤、呂澂等（參蔡纓勳：《僧肇般若思想之研究──以「不眞空論」爲主要依據》，臺灣師範大學中國文學研究所碩士論文，1984 年，頁 441～453）。盧氏與蔡氏之說，可資參考。此外，僧肇的「不眞空」義，並非屬於眞空妙有的系統，卻有詮釋者如此認爲，如黃錦鋐、楊如雪、蔡纓勳校注《新編肇論》說：「僧肇以爲眞諦是眞空妙有……。」（臺北：臺灣古籍出版有限公司，2000 年 11 月初版一刷，頁 80）

但是並未指出所駁正的對象是誰。古今詮釋者則進一步指出這三宗中，孰是僧肇所駁正的對象。然而眾人有著歧義之見，爲了避免這三宗中有「無辜者」被判定是僧肇所駁正的對象，因此本節主要是對僧肇駁正心無、即色、本無等三宗的確切對象作個考察。

一、心無宗

　　關於僧肇所駁正的心無宗的對象，歷來有三說：一、認爲是支愍度者，有唐・元康〔註39〕、宋・遵式〔註40〕、近人李潤生；〔註41〕二、認爲是竺法蘊者，有陳・慧達；〔註42〕三、認爲是道恒者，有元・文才〔註43〕、明・德清；〔註44〕四、認爲支愍度、竺法蘊、道恒三者皆破者，有近人湯用彤〔註45〕、呂澂〔註46〕、劉貴傑〔註47〕、洪修平〔註48〕、許抗生。〔註49〕由於眾說紛紜，因此以下先說明支愍度、竺法蘊、道恒的心無思想，繼而考察孰是僧肇所欲駁正的對象。

（一）支愍度的心無義
　　劉義慶（463～522）《世說新語・假譎》十一條載：

〔註39〕唐・元康《肇論疏》卷一云：「心無者，破晉朝支愍度心無義也。」（見《大正藏》冊四十五，頁 171 中）

〔註40〕見宋・遵式《注肇論疏》卷二云：「康疏云：破晉朝支愍度心無義……。」（見《卍續藏》冊九十六，頁 236 上）

〔註41〕參李潤生：《僧肇》，臺北：東大圖書公司，1989 年 6 月初版，頁 136～137。

〔註42〕陳・慧達《肇論疏》卷上云：「心無者，竺法溫法師《心無論》云……。」（見《卍續藏》冊一五○，頁 866 上）

〔註43〕元・文才《肇論新疏》卷上云：「據《梁傳》，晉僧道恒述〈心無論〉，汰公、遠公俱破此說。」（見《大正藏》冊四十五，頁 209 上）

〔註44〕明・德清《肇論略注》卷一云：「破晉道恒心無宗。」（見《卍續藏》冊九十六，頁 592 上）

〔註45〕參湯用彤：《漢魏兩晉南北朝佛教史》（上），臺北：駱駝出版社，1996 年 1 月一版二刷，頁 266～272。

〔註46〕見呂澂：《中國佛學思想概論》，臺北：天華出版社，1982 年，頁 53～56。

〔註47〕參劉貴傑：《僧肇思想研究 —— 魏晉玄學與佛教思想之交涉》，臺北：文史哲出版社，1985 年 8 月初版，頁 130～132。

〔註48〕參洪修平：《論僧肇哲學 —— 魏晉玄佛合流的終結和中國化佛教體系的初創》，收錄於《中國佛教學術論典》冊十九（高雄：佛光山文教基金會），2001 年初版，頁 398～402（南京大學哲學系碩士論文，1984 年）。

〔註49〕見許抗生：《僧肇評傳》，南京：南京大學出版社，1999 年 12 月一刷，頁 88～93。

愍度道人始欲過江，與一傖道人為侶。謀曰：「用舊義往江東，恐不辦得食。」便共立心無義。既，而此道人不成渡，愍度果講義積年。後有傖人來，先道人寄語云：「為我致意愍度，無義那可立？治此計，權救飢爾，無為遂負如來也。」〔註50〕

支愍度得食救飢一事，未必純屬事實，但據此可知，支愍度摒棄「舊義」，另立「心無義」。〔註51〕《世說新語・假譎》十一條並載：

舊義者曰：「（一切）種智是有，而能圓照。然則萬累斯盡，謂之『空無』；常住不變，謂之『妙有』。」而（支愍度）無義者曰：「種智之體，豁如太虛。虛而能知，無而能應。居宗至極，其唯『無』乎？」

〔註52〕

「舊義」與支愍度「無義」之別，有三：一、就體而言，「舊義」以般若心體為實有；支愍度以般若心體為虛豁。二、就功夫而言，「舊義」於心內，必須進行摒除萬累的工夫，使般若心體「空無」；於心外的現象界，則「常住不變」，使為「妙有」。然而，支愍度「無義」的般若心體，本是「豁如太虛」，毋須像「舊義」得有「萬累斯盡」的工夫。三、就用而言，「舊義」因般若心體實有，而能「圓照」；支愍度「無義」，則因般若心體虛豁，而能「虛而能知」、「無而能應」。

可知，支愍度主張般若心體「豁如太虛」，「虛而能知，無而能應」的詮「空」方式，較尚得「萬累斯盡」的「舊義」，略勝一籌。並且支愍度對般若心體的描述，與《莊子》「至人之用心若鏡，不將不迎，應而不藏」〔註53〕的描述相似，與王弼描述心體寂然無為，感物遂通，「虛而不得窮屈，動而不可竭盡」〔註54〕、「體一無不周」、「寂然無不應」〔註55〕相似，亦與郭象描述「無

〔註50〕見余嘉錫：《世說新語箋疏》，臺北：華正書局，1989年3月，頁859。

〔註51〕陳寅恪〈支愍度學說考〉：「世說新語所載，雖出於異黨謗傷者之口，自不可盡信。獨其言愍度自立新義，非後所追學，則似實其得也。」（收錄於《陳寅恪先生論文集》（下），臺北：九思出版社，1977年6月1日，頁1247～1248）。筆者從之。

〔註52〕見余嘉錫：《世說新語箋疏》，臺北：華正書局，1989年3月，頁859。

〔註53〕見《莊子・應帝王》，郭慶藩：《莊子集釋》，臺北：漢京書局，1973年9月，頁307。

〔註54〕參王弼注《老子》章五：「虛而不屈，動而愈出。」（見樓宇烈校釋《王弼集校釋》，臺北：華正書局，1992年12月，頁14）

〔註55〕參王弼注《易經・繫辭傳》：「《易》無思也，無為也，寂然不動，感而遂通天下之故。非天下之至神，其孰能與於此？」（同上，頁550）

心」〔註56〕能「物感斯應」〔註57〕、「能隨變所適，而不荷其累」〔註58〕、「任乎自化」〔註59〕相似。〔註60〕就此，可推論支愍度果眞若爲救飢，而摒棄舊義，另立「無義」，則其原因當是新義更能迎合玄學風尙。

（二）竺法蘊的心無義

陳‧慧達《肇論疏》載：

> 竺法溫法師《心無論》云：「夫有，有形者也；無，無象者也。有象，不可言『無』；無形，不可言『有』。而經稱『色無』者，但內止其心，不空外色；但內停其心，令不想外色。即色想廢矣。」〔註61〕

竺法蘊著有《心無論》，意謂現象界事物「有」、「無」的存在，依其是否有形象來判定，然而所謂「空」，則與現象界事物存在與否無關，純粹是「內止其心，不空外色」、「內停其心，不想外色」的工夫致成。如此，色想全廢，心空，而色境不空。

日人安澄載：

> 《山門玄義》第五云：「第一，釋僧溫著〈心無二諦論〉云：有，有形也；無，無象也。有形，不可無；無象，不可有。而經稱『色無』者，但內止其心，不空外色……。」《二諦搜玄論》云：「晉竺法溫，爲釋法琛法師之弟子也。其製〈心無論〉云：『夫有，有形者也；無，無象者也。然則有象，不可謂無；無形，不可謂無（應爲「有」）。是故有爲實有，色爲眞色。經所謂色爲空者，但內止其心，不滯外色。外色不存，餘情之內，非無如何？豈謂郭（廓）然無形，而爲無色乎？〔註62〕

〔註56〕 郭象曾以「無心」，解題《莊子》內七篇中的〈人間世〉、〈大宗師〉、〈應帝王〉，可見郭象對「無心」的重視（見郭慶藩：《莊子集釋》，臺北：漢京書局，1973年9月，頁131；224；287）

〔註57〕 同上，頁309。

〔註58〕 見清‧郭慶藩輯：《莊子集釋》，臺北：漢京書局，1973年9月初版，頁131。

〔註59〕 同上，頁287。

〔註60〕 誠如呂澂認爲「以支敏度爲代表的心無宗，以爲具有這種看法就是般若性空的空觀，其實這也並不是什麼新說，他只是把般若智慧（佛智）與玄學搞在一起，運用了玄學的「至人之心」的說法。」（見呂澂：《中國佛學思想概論》，臺北：天華出版社，1982年，頁54～55）

〔註61〕 見《卍續藏》冊一五〇，頁866上。

〔註62〕 見《大正藏》冊六十五，頁94中。

安澄《中論疏記》，引《山門玄義》、《二諦搜玄論》，闡述竺法蘊的心無義。其要旨，與上一段陳・慧達《肇論疏》所載，大自無別。〔註63〕竺法蘊此種空心、不空色境的詮「空」方式，合乎僧肇「得在於神靜，失在於物虛」的批評，可知竺法蘊的心無義應是僧肇所欲駁正的對象之一。

（三）道恒

《高僧傳》載：

> 時沙門道恒頗有才力，常執心無義大行荊土。汰曰：此是邪說，應須破之。乃大集名僧，令弟子曇壹難之……，慧遠就席攻難數番……。心無之義於此而息。〔註64〕

《高僧傳》提及道恒執心無義，竺法汰令弟子曇壹，以及慧遠駁之，心無義由此而息。囿於文獻資料，道恒的心無義概僅見於安澄《中論疏記》：

> 《高僧（傳）》中，沙門道恒執心無義，只是資學法溫之義，非自意之所立。〔註65〕

安澄認爲道恒的心無義，主要習自竺法蘊，「非自意之所立」。雖然筆者囿於文獻，不能確切得知道恒的心無義爲何，是否完全習自法蘊，但是道恒既爲竺法汰等人所欲駁正的對象，則可推證道恒不契「空」義，其心無義當與竺法蘊相去不遠。〔註66〕因此，本文暫依安澄之說，視道恒與竺法蘊的心無義相仿。

由上可知，支愍度以「種智之體，豁如太虛」、虛而「能知」、「能應」的方式來詮「空」，竺法蘊、道恒則透過「內止其心」、「不空外色」的工夫來詮「空」，前者「空心」的「空」，是形容詞；後者「空心」的「空」，卻是動詞。此外，前者毋須有「止心」、「停心」的工夫，後者卻得有此工夫，才能「空心」。然而大體言之，三者皆以不起執心的空心、以及不空的色境，

〔註63〕隋・吉藏、元・文才、以及明・德清，亦對竺法蘊的心無義有所闡述。除了詮釋者切入的詮釋角度不同之外，三者立意實大同小異，因此略而不論（參隋・吉藏：《中觀論疏》卷二，《大正藏》冊四十二，頁29上～中；元・文才《肇論新疏》卷上，《大正藏》冊四十五，頁209上；明・德清：《肇論略注》卷二，《卍續藏》冊九十六，頁592下）。

〔註64〕見〈竺法汰傳〉，梁・慧皎《高僧傳》卷五，《大正藏》冊五十，頁354下。

〔註65〕見《大正藏》冊六十五，頁94中。

〔註66〕道恒亦爲羅什門下「十哲」之一，則其執心無義的階段，應在「遇羅什譯經，並助詳定」之前（參唐・神清撰，慧寶注：《北山錄》卷四，《大正藏》冊五十二，頁597下；唐・道宣《大唐內典錄》卷三，《大正藏》冊五十五，頁254中～下）。

來進行「空」義的詮解。因此，支愍度、竺法蘊、道恒皆可納入僧肇所欲駁正的對象之中，〔註67〕只因三者皆僅著重「心無」，未能知解萬物本是自虛、色境本是假有之理。

　　繼上可知，支愍度、竺法蘊、道恒皆可納入僧肇所欲駁正的對象之中。此外，由於《高僧傳》提及心無義息於道恒，以致歷來有兩種回應之說。這兩種回應之說，因關涉僧肇明確的駁正對象是否延續至道恒之後，因此在此一提：其一，附議《高僧傳》之說：如唐・元康《肇論疏》卷上，不僅援引《世說新語》，以明心無義立於支愍度，還援引《高僧傳》此段話。可見元康如是認為心無義立於愍度、息於道恒。〔註68〕其二，不贊同心無義息於道恒：主要立說者，是陳寅恪於〈支愍度學說考〉，持據文獻，提出不同的看法，舉出道恒之後，桓玄、劉遺民等人有執心無義，而推測「高僧傳之言不可信也」。湯用彤亦附議陳氏此說。〔註69〕

　　筆者對於前者之說，以及後者所舉的桓玄之例，囿於文獻，不表意見。然而對於陳寅恪指劉遺民有心無義，則認為恐有待商榷。原因在於，陳寅恪認為劉遺民執心無義的憑據之一，在於〈劉遺民書問附〉云：

　　　　夫聖心冥寂，理寂同無……，雖處有名之中，而遠與無名同。〔註70〕

由於劉遺民提及聖心「理寂同無」，「遠與無名同」，使陳寅恪等人認為劉遺民執有心無義。筆者則認為根據〈劉遺民書問附〉〔註71〕全文要義，可知有著廬山法性論思想背景的劉遺民，其持說有自相矛盾之處。凡矛盾之處，僧肇在〈答劉遺民書〉，〔註72〕皆已一一指出。最明顯一例，如：劉遺民雖然提及「理極同無」，卻又認為聖心有異，定慧有別。〔註73〕劉遺民矛盾之說，實不符僧肇所欲

〔註67〕誠如涂豔秋認為「姑不論創者，傳者為何，但歷來對心無一宗的主要學說內容，卻沒有多大的歧義，認為他們都以『心無』標宗，必有相同之處……。」（見涂豔秋：《僧肇思想探究》，臺北：東初出版社，1996年4月初版二刷，頁118）

〔註68〕參《大正藏》冊四十五，頁171中～下。

〔註69〕湯用彤評論〈支愍度學說考〉一文「論之極翔實」，並在闡明「支愍度之心無義」的章節時，複述陳寅恪之說（見《漢魏兩晉南北朝佛教史》（上），臺北：駱駝出版社，1996年1月，頁266～268）

〔註70〕見《大正藏》冊四十五，頁155上。

〔註71〕見《大正藏》冊四十五，頁154下～155中。

〔註72〕見《大正藏》冊四十五，頁155中～157上。

〔註73〕劉遺民〈劉遺民書問附〉云：「欲求聖心之異。為謂窮靈極數，妙盡冥符耶？為將心體自然，靈怕獨感耶？若窮靈極數，妙盡冥符，則寂、照之名，故是定慧之體耳。若心體自然，靈怕獨感，則群數之應，固以幾乎息矣！」（見《大

駁正的心無義。〔註74〕可知，諸如劉遺民者，雖然看似執有心無義，其實質學說內容恐怕並非如此。因此對於陳寅恪舉劉遺民為例之說，筆者認為可再商榷。

二、即色宗

關於僧肇所欲駁正的即色宗的對象，歷來有二說：一、認為是支道林者，有陳・慧達〔註75〕、唐・元康〔註76〕、宋・遵式〔註77〕、宋・淨源〔註78〕、元・文才〔註79〕、明・德清〔註80〕、近人湯用彤；〔註81〕二、認為是關內即色義者，有隋・吉藏〔註82〕、日人安澄〔註83〕、劉貴傑〔註84〕等。

（一）支道林的即色義：

支道林是東晉時代一位佛學修養深厚的名僧，對中國哲學，尤以老莊，

正藏》冊四十五，頁 155 上～中）

〔註74〕關於劉遺民的學說思想，可參本文第二章第三節〈僧肇與劉遺民的對話析義〉。

〔註75〕陳・慧達《肇論疏》卷上云：「解即色者，支道琳法師〈即色論〉云……。」（見《卍續藏》冊一五○，頁 866 上）

〔註76〕唐・元康《肇論疏》卷一云：「破晉朝支道林〈即色遊玄義〉也。」（見《大正藏》冊四十五，頁 171 下）

〔註77〕宋・遵式《注肇論疏》卷二云：「下注云：破支道林即色義。康疏云：晉朝支道林立〈即色遊玄義〉，此先標也。」（見《卍續藏》冊九十六，頁 237 下）

〔註78〕見宋・淨源《肇論中吳集解》卷上云：「支道林立即色義。」（見《叢書集成續編》冊四十六，臺北：新文豐出版公司，頁 438 上）

〔註79〕元・文才《肇論新疏》卷上云：「東晉支道林作〈即色遊玄論〉。」（見《大正藏》冊四十五，頁 209 上）

〔註80〕明・德清《肇論略注》卷二云：「破晉道林造〈即色遊玄論〉，為即色宗。」（見《卍續藏》冊九十六，頁 592 下）

〔註81〕湯用彤：「吉藏之言實誤也」（見《漢魏兩晉南北朝佛教史》（上），臺北：駱駝出版社，1996 年 1 月，頁 254）。又云：「觀其文義，支公之說，實即肇公所呵」（同上，頁 260）。

〔註82〕隋・吉藏《中觀論疏》卷二：「關內即色義……，此義為肇公所呵。」（見《大正藏》冊四十二，頁 29 上）

〔註83〕日人安澄：《中論疏記》卷第三末云：「破關內即色義。」（見《大正藏》冊六十五，頁 94 上）

〔註84〕劉貴傑對僧肇駁正的即色宗的對象，有二說：一於《僧肇思想研究——魏晉玄學與佛教思想之交涉》中，以支道林作為僧肇駁正的對象，未提及關內即色義（臺北：文史哲出版社，1985 年 8 月初版，頁 132～135）；二於《支道林思想之研究——魏晉時代玄學與佛學之交融》中，據吉藏《中觀論疏》，認為關內即色義為「僧肇所呵」，而支道林立論「契於般若思想之真詮」（臺北：臺灣商務印書館，1987 年 8 月二版，頁 31～32）。二說矛盾，但就後書著述較晚，蓋劉氏著作後書時，觀點已有改變，因此本文取劉氏後者之見。

有獨特的心得。支道林與名士交往甚密，時人認爲其逍遙義超過郭象，而名噪一時。〔註85〕支道林著有《即色游玄論》、《釋即色本無義》等解釋般若空義之作，可惜諸作皆已佚失。如今僅能透過當時，以及後世作品的稱引，來瞭解其學說。

《世說新語·文學》三十五條載：

> 支道林《妙觀章》云：「夫色之性也，不自有色。色不自有，雖色而空。故日：色即爲空，色復異空。」〔註86〕

支道林於《妙觀章》中，以「色之性」詮「空」。認爲「色」沒有使其自身存在的自性或本性，因此「色」並非憑藉自性而成爲「有」。既然「色」無自性，不能獨立自存，因此儘管有「色」，實質上卻是「空」。亦即，「色即是空」。然而「色」既成爲「有」，便與「空」有別，因此「色復異空」。據此，筆者認爲支道林就「色之性」言「色即爲空，色復異空」，顯然契合般若空義。

陳·慧達《肇論疏》載：

> 支道林法師《即色論》云：「吾以爲即色是空，非色滅，空，此斯言至矣。何者？夫色之性，色不自色，雖色而空。」〔註87〕

支道林於《即色論》中，認爲「即色是空」，並非待「色」滅壞才是「空」。原因在於就「色之性」而言，「色不自色，雖色而空」。

隋·吉藏《中觀論疏》云：

> 即色有二家：一者，關內即色義……。次，支道林著《即色遊玄論》，明即色是空，故言《即色遊玄論》。此猶是不壞假名，而說實相，與安師本性空故無異也。〔註88〕

吉藏提及，即色宗有二家：一是關內即色義，二是支道林即色義。其中，支道林著有《即色遊玄論》，旨言「即色是空」。吉藏評論支道林即色義是「不壞假名，而說實相」，與道安「本性空」之說無異。

〔註85〕《世說新語·文學》第三十二條云：「《莊子·逍遙》篇，舊是難處，諸名賢所可鑽味，而不能拔理於郭、向之外。……支卓然標新理於二家之表，立異義於眾賢之外，皆是諸名賢尋味之所不得。後遂用支理。」又，第三十六條劉孝標注云：「法師……尋莊周，則辯聖人之逍遙。當時名勝，咸味其音旨。」（見余嘉錫編撰：《世說新語箋疏》，臺北：華正書局，1989年3月，頁220；224）可見支道林在玄學界聲名之隆。

〔註86〕見余嘉錫編撰：《世說新語箋疏》，臺北：華正書局，1989年3月，頁223。

〔註87〕見《卍續藏》冊一五○，頁866上。

〔註88〕見隋·吉藏：《中觀論疏》卷二，《大正藏》冊四十二，頁29上。

日人安澄《中論疏記》載：

> 《山門玄義》第五卷云：「第八，支道林著《即色遊玄論》云：『夫
> 色之性，色不自色。不自，雖色而空。知不自知，雖知而寂。』彼
> 意明：色心法空明眞，一切不無空色，心是俗也。」《述義》云：「其
> 制《即色論》云：吾以爲即色是空，非色滅，空，斯言矣。何者？
> 夫色之性，不自有色。色不自有，雖色而空；知不自知，雖知恒寂。」
> 然尋其意，同〈不眞空〉，正以因緣之色，從緣而有，非自有故，即
> 名爲空。不待推尋破壞，方空。既言夫色之性，不
>
> 自有色。色不自有，雖色而空。然不偏言無自性邊，故知即同於〈不
> 眞空〉也。〔註89〕

就安澄援引《山門玄義》與《述義》的論述，可再證實支道林就色性言「即
色是空，非色滅空」，純然契合般若空義。

由上述稱引可知，支道林以「色之性」是「空」的觀點，闡明「色不自色」、
「雖色而空」之理，確切「領色之非色」，實非僧肇所欲駁正的對象。那麼，爲
何有人不如此認爲呢？茲舉元康、文才爲例，以考察二者之見是否公正。

唐・元康《肇論疏》云：

> 若當色自是色，可名有色。若待緣色成果色者，是則色非定色也。
> 亦可云：若待細色成麁色，是則色非定色也。「此直悟色不自色，未
> 領色之非色」者，正破也……。此林法師，但知言色非自色，因緣
> 而成，而不知色本是空，猶存假有也。〔註90〕

元康以「當色自是色」，可謂「有色」爲前提，推論「緣色成果色」、「細色成
麁色」，則「色非定色」。元康就此批評支道林僅知「色非自色，因緣而成」、
「不知色本是空，猶存假有」，因此是僧肇所欲駁正的對象。據此可知，元康
對支道林的即色義有「不知色本是空，猶存假有」的認知。然而實際上，支
道林的即色義並非如同元康所述如此，因此元康之說恐待商榷。

又，元・文才《肇論新疏》云：

> 東晉支道林作《即色游玄論》。……彼謂青黃等相，非色自能，人名
> 爲青黃等。心若不計，青黃等皆空。以釋經中「色即是空」。〔註91〕

〔註89〕見《大正藏》冊六十五，頁 94 上。

〔註90〕見《大正藏》冊四十五，頁 171 下。

〔註91〕見《大正藏》冊四十五，頁 209 上。

文才認爲支道林《即色游玄論》，在於說明青黃等色相，非色自成自造，而是世人緣心所計致成。若心不計執，青黃等概念即是空，亦即「色即是空」。文才進而詮釋僧肇所欲駁正的內容，云：

> 謂凡是質礙之色，緣會而生者，心雖不計，亦色法也。受想等法，亦應例同。意云：豈待人心計彼謂青黃等，然後作青黃等色耶？以青黃亦緣生故。……未達緣起性空，然緣起之法亦心之相分，能見之心隨相而轉，取相立名，名青黃等。名屬遍計，相即依他。支公已了名假，未了相空。名相俱空，圓成顯現。由未了此，所以被破。
> 〔註92〕

此段要旨有二：一、文才認爲，僧肇主張「心雖不計，亦色法也」，色法非人心計執而成。二、文才認爲，僧肇批評支道林未能明瞭緣起性空之理，「已了名假，未了相空」，「所以被破」。

可知，文才以認識論的角度，來詮釋支道林的「色即是空」，是心不計執致成。文才並以遍計、依他、圓成等唯識三性觀，以及心法、色法，來詮釋僧肇駁正支道林的內容。然而吾人若觀支道林的即色義，以及僧肇所駁正的內容，恐文才之說亦有待商榷。〔註93〕

（二）關內即色義：

隋‧吉藏《中觀論疏》云：

> 即色有二家：一者，關內即色義，明即色是空者，此明色無自性，故言即色是空，不言即色是本性空也。此義爲肇公所訶。肇公云：此乃悟色而不自色，「未領色之非色也」。次，支道林著《即色遊玄

〔註92〕 同上。
〔註93〕 謝大寧〈論郭象與支遁之逍遙義及支遁義之淵源〉說：「文才的肇論新疏轉由因心計色上去說，便不免有些迂曲而不切。」（見《中國學術年刊》第九期，1987年6月，頁105）又蔡振豐〈六家七宗之說所反映的格義問題〉也說：「文才所謂的即色遊玄說與僧肇所破並不相恰，而文才對僧肇的解釋更不中的，以色空破之似非重點。整體而言，此論不太可能爲支道林『即色遊玄』原論。」（見《第四屆魏晉南北朝文學與思想學術研討會論文集》抽印本，2001年3月，頁17）筆者同意二者之說。此外，呂澂評論支道林的即色義：「認識上的色，是名想概念的色，不是色自己構成的，所以本身並非色：非色，也就是空。」（見《中國佛學思想概論》，臺北：天華出版社，1982年，頁57）呂氏以認識論角度，詮解支道林的即色義，認爲其「色」所待之緣是主體的認識計執之心，「色」是認識而得，因此「非色」，因此是「空」。筆者認爲呂氏以心計色，詮解支道林即色義，恐有待商榷。

論》……。〔註94〕

吉藏說明關內即色義，旨以「色無自性」而言「即色是空」，未能明瞭「色是本性空」之理。如此「悟色而不自色」，「未領色之非色」，正是僧肇所欲駁正的對象。因此，就吉藏之說可知，關內即色義與支道林即色義相同之處，在於皆欲闡明「即色是空」之理，其別在於前者雖已有「色無自性」的體認，卻未能深一層明瞭「色是本性空」之理，而後者卻能直接了當就「色是本性空」，而言「即色是空」。

日人安澄《中論疏記》云：

> 《述義》云：「此下破關內即色義」。此師意云：細色和合，而成麁色。若爲空時，但空麁色，不空細色。望細色而麁色，不自色故。又望黑色而是白色，白色不白色。故言即色空，都非無色。若有色定相者，不待因緣，應有色法。又麁色有定相者，應不因細色而成。此明假色不空義也。然康、達二師並云，破支道林即色義。此言誤矣。〔註95〕

安澄以粗、細二色，論證關內即色義是僧肇所欲駁正的對象。意謂「細色」是色的最小單位，不依緣起，非他色所成，因此不空；「粗色」是「細色」相緣和合所構成的產物，僅是色色之色，並無定相，因此是空。由此可知，關內即色義與去法執的小乘相似，僅以色色相緣言空，卻未能明瞭「粗色」、「細色」皆是當體即空。

可知，關內即色義僅知「色不自色」，卻不明色性當體即空之理；支道林能就「色之性」，闡明「即色是空」，已契般若空義，因此關內即色義應爲僧肇所欲駁正的對象。

綜上可知，支道林以「色之性」詮「空」，明瞭「色即爲空，色復異空」，契合般若空義。關內即色義以「色不自色」、「待色色而後爲色」詮「空」，卻未領「色」是因緣假有、當體即空的深義。因此，關內即色義已知緣生而「非有」，卻不知緣生而「非無」，詮「空」實有偏頗處，應爲僧肇所欲駁正的對象。

三、本無宗

「本無」一詞，是佛學「眞如」的古譯，意謂諸法空性，因此兩晉般若

〔註94〕見隋·吉藏：《中觀論疏》卷二，《大正藏》冊四十二，頁29上。
〔註95〕見《大正藏》冊六十五，頁94上。

學者談論般若空義時，常以「本無」名之。本無宗，可二分爲道安的本無宗，以及竺法深、法汰的本無異宗。〔註96〕二宗皆以「本無」立宗，是否皆契合「空」義？其中，孰是僧肇所欲駁正的對象？

　　關於僧肇所欲駁正本無宗的對象，歷來約有五說：一、認爲是道安、及其弟子慧遠者，有陳・慧達；〔註97〕二、認爲是道安者，有近人劉貴傑；〔註98〕三、認爲是竺法深（286～374）〔註99〕者，有隋・吉藏〔註100〕、日人安澄〔註101〕、近人涂艷秋；〔註102〕四、認爲是竺法汰（320～387）者，有唐・元康〔註103〕、宋・遵式〔註104〕、宋・淨源〔註105〕、元・文才〔註106〕、明・德清〔註107〕、

〔註96〕湯用彤說：「本無異宗，指法深、法汰之說。而本無宗則屬道安」（見湯用彤：《漢魏兩晉南北朝佛教史》（上），臺北：駱駝出版社，1996 年 1 月，頁 241～242）筆者參之。

〔註97〕陳・慧達《肇論疏》卷上云：「解本無者，彌天釋道安法師《本無論》……。」又云：「盧山遠法師本無義……。」（見《卍續藏》冊一五○，頁 866 上）

〔註98〕參劉貴傑：《僧肇思想研究——魏晉玄學與佛教思想之交涉》，臺北：文史哲出版社，1985 年 8 月初版，頁 127～130。

〔註99〕竺潛，字法深，人又稱「沙門法琛」或「琛法師」（參《高僧傳》卷四《大正藏》冊五十，頁 374 下；《佛祖統紀》卷四十一，《大正藏》冊四十九，頁 378 下；《中觀論疏》卷二，《大正藏》冊四十二，頁 29 上）然而日人安澄《中論疏記》卷第三末卻云：「深法師者，晉剡東仰山竺潛，字法深。……言深法師者，有本作琛字，敕林反，寶也，重也，寶玉也。或本作探字，敕含反，取也。今作深字是，餘皆非也。」（《大正藏》冊六十五，頁 93 下）湯用彤並說：「據日人安澄《中論疏記》，謂此即竺道潛，字法琛。而其作探字者，乃誤也。」（見《漢魏兩晉南北朝佛教史》（上），臺北：駱駝出版社，1996 年 1 月一版二刷，頁 251）囿於文獻，筆者暫依湯氏之說，而以竺法深稱之。

〔註100〕隋・吉藏《中觀論疏》卷二云：「琛法師……爲肇公〈不眞空論〉之所破。」（見《大正藏》冊四十二，頁 29 上）

〔註101〕參日人安澄：《中論疏記》卷第三末，《大正藏》冊六十五，頁 93 上～下。

〔註102〕參涂艷秋：《僧肇思想探究》，臺北：東初出版社，1996 年 4 月初版二刷，頁 148～153。

〔註103〕唐・元康《肇論疏》卷上云：「破晉朝竺法汰本無義也。」（見《大正藏》冊四十五，頁 171 下）

〔註104〕宋・遵式《注肇論疏》卷二云：「下注云：破竺法汰本無義，亦晉朝人先標也。」（見《卍續藏》冊九十六，頁 237 下）

〔註105〕見宋・淨源《肇論中吳集解》卷上云：「竺法汰立本無義。」（見《叢書集成續編》冊四十六，臺北：新文豐出版公司，頁 438 上）

〔註106〕元・文才《肇論新疏》卷上云：「東晉竺法汰作《本無論》。」（見《大正藏》冊四十五，頁 209 中）

〔註107〕明・德清《肇論略注》卷二云：「破晉竺法汰本無宗。」（見《卍續藏》冊九十六，頁 592 下）

近人呂澂〔註108〕、李潤生；〔註109〕五、認爲是竺法深、竺法汰者，有近人湯用形〔註110〕、蔡纓勳〔註111〕、洪修平〔註112〕、羅因。〔註113〕以下，筆者分別說明本無、本無異宗的思想，以考察孰是僧肇所欲駁正的對象。

（一）本無宗

關於本無宗的思想，最早概見於曇濟的《七宗論》。梁・寶唱《名僧傳抄・曇濟傳》載：

> （曇濟）著《七宗論》。第一，本無宗曰：「如來興世，以本無弘教，故方等深經，皆備明五陰本無。本無之論，由來尚矣。何者？夫冥造之前，廓然而已。至于元氣陶化，則群像稟形。形雖資化，權化之本，則出於自然。自然自爾，豈有造之者哉？」由此而言，「無在元化之前，空爲眾形之始，故稱本無。非謂虛豁之中，能生萬有也。夫人之所滯，滯在未（末）有。苟宅心本無，則斯累豁矣。夫崇本可以息末者，蓋此之謂也」云云。〔註114〕

此段分析如下：一、「如來興世，以本無弘教，故方等深經，皆備明五陰本無」，可知本無宗假玄學的「無」，詮解佛家的「空」；二、本無宗的「本無」定義，是「無在元化之前，空爲眾形之始」，「無」（空）是諸法的本來狀態；三、「自然自爾，豈有造之者哉」，批評郭象有「造物者」的思想；四、「非謂虛豁之中，能生萬有」，批評王弼的貴「無」說；五、與王弼皆「崇本息末」，然而本無宗的「本」字意謂是「空」，不能生萬有；王弼的「本」字意謂是「無」，

〔註108〕呂澂説：「『本無宗』的代表人，恐係竺法汰……。」（見《中國佛學思想概論》，臺北：天華出版社，1982年，頁60）

〔註109〕李潤生説：「唐之元康與元之文才，都説僧肇所破的是東晉竺法汰的本無義……。」（見李潤生：《僧肇》，臺北：東大圖書公司，1989年6月初版，頁138）

〔註110〕湯用彤説：「《肇論》只破三家義，本無法深法汰之説……。」（見《漢魏兩晉南北朝佛教史》（上），臺北：駱駝出版社，1996年1月一版二刷，頁272）

〔註111〕蔡纓勳説：「肇公所破，當屬法汰、法琛之説。」（見蔡纓勳：《僧肇般若思想之研究——以「不眞空論」爲主要依據》，臺灣師範大學中國文學研究所碩士論文，1984年，頁80）

〔註112〕洪修平説：「從僧肇所引的觀點來看，似應屬於本無異宗。」（見洪修平釋譯：《肇論》，高雄：佛光出版社，1996年，頁74～75）

〔註113〕參羅因：《僧肇思想研究——兼論玄學與般若學之交會問題》，臺灣大學中國文學研究所碩士論文，1995年，頁103～105。

〔註114〕見《名僧傳抄》，《卍續藏》冊一三四，頁18上。

卻能生萬有。由此可知，主張「無在元化之前，空爲眾形之始」、「宅心本無」的本無宗，符合般若空義，並非是僧肇所欲駁正的對象。孰主張本無義呢？陳‧慧達《肇論疏》載：

> 彌天釋道安法師《本無論》云：「明本無者，秤如來興世，以本無弘教。故方等深經，皆云五陰本無。本無之論，由來尚矣。」〔註115〕

就陳‧慧達的稱引，可知道安以「無」詮「空」，應是本無宗的代表人物。此外，日人安澄《中論疏記》亦載：

> 釋道安《本無論》云：「如來興世，以本無弘教。故方等深經，皆備明五陰本無。本無之論，由來尚矣。……無在元化之先，空爲眾形之始。夫人之所滯，滯在未（末）有。若詫（宅）心本無，即異想便息。」〔註116〕

就安澄所載，尤可證明道安是本無宗的代表人物。隋‧吉藏《中觀論疏》卷二亦載：

> 釋道安明本無義，謂「無在萬化之前，空爲眾形之始。夫人之所滯，滯在未（末）有。若詫（宅）心本無，則異想便息」。睿法師云：「格義迂而乖本，六家偏而不即。」（睿）師云：「安和上鑿荒途以開轍，標玄旨於性空。以爐冶之功驗之，唯性空之宗最得其實。」詳此意，安公明本無者，一切諸法，本性空寂，故云「本無」。此與方等經論，什、肇山門義無異也。〔註117〕

吉藏首先稱引道安本無義，及其僧睿稱讚其師道安的話，爾後歸結道安「本無」思想的要旨，是「一切諸法，本性空寂」，〔註118〕由此而斷定僧肇與其師羅什的思想無異。

由上可知，道安曾著《本無論》，可惜已亡佚，而從後人曇濟、慧達、吉藏，以及日人安澄所稱引，明顯可知道安的「本無」思想，可作三方面論述：

（1）本體論：「無在元（萬）化之前，空爲眾形之始」，易使人誤解道安如同玄學貴「無」派王弼，有著「無」能生萬有的思想，但吾人若考察道安

〔註115〕見《卍續藏》冊一五〇，頁866上。

〔註116〕見《大正藏》冊六十五，頁92下。

〔註117〕見《大正藏》冊四十二，頁29上。

〔註118〕由於道安有「本性空寂」之說，因此本無宗又名「性空宗」。（參許抗生：《魏晉玄學史》，陝西：師範大學出版社，1989年7月，頁461；劉貴傑：《僧肇思想研究》，臺北：文史哲出版社，1985年8月，頁128）

本無義的思想脈絡，可知道安「萬化之前」、「眾形之始」，僅在強調「無」（空）是諸法的本然狀態。（2）宇宙論：道安認爲，宇宙生成的現象界，在「冥造之前」，僅是「廓然而已」。「群像稟形」之因，在於「元氣陶化」，並且「出於自然」，不同於玄學「虛豁之中，能生萬有」。在此，道安應是基於「格義」的緣故，而假「元氣陶化」等概念，來描述萬物化生的過程，並以「出於自然」等詞語來描述因緣離合等義涵。（3）工夫論：道安視現象界是「末有」，諸法「本性空寂」是「本無」。若人執現象界爲實有，便有所滯。唯有「宅心本無」，才能息止異想，無所滯累。在此就「一切諸法，本性空寂」、「宅心本無」可知，道安強調藉由禪觀實修，〔註119〕以契入法性至常至靜之境。若綜上，再簡而要之，道安的「本無」義可分兩層論述：一指諸法本性空寂的實相；一指透由禪觀，體證諸法本無之境。〔註120〕

　　湯用彤曾言，道安「常靜之談，似有會於當時之玄學」。〔註121〕道安本無義與玄學有何關係呢？審言之，道安「無在元化之先」的詞彙，蓋受王弼貴「無」論的影響，所不同的是王弼的「無」能生萬有，道安的「無」（空）則描述諸法本性，不能生萬有。而道安「宅心本無」〔註122〕、「崇本」「息末」之說，亦應與王弼貴「無」論有關。

〔註119〕道安詮「空」，往往具有實踐之義。如道安〈合放光光讚略解序〉云：「眞際者，無所著也。泊然不動，湛爾玄齊。無爲也，無不爲也。萬法有爲，而此法淵默，故曰：無所有者，是法之眞也。」（見《大正藏》冊五十五，頁 48 中）道安描述臻於最究竟的般若境界，需要內心泊然不動，湛爾玄齊，「無爲」「無不爲」。（參賴鵬舉：〈東晉道安將中國禪法由「禪數」提昇至「禪智」〉，《第四屆魏晉南北朝文學與思想學術研討會論文集》，2001 年 3 月）又道安《道地經》云：「其爲像也，含弘靜泊，綿綿若存，寂寥無言，辯之者幾矣，恍惚無行，求矣涾乎其難測，聖人有之見，因革可以成實，睹末可以達本，乃爲布不言之教，陳無轍之軌。」（同上，頁 55）可知，「無」意謂寂然不動，含弘靜泊的狀態，無名無著，能使「異想便息」。可知，在此具有實踐意義的「無」，不同於「無在元化之前」的「無」，不同於僧肇所欲駁正的本無義。

〔註120〕參湯用彤：「安公可謂自禪觀以趣於性空者也。」（見《漢魏兩晉南北朝佛教史》（上），臺北：駱駝出版社，1996 年 1 月一版二刷，頁 247）

〔註121〕見湯用彤：《漢魏兩晉南北朝佛教史》（上），臺北：駱駝出版社，1996 年 1 月，頁 250。

〔註122〕湯用彤〈魏晉玄學流別略論〉說：「安公之根本義，仍自取證於老子。按王輔嗣之學，固以其老子注爲骨幹。而萬有以無爲本，又道安等與之有同信。則釋氏之本無宗者，實可謂與王氏同流也。」（見湯用彤：《魏晉玄學》，臺北：佛光書局，2001 年 4 月初版，頁 63）筆者不認同湯氏之說，而認爲道安本無義雖有道、玄的詞彙，其根本要義則不同。

又道安「非謂群豪之中，能生萬有」、「出於自然，自然自爾，豈有造之者哉」，與郭象「塊然自生」〔註123〕的崇「有」思想相似，卻因道安「法爾自然」，而證明二者不同。可見道安的「本無」思想，有別於玄學「貴『無』派」能生萬有的「無」，亦有別於「崇『有』派」所認知的斷滅「無」。舉凡「無在元化之前，空爲眾形之始」的本體論、或是「元氣陶化，則群像稟形」的宇宙論、或是「宅心本無」，不執現象界「有」、「無」的工夫論，皆證明道安與玄學相似的部分，僅在「言辭」層面取其偏義而言，並非全同。這誠如唐·元康所云：「實相，即本無之別名」，〔註124〕道安「本無」思想契合般若空義，不符合僧肇所批評的「情尙於無，多觸言以賓無」。

爲何陳·慧達認爲道安，及其弟子慧遠是僧肇所欲駁正的對象呢？陳·慧達在稱引道安《本無論》之後，加以評論：

> 須得彼義爲是：「本無，明如來興世，只以本無化物。若能苟解無本，即思異息矣。但不能悟諸法本來是無，所以名本無爲眞，末有爲俗耳。」〔註125〕

〔註123〕參郭慶藩《莊子集釋》：「無既無矣，則不能生有；有之未生，又不能爲生。然則生生者誰哉？塊然而自生耳。自生耳，非我生也。我既不能生物，物亦不能生我，則我自然矣。……誰主役物乎？」（臺北：漢京書局，1973 年 9 月初版，頁 50）

〔註124〕唐·元康《肇論疏》卷上所云：「實相，即本無之別名。以本無是深義故，建初言本無、實相等也。」（見《大正藏》冊四十五，頁 164 中）

〔註125〕見《卍續藏》冊一五〇，頁 866。此外，方穎嫻〈釋道安與六家七宗之本無義〉中認爲慧（惠）達關於本無義的論述，可分爲二段，前一段「如來興世」下，是道安「記下東晉時流行之本無義」，後一段「自『得彼義』以下，當爲道安自己之申述。」（見方穎嫻：《先秦道家與玄學佛學》，臺北：臺灣學生書局，1986 年 11 月初版，頁 170）然而考察陳·慧達原文，及其對照隋·吉藏、日人安澄所稱引的道安本無義，筆者認爲方氏所區分的前一段「如來興世」之下，實是道安的本無義，後一段「得彼義」下，實爲慧達自己對道安本無義的詮釋。方氏之說恐有待商榷（參《大正藏》冊四十二，頁 29 上；《大正藏》冊六十五，頁 92 下）。又，蔡振豐〈六家七宗之說所反映的格義問題〉亦如是認爲（收錄於《第四屆魏晉南北朝文學與思想學術研討會論文集》（台南：成功大學）（抽印本），2001 年 3 月，頁 11）此外，方氏並認爲吉藏《中觀論疏》與安澄《中論疏記》所引「無在萬（元）化之前，空爲眾形之始。夫人之所滯，滯在末有，若詫心本無，則異想便息」是「誤以曇濟之本無義爲道安之本無義，只因道安弟子僧叡，從羅什譯出中論等空宗典籍後，仍稱道安『性空之宗，最得其實』，故吉藏亦再無疑議，直從叡法師說以申論，謂安公之本無義即『一切諸法，本性空寂』義，而其申論前所謂之『詳其意』，即明說此義乃由叡法師說參詳而出，非

陳·慧達認為道安「不能悟諸法本來是無」，因此「名本無為真，末有為俗」，然而事實上道安實悟諸法是「無」（空），慧達恐未詳審。又慧達論道安弟子慧遠的本無義：

> 盧山遠法師本無義，云：因緣之所有者，本無之所無。本無之所無者，謂之本無。本無與法性，同實而異名也。性異於無者，察於性也；無異於性者，察於無也。察性者，不知知無；除無者，不知性。知性、知性，無性者，其唯無除也。〔註126〕

盧山慧遠強調「本無與法性，同實而異名」，契合般若空義，但是慧達卻詮釋為「性異於無者，察於性也；無異於性者，察於無也」，似乎不能理解「本無」即是「法性」、即是「空」，慧達之說有待商榷。

（二）本無異宗

日人安澄《中觀論疏》載：

> 《二諦搜玄論》，十三宗中本無異宗，其製論云：「夫無者，何也？豁然無形，而萬物由之而生者也。有雖可生，而無能生萬物。故佛答梵志，四大從空生也。」〔註127〕

本無異宗認為萬物皆由「豁然無形」的「無」所生，亦即「四大從空生」。「無」與「有」存在著先後的關係，亦即「無」先萬物而存在，是萬有的根源。可知本無異宗的「本無」能生萬有，不同本無宗的「本無」義，而與王弼貴「無」說相近，實不契般若空義。無怪乎僧肇批評為「好無之談」，非「順通事實，即物之情」。

本無異宗中，孰為僧肇所欲駁正的對象呢？隋·吉藏《中觀論疏》卷二載：

> 琛（深）法師云：「本無者，未有色法。先有於無，故從無出有。即無在有先，有在無後，故稱本無。」此釋為肇公〈不真空論〉之所破，亦經論之所未明也。若無在有前，則非有本性是無。即前無後

由原引之本無義直接悟出」（參方穎嫻：《先秦道家與玄學佛學》，臺北：臺灣學生書局，1986 年 11 月初版，頁 184～185）。筆者不從之因有二：一、方氏推證之前提，在於依據陳·慧達《肇論疏》，而認為道安僅是引述本無義，然而考察慧達原文，恐方氏之詮解有待商榷；二、方氏推證吉藏、安澄所稱引的本無義，是「由叡法師參詳而出」，如此之說或有可能，然而囿於文獻資料，筆者暫且不從。

〔註126〕見《卍續藏》冊一五○，頁 866 上～下。

〔註127〕見《大正藏》冊六十五，頁 93 上～中。

有，從有還無。經云：若法前有後無，即諸佛菩薩便有過罪。若前
無後有，亦有過罪。故不同此義也。〔註128〕

就吉藏的稱引可知，竺法深的本無義，「無」先「有」後，「有」從「無」生，
「無」能生萬有，與本無宗的「本無」義不同。吉藏並強調「若法前有後無」、
或「前無後有」，則「諸佛菩薩便有過罪」，就此認爲竺法深是僧肇所欲駁正
的對象。日人安澄亦如是認爲。安澄載：

《山門玄義》第五卷〈二諦章〉下云：復有竺法深即云：諸法本無，
壑然無形，爲第一義諦；所生萬物，名爲世諦。故佛答梵志，四大
從空而生。准之可悉。……元康師云：下第三，破晉朝竺法汰本無
義也。……慧達疏下卷云：破釋道安本無義。《述義》云：皆此誤
矣。……准之可悉。〔註129〕

就安澄的稱引可知，竺法深的「本無」、「壑然無形」，能生萬物，是「第一義
諦」；「所生萬物，名爲世諦」。安澄並同吉藏，皆認爲僧肇所欲駁正的對象是
竺法深，而非陳・慧達、唐・元康所認爲的竺法汰、道安。

竺法汰的本無義爲何？梁・僧佑《出三藏記集》卷十二載：

本無難問（郗嘉賓，竺法汰難，并郗答，往反四首）。〔註130〕

又梁・慧皎《高僧傳・竺法汰傳》亦載：

汰所著義疏，并與郗超書論本無義，皆行於世。〔註131〕

就上二條引文可知，竺法汰提倡本無義，並且著書，與郗超辯論。但是皆未
闡述本無義的具體觀點。《肇論集解令模鈔》釋〈不眞空論〉：

（竺法）汰嘗著書與郗超曰：非有者，無卻此有；非無者，無卻彼
無。〔註132〕

《肇論集解令模鈔》記載竺法汰書信給郗超的內容，以顯示竺法汰的本無義，
在於反對相對的「有」、「無」，而將一切皆歸源於「無」。可見竺法汰亦算是

〔註128〕見《大正藏》冊四十二，頁29上。
〔註129〕見《大正藏》冊六十五，頁93中～下。
〔註130〕見陸澄：〈法論目錄〉，《大正藏》冊五十五，頁83上。
〔註131〕見《高僧傳》卷五，《大正藏》冊五十，頁355上。
〔註132〕張春波於〈論發現《肇論集解令模鈔》的意義〉一文中，依《肇論集解令模
　　　　鈔》原文，而推證本無宗的代表人物是竺法汰。筆者目前尚未取得《肇論集解
　　　　令模鈔》此筆文獻，然而爲了確切探究僧肇所欲駁正的對象爲何，則暫參
　　　　張氏引用《肇論集解令模鈔》的部分原文（《哲學研究》第三期（月刊），1981
　　　　年3月，頁64～65）。

僧肇所欲駁正的對象之一。

可知，本無異宗竺法深、法汰的本無思想，與本無宗道安的以「無」解「空」的本無思想，迥然不同。〔註133〕法深概受王弼「無」能生萬有的影響，法汰概受王弼好「無」思想的影響，而道安「非謂虛豁之中，能生萬有」，則彰顯與王弼貴「無」說不同，已契般若空義。由此亦可知，中國早期佛教雖基於「格義」的緣故，而以（本）「無」詮「空」，卻有三種涵義，一是道安契合般若空義的「無」（空），二是竺法深能生萬有的「無」，三是竺法汰將「非有」、「非無」皆否定的「無」。

由本節可知，在心無宗方面，可確定支愍度、竺法蘊、道恒等三人，在理論上有相承的關係，因此三者皆可納爲僧肇所欲駁正的對象。此外，即色宗中的關內即色義，與竺法深、法汰的本無異宗，也應算是僧肇所欲駁正的對象。

第六節　小　結

本章，旨在探討僧肇〈不眞空論〉的要義，並兼論相關詮釋議題。

第一節，旨在探討僧肇〈不眞空論〉的撰作緣由，從中可知僧肇應有感「眾論競作，而性莫同」，諸如般若宗，以及世人詮「空」的偏頗等，因而在〈不眞空論〉中，「聊復厝言以擬之」，以駁正世人對「空」的誤解。

第二節，旨在探討僧肇〈不眞空論〉的要義，從中可知〈不眞空論〉主要是就僧肇所承繼的般若空宗的思想系統，來闡明「空」的道理。由於眞諦「空」「獨靜於名教之外」，因此僧肇取材玄學與世人熱衷談論的「有」、「無」議題，進一步以雙遮「有」、「無」義的「非有非無」，透過諸法虛假不眞的表述，以申論「空」的道理。

僧肇在〈不眞空論〉中，曾以心無、即色、本無等三家般若宗爲例，以說明「眾論競作，而性莫同」。這三家的詮「空」方式皆不盡相同，就僧肇所欲駁正的內容可知，心無宗偏在主觀的「無心」工夫，而以客觀的萬物爲實有，「失在於物虛」；即色宗僅以「色不自色」爲宗，「未領色之非色」，偏於「假有」，而不知假有即空之理；本無宗將「非有」、「非無」歸爲「無」，「多

〔註133〕湯一介評論本無二家之語「實大同小異」，實誤（見《郭象與魏晉玄學》，臺北：谷風出版社，1987年3月，頁92）。

觸言以賓無」，則偏於「無」。要之，心無宗與本無宗離萬物詮「空」，即色宗雖以「色不自色」詮「空」，卻未能明瞭萬物當體即空之理，因此這三宗的共同錯誤皆是離開萬物論「空」。因而，僧肇於文中，以「非有非無」，駁正這三家般若宗的謬誤處。此外，若細察〈不眞空論〉文意，可知僧肇藉由駁正心無宗、本無宗，以明「不」是「眞空」；藉由駁正即色宗，以明「不眞」即「空」。

僧肇〈不眞空論〉中所闡明的「空」義，可就三方面探討：一是說明「空」的內在義涵；二、提供體「空」的工夫論，諸如「契神於有無之間」、「即萬物之自虛」等；三、描述「體之即神」的境界。而僧肇的「不眞空」，有兩重義涵：一、「不眞」即「空」；二、「不」是眞「空」。前者的「空」義，即是緣起性空的「非有非無」，可謂涵攝後者之說。因此，「不眞」即「空」，可謂是統括僧肇〈不眞空論〉的要義。

第三節，旨在根據〈不眞空論〉，來探討僧肇思想與玄學的關係，從中可知，僧肇與玄學僅止於語彙的關係，而僧肇在駁正具有玄學色彩的般若三宗時，可算間接也駁正玄學偏於「有」、「無」一端之說。

第四節，旨在探討〈不眞空論〉傳統詮釋解題，從中可知僧肇「不眞空」義，有多重的組合方式。其中，慧達、元康、淨源、文才的「不眞」即「空」，以及慧達的「不」是「眞空」等，應是較契僧肇原義。而遵式、德清的詮釋，則較有中國佛教中、後期思想的色彩。

第五節，旨在探討僧肇所駁正的般若三宗的確切對象，從中可知心無宗的支愍度、竺法蘊、道恒等三人、關內即色義，以及本無異宗的竺法深、法汰，應屬僧肇所欲駁正的對象。

由本章的探討可知，〈不眞空論〉旨在探討「空」的道理，亦即在闡明般若所觀照的所知之境爲何，恰與闡明能知之智的〈般若無知論〉相互呼應。

第四章　〈物不遷論〉探析

　　〈物不遷論〉，[註 1] 是僧肇繼〈不眞空論〉後所作的文章，應是僧肇有感所知之境「空」的道理難以言詮，因而順應世人熱衷談論的動靜議題，從中提出符合「空」義的動靜新見，以讓世人對動靜產生認知衝擊，重新反思何謂眞理，何謂實相。此外，〈物不遷論〉是《肇論》四論中，有關義理層面，最頗受詮釋者爭議的一篇。因此本章除了有回歸原典的基本功課，並加強對詮釋議題作一釐清。

第一節　問題提出

　　僧肇作品向來「言約而義豐，文華而理詣」，[註 2] 以致古今各家詮釋之見不盡相同。尤其是充滿理論性與辯論性的〈物不遷論〉，[註 3] 其義理內容更頗受詮釋者爭議。其爭議內容約可分爲五類：

〔註 1〕見《大正藏》冊四十五，頁 151 上～151 下。本章，凡引文引自〈物不遷論〉者，其出處多不贅言。

〔註 2〕見陳・小招提寺慧達：〈肇論序〉，《大正藏》冊四十五，頁 150 下。

〔註 3〕見《大正藏》冊四十五，頁 151 上～151 下。以下，凡引文引自〈物不遷論〉者，其出處茲不贅言。Richard H. Robinson 評〈物不遷論〉：「是僧肇所著論文中，最具哲學意味者。」（Richard H. Robinson 著，郭忠生譯：《印度與中國的早期中觀學派》，南投：正聞出版社，1996 年 12 月，頁 205～206）筆者附議之。又湯用彤認爲僧肇「其所著諸論中，當以〈物不遷論〉爲最重要」（見湯用彤《漢魏兩晉南北朝佛教史》（上），臺北：駱駝出版社，1996 年 1月一版二刷，頁 333）。筆者認爲僧肇所著諸論，各篇環環相扣，不一定以〈物不遷論〉爲最重要，但〈物不遷論〉可算是僧肇作品中頗具哲學意味的一篇。

其一，「物各性住於一世」的質疑：如唐・澄觀（737～838 或 738～839）於《華嚴疏鈔》中，根據〈物不遷論〉「物各性住於一世」之說，批評僧肇有「濫小乘」之嫌。〔註4〕又如晚明〈物不遷論〉諍辯中的正、反方論者，皆根據僧肇「物各性住於一世」一詞，判定〈物不遷論〉宗旨主言「不遷」，而展開創造性詮釋的對辯。〔註5〕其中，反方鎮澄（1547～1617）於《物不遷正量論》中，更在「不遷」的詮釋基準點上，〔註6〕批評僧肇「不遷之說，宗似而因非，有宗而無因」，〔註7〕有著「小乘正解」與「外道常見」。〔註8〕

其二，「昔物不至今」的質疑：如廖明活（1947～）就純名理的層面，對〈物不遷論〉「昔物不至今」提出質疑，認爲僧肇模糊「部分不同」與「完全不同」的界限，並認爲僧肇借助剎那生滅說來證明「昔物完全至今」。〔註9〕又如錢偉量認爲僧肇捨棄「昔物至今」的假定，僅僅抓住「昔物不至今」的一面，而將論證的結論預先包含在其割裂的前提。〔註10〕

其三，時間的質疑：如安樂哲有兩點關於時間的質疑：一、「僧肇認爲時間一如空間具有一種可以分開的性質。易言之，他假定時間是一個獨立單位的集合，而諸法是存在於各個時間單位中的。……」；二、「僧肇一方面認爲諸法均由「俗有」而發生，另一方面卻又堅持諸法在「空間、時間座標」上

〔註 4〕 參唐・澄觀：《華嚴疏鈔》卷三十一：「觀肇公意，既以物各性住而爲不遷，則濫小乘，無容從此轉至餘方。」（見《大正藏》冊三十六，頁 239 中）
〔註 5〕 如明・德清《肇論略注》以「性住」的觀點，將〈物不遷論〉分成：「立論文義有四段：初、約動靜，以明境不遷；次、約境，以明物不遷；三、約古今，以明時不遷；四、約時，以明因果不遷，此初也。」（《卍續藏》冊九十六，頁 581 下～591 上）
〔註 6〕 見《卍續藏》冊九十七，頁 731 下。
〔註 7〕 見《卍續藏》冊九十七，頁 730 上。
〔註 8〕 見《卍續藏》冊九十七，頁 752 下。
〔註 9〕 廖明活說：「我們不妨同意世人主張物有遷動是基於「昔物不至今」的假定。但我們亦要指出，是他們也同時持有『昔物至今』的假定。『至今』者是物的本質，「不至今」者是物的屬性，由當本質同一之物在不同時間失去或得著某些屬性時，便獲得「物遷」之結論。……僧肇若要成立其「物不遷」論，一定要證明『昔物完全不至今』。但根據甚麼可以說『昔物完全不至今』呢？在這問題上，僧肇借助了剎那生滅說。」（見廖明活：〈僧肇物不遷義質疑〉，《內明》一二六期，1982 年 9 月，頁 4）
〔註10〕 錢偉量批評僧肇：「僅僅抓住『昔物不至今』的一面，捨棄了『昔物至今』的一面，這實際上就是把他要論證的結論（物不遷）預先包含在被他割裂了的前提之中了。」（見錢偉量：〈僧肇動靜觀辨析〉，《世界宗教研究》第三期，1987 年，頁 107）

係一恆久的存在，這兩個說法是矛盾的。」〔註11〕又如方立天就〈物不遷論〉，批評僧肇誇大時間的間斷性，否認時間的連續性，割裂時間，而取消事物的運動。〔註12〕此外，又如劉國梁認為，僧肇從割斷事物的連續性和時間的延續性，去論證了他關於事物看來在變化著，而本質上卻是不變的觀點，就此判定僧肇論證的方法和結論皆錯誤。〔註13〕

其四，體、相的質疑：方東美（1899～1977）認為〈物不遷論〉有牽強附會之處，認為僧肇的論證過程，偏於以相來論物的不遷，非就本質來論物的不遷。〔註14〕

其五，「俗有」的質疑：安樂哲就〈物不遷論〉，批評「僧肇既聲言諸法均是『俗有』，即謂諸法皆幻；而事實上人類並不是諸法以外的存在。」〔註15〕

匯歸以上諸見，可知〈物不遷論〉會引起爭議的癥結處，全在於詮釋者對僧肇「物不遷」說的定位與認知有出入而致成。

究竟僧肇〈物不遷論〉的宗旨是什麼？在闡明「物不遷」的道理嗎？其「物不遷」的道理是什麼？是否會招致不契佛義的惡名？詮釋者的詰難是否公道？又，假若〈物不遷論〉並非旨言「不遷」，則為何僧肇要以「不遷」為篇名？考察〈物不遷論〉，筆者認為箇中蘊涵微言大義，並非不如法，因此藉由本章的論證，重新估量〈物不遷論〉的原義，試予釐清詮釋者的質疑，以

〔註11〕 見安樂哲：〈僧肇研究〉，收錄於張曼濤編《三論典籍研究》（現代佛教學術叢刊，冊四十八），臺北：大乘文化出版社，1979 年 8 月初版，頁 280～281）

〔註12〕 方立天説：「誇大時間的間斷性，並加以絕對化，否認時間的不間斷性，進而抹煞事物的變化的連續性，取消事物的運動。」又云：「僧肇否認事物變化的連續性，抹煞時間的連續性，這就完全取消了事物的運動。僧肇利用、歪曲事物變化和時間的先後區別，否認事物運動的矛盾統一，把古和今、過去和現在無形中加以割裂，以間斷性否定連續性，把事物的變化和時間的序列分割為一系列孤立的階段，從而也就徹底地否認了運動的真正本質。」（方立天：《中國佛教研究》（上），臺北：新文豐出版社，1993 年，頁 272；頁 274～275）

〔註13〕 見劉國梁：〈試論老莊思想對僧肇的影響〉，《齊魯學刊》第四期，1987 年，頁 85。

〔註14〕 方東美説：「在物不遷論裏面，我發覺他說物不遷，還是就『相』這一方面著想。但是『相』在不同的環境裏面時在變遷。假如把它納到變成『事』，這事實也隨時在演變。這相與事構成的具體的『形』，你若拿科學作測驗，也是時時在改變的。所以他就相、事、形這三方面來證明物不遷，只是證明了外表的不遷。」（見方東美：《中國大乘佛學》，臺北：黎明出版社，1986 年 6 月再版，頁 67）

〔註15〕 見安樂哲：〈僧肇研究〉，收錄於張曼濤編《三論典籍研究》（現代佛教學術叢刊，冊四十八），臺北：大乘文化出版社，1979 年 8 月初版，頁 281）

還給僧肇一個清白之身。

第二節　〈物不遷論〉的宗旨定位

一、旨言物性

　　泰多詮釋者判定〈物不遷論〉的宗旨是「不遷」。詮釋者如此判定的主要理由，有二：一、在篇名往往呼應篇旨的慣性思考之下，對僧肇概取莊子「審乎無假而不與物遷」〔註16〕而立「不遷」的篇名，不假思索有他意；二、僧肇於文中，有大篇幅用來駁正執動者的「不遷」之說，諸如「物各性住於一世」、「若動而靜，似去而留」等語，易令人深信〈物不遷論〉「名」符其「實」。〔註17〕

　　姑且不論詮釋者對僧肇「不遷」義的認知有多少，或〈物不遷論〉的宗旨是否是「不遷」，若詮釋者僅根據以上二點來判定僧肇〈物不遷論〉的宗旨，恐有疏失之處。因為雖然僧肇在〈物不遷論〉中有令人匪夷所思的語言活動，但若仔細考察僧肇此文，則可知僧肇旨在闡明物「遷」或「不遷」的背後之理。其背後之理是什麼呢？即是物性。〔註18〕為何僧肇要闡明物性之理？僧肇云：

　　　　傷夫人情之惑也久矣，目對真而莫覺。

僧肇感嘆世人迷惑已久，面對真理而不能覺悟。所謂真理即是：

　　　　近而不可知者，其唯物性乎！

原來，真理即是物性。世人常被事相所惑，明明近在眼前的事物皆蘊涵真理，卻不能明瞭。

二、未直言物性之因

　　若說，〈物不遷論〉是以物性的解析入手，來揭示諸法實相，為何僧肇沒

〔註16〕《莊子·德充符》云：「死生亦大矣，而不得與之變。雖天地覆墜，亦將不與之遺。審乎無假而不與物遷，命物之化而守其宗也。」（見郭慶藩：《莊子集釋》，臺北：漢京書局，1973年9月初版，頁189）

〔註17〕如任繼愈表示，僧肇以「物不遷」為命題，〈物不遷論〉的理論集中論證「若動而靜，似去而留」（見任繼愈主編：《中國佛教史》第二卷，北京：中國社會科學出版社，1985年11月一刷，頁476～477）。

〔註18〕涂艷秋說：「肇論或由一物可否邊動，探究物性的有無。」（見涂艷秋：《僧肇思想研究》，臺北：東初出版社，1996年4月初版二刷，頁264）本文附議之。

有直言道盡物性之理，反而要繞個彎，以曲折的方式說明呢？主要原因在於眞理難明。僧肇云：

> 何者？夫談眞，則逆俗。順俗，則違眞。違眞，故迷性而莫返；逆俗，故言淡而無味。緣使中人未分於存亡，下士撫掌而弗顧。

世人對於眞理，常隨各自根機、根器，而有不同的感度。僧肇明瞭眞理難明之因，在於眞理常令世人倍覺索然無味，並抵觸世人有執的見解，使得中根器者「未分於存亡」，下根器者「撫掌而弗顧」。然而，若隨順世人的見解，則將與眞理相違，使世人更曲解事物的眞實本質。

三、取材動靜議題之因

既然眞理難明，爲何僧肇要取材動靜的議題，來舖展〈物不遷論〉呢？原因有三：

其一，隨順時代的議題。僧肇作〈物不遷論〉之際，動靜議題已是當時玄學討論範疇之一，僧肇云：

> 不能自己，聊復寄心於動靜之際，豈曰必然！

僧肇深知眞理難明，只好顧及世人的思維習慣和語言框架，姑且隨順世人所熱衷談論的動靜議題，提出自己對動靜的看法，以明物性。

其二，不認同世人的動靜觀。僧肇云：

> 夫生死交謝，寒暑迭遷，有物流動，人之常情。余則謂之不然。

僧肇於篇首，即表示自己不認同世人所以爲的生死是交替、寒暑是更遷，以及萬物是生滅流轉的觀念。

其三，「無常」是空的初門。《注維摩詰經》云：

> 什曰：凡說空，則先說無常。無常，則空之初門。……住即不住，乃眞無常也。……畢竟空，即無常之妙旨也。故曰畢竟空，是無常義。〔註19〕

僧肇之師羅什表示，要闡明「空」的道理，則要先闡明「無常」法。「無常」法是知「空」的基本入門，而眞正的「無常」法，是「住即不住」。羅什並表示，「畢竟空」的眞義，即是「無常」法的深妙旨趣，因此可說「畢竟空」即是「無常」義。僧肇補充之：

> 小乘觀法生滅，爲無常義；大乘以不生不滅，爲無常義。無常名同，

〔註19〕見《大正藏》冊三十八，頁353下～354上。

　　而幽致超絕。其道虛微，固非常情之所測。妙得其旨者，淨名其人
　　也。〔註20〕

小乘以觀法生滅，定「無常」義；大乘以觀法不生不滅，定「無常」義。大、
小乘所認知的「無常」，名同而義不同。大乘的無常法實幽深虛微，並非常情
可測度。

　　因此，僧肇於〈物不遷論〉中，會以動靜爲素材的主要因素之一，當是
知「有物流動」即是「無常」，而「無常」的本質即是「空」。因此若欲使有
執的世人明瞭「淡而無味」的眞理，則可假「有物流動」的無常法說之。

　　由上可知，眞理常是難以解說，並常令人費解。因而聖人常須因材施教，
透過多種善巧方便的方式，來讓不同根器的人契入眞理。僧肇闡明諸法實相，
亦是循此善巧途徑，於〈物不遷論〉中，隨順取材世人所熱衷談論的動靜議
題，方便立說物性之理。

四、以「不遷」立篇名之因

　　在以上探討之後，尚存有一個待解決的疑竇。即僧肇既是隨順取材動靜
議題，爲何要以「物不遷」作爲篇名？主要原因，有二：

　　其一，僧肇的「不遷」義，不等同於世人、或對僧肇有異議的詮釋者的
「不遷」義。後者的「不遷」義，往往是在偏執「有物流動」的前提之下所
認爲的，主指在實有的現象界中與「動」相對的「靜」。僧肇的「不遷」義，
則是建立在物無實有自性的思維模式底下，意謂在現象界流動的假相之中，
物隨著各自的因緣刹那生滅於各自的當下，而不去不來。易言之，僧肇的「不
遷」義在描述無實有自性的物的「相」。因此，僧肇的「不遷」義，可代言闡
明物性之理，而其「不遷」的篇名，更可與闡明物性的篇旨相呼應。〔註21〕

　　其二，僧肇以「不遷」爲篇名，可刻意悖反世人的成說，由此引人省思
動靜之理。這誠如元康所言，「雖反常義，仍合道」。〔註22〕

〔註20〕見《大正藏》冊三十八，頁354上。
〔註21〕此處可知，物具不去不來義的「不遷」，是無自性的物的「相」，可算是〈物
　　　　不遷論〉以不同角度言之的宗旨。那麼，爲何筆者在前文「（一）旨言物性」
　　　　中，不能認同詮釋者以「不遷」定位〈物不遷論〉的宗旨呢？原因在於，
　　　　這些詮釋者並非以「不去不來」的觀點來理解僧肇的「不遷」義，其所定
　　　　位的〈物不遷論〉宗旨雖爲「不遷」，其「不遷」的內在義涵則非是僧肇所
　　　　欲表達的物性之理。
〔註22〕唐・元康《肇論疏》卷上：「今言「物不遷論」者，《莊子》外篇〈達生章〉

由本節可知，〈物不遷論〉的宗旨在闡述物性之理，是一篇藉由取材世人熱衷討論的動靜議題，來顯豁諸法實相的文章。〔註23〕

第三節 〈物不遷論〉的思想淵源

僧肇的思想淵源，根據本文第一章第一節〈僧肇的生平、著述與思想背景〉可知，主要是直承印度龍樹的大乘中觀佛學。僧肇於《肇論》中，將龍樹中觀佛學的精髓，諸如「三是偈」〔註24〕與「八不中道」〔註25〕等發揮得淋漓盡致。尤其是在充滿弔詭哲思的語言的〈物不遷論〉中，更可覺察出僧肇對龍樹思想有著緊密的承繼關係。因此本節旨擷取《中論》數則偈頌，來上溯僧肇〈物不遷論〉的思想淵源。

一、物　性

龍樹的大乘中觀思想，主要建立在物性是「空」的基礎上。龍樹云：

> 眾緣中有性，是事則不然。性從眾緣出，即名爲作法。性若是作者，云何有此義？性名爲無作，不待異法成。〔註26〕

云：凡有貌像聲色者，皆物也。公孫龍子〈名實論〉云：天與地其所產，焉物也。毛長《詩傳》云：遷，徙也。人謂物皆遷徙，變易無常。今明物本不遷，當世各有言。雖反常義，仍合道，故云「物不遷論」也。」（見《大正藏》冊四十五，頁166下）

〔註23〕歷來詮釋者泰多認爲〈物不遷論〉主言「不遷」，而盡以「俗諦」定位〈物不遷論〉。如唐・元康云：「四論四章，即明四教。第一，〈物不遷論〉，明有，申俗諦教；第二，〈不眞空論〉，明空，申眞諦教。」（見《大正藏》冊四十五，頁166下）眞諦或俗諦的判準，往往決定一作品的宗旨，元康等詮釋者認爲〈物不遷論〉旨言俗諦，忽略僧肇著作〈物不遷論〉的微言大義，在藉由動靜議題，以明諸法實相，並忽略〈物不遷論〉的宗旨應是由俗入眞，同〈不眞空論〉，皆在「申眞諦教」。然而由於詮釋，本有多元的面向，因而凡類似元康之說者，雖未確明僧肇〈物不遷論〉宗旨在言物性之理者，但吾人可資爲瞭解《肇論》詮釋史的多重向度。

〔註24〕「三是偈」出自《中論》：「眾因緣生法，我說即是無。亦爲是假名，亦是中道義。未曾有一法，不從因緣生。是故一切法，無不是空者。」（見《大正藏》冊三十，頁33中）

〔註25〕「八不中道」出自《中論》：「不生亦不滅，不常亦不斷，不一亦不異，不來亦不出。」（見《大正藏》冊三十，頁1中）

〔註26〕見龍樹菩薩造，梵志青目釋，姚秦三藏鳩摩羅什譯：《中論・觀有無品》，《大正藏》冊三十，頁19下。

龍樹表示，假若諸法眞有所謂法（物）性的存在，則不應待眾緣和合而成。原因在於，諸法若眞須待眾緣而成，即表示諸法無定性。龍樹推證，法（物）性若眞的存在，則不應從眾緣而生。反之，法（物）性若眞的不存在，則毋須等待眾緣和合而成。由此段可知，龍樹透過兩難的推論方式，論證諸法（物）性並非眞的存在，也並非眞的不存在。龍樹並云：

> 若法實有性，後則不應異。性若有異相，是事終不然。若法實有性，
> 云何而可異？若法實無性，云何而可異？〔註27〕

龍樹表示，假若諸法眞有法（物）性的存在，則始終不應有任何的變異。若諸法有任何變異的相狀，即表示諸法並非眞的存在法（物）性。龍樹質疑，若諸法果眞存有法（物）性，則爲何會變異？若諸法果眞不存在法（物）性，則意謂沒有諸法的存在，如此，豈可談及變異的層次？由此段可知，龍樹明確表示法（物）性並沒有絕對「實有」或「實無」的存在，因爲若眞有法（物）性的存在，則不應有「異相」；若眞無法（物）性的存在，則諸法更無存在的可能。要之，龍樹強調法（物）性並無絕對的「實有」性或「實無」性。

由以上二偈頌可知，龍樹表示法（物）性從眾緣所出，因此沒有定性，非「實有」，也非「實無」。

二、時　間

龍樹云：

> 若因過去時，有未來現在，未來及現在，應在過去時。若過去時中，
> 無未來現在，未來現在時，云何因過去？不因過去時，則無未來時，
> 亦無現在時，是故無二時。以如是義故，則知餘二時，上中下一異，
> 是等法皆無。〔註28〕

龍樹推論，若因有「過去時」的存在，而有「未來」與「現在」二時，則依恃「過去時」存在的「未來」與「現在」二時應當存在於「過去時」中。反之，若「過去時」中並不存在「未來」與「現在」二時，則「未來」與「現在」二時即不因「過去時」而存在。不依「過去時」，則沒有「未來」與「現在」二時，以致「未來」與「現在」二時均不可得。依此而言，「過去」、「現

〔註27〕同上，頁 20 中。

〔註28〕見龍樹菩薩造，梵志青目釋，姚秦三藏鳩摩羅什譯：《中論·觀時品》，《大正藏》冊三十，頁 25 下～26 上。

在」、「未來」三時，「上」、「中」、「下」三根，「一」、「異」等諸多現象，均
了不可得。龍樹云：

> 因物故有時，離物何有時。物尚無所有，何況當有時。〔註29〕

因為有物的存在活動，才有所謂的時間。龍樹順此質問，物本身並非真的存
在，則豈可言時間是真的存在？由此段可知，雖然吾人常以「光陰似箭」、「歲
月如梭」來比擬時間，其實真理誠如龍樹所言，時間是依物的「由此去彼」、
或「由彼來此」的活動現象而存在。若離開物的活動，時間便不存在。易言
之，若就現象界而論，由於物是緣起性空的假有，因此時間亦是假有。

　　由以上二偈頌可知，龍樹表示時間是根據物的活動現象而存在，但因物
本是緣起性空的假有，因此時間亦以假有的姿態存在。

三、去　來

　　龍樹云：

> 已去無有去，未去亦無去。離已去未去，去時亦無去。〔註30〕

世人常執物實有自性，運動可單獨存在，物有「已去」、「未去」、「正去」等
過程。龍樹於此偈則分析「已去」、「未去」、「正去」等運動現象之中，物若
「已去」，則吾人將不見物有「去」的動作；物若「未去」，則吾人亦將不見
物有「去」的動作。若物「已去」、「未去」等運動現象皆不存在，則依「已
去」、「未去」而相對存在的「正去」亦將不存在，並且亦無所謂的「去時」。
可知龍樹藉由此偈，分析世人所以為的「已去」、「未去」、「正去」等運動現
象，說明「已去」代表過去式，「未去」代表未來式，二者皆無「去」的動作，
則依「已去」、「未去」而相對存在於現在式的「正去」亦將不存在。

　　龍樹此番論點，顯見在推翻世人所執的物實有自性之見，因而藉由「已
去」、「未去」、「正去」的論說，揭示運動的虛假。

四、因　果

　　龍樹根據物無實有的自性，闡明「因」「果」之間有著非一非異的關係：

> 若因變為果，因即至於。是則前生因，生已而復生。云何因滅失，

〔註29〕見龍樹菩薩造，梵志青目釋，姚秦三藏鳩摩羅什譯：《中論‧觀時品》，《大正
　　　　藏》冊三十，頁26上。
〔註30〕見龍樹菩薩造，梵志青目釋，姚秦三藏鳩摩羅什譯：《中論‧觀去來品》，《大
　　　　正藏》冊三十，頁3下。

　　　　而能生於果？又若因在果，云何因生果？〔註31〕

常執物實有自性的世人，常據「因變爲果」，而判定「因」「果」絕對相異，或常據「因在果」，而判定「因」「果」絕對同一。龍樹不認同世人之見，而以兩難的方式推論：一、龍樹質問執「因」「果」絕對相異的世人，假若「因」能變爲「果」，即說明「因」能等於「果」。此即表示先前已生的「因」，本身能再生變爲「果」。龍樹問，若因果絕對相異，爲何「因」滅後能變爲「果」？二、龍樹質問執「因」「果」絕對同一的世人，假若「因」在「果」中，無二無別，則爲何「因」能生「果」？可知，龍樹就世人以爲的「因變爲果」、「因在果」兩層面而論，說明「因」「果」之間並無存在絕對同一或相異的關係。龍樹又云：

　　　　若因遍有果，更生何等果？因見不見果，是二俱不生。〔註32〕

龍樹依然針對執「因」「果」絕對相異或絕對同一者設問。首先，龍樹詢問執「因」「果」絕對同一者，若在「因」中已見「果」，即表示「果」已存在，則已生的「因」如何再生變爲「果」？次，龍樹詢問執「因」「果」絕對相異者，若只見「因」，而不見「因」中有「果」，則知「因」「果」二者皆不生。此段，龍樹強調「因」「果」之間有著同一並別異的關係，此種關係並非絕對同一或絕對別異。原因在於「因」「果」之間僅是相對存在的關係：「因」生，則「果」生；「因」不生，則「果」不生。不可說「因」「果」絕對同一，因爲如此，則將抹煞「因」生「果」的可能。反之，亦不可說「因」「果」絕對相異，因爲如此，則「因」將不能生「果」，以致「因」不能成爲「因」，而「果」亦將不存在。

　　就以上可知，世人常認爲物實有自性，以致認爲「因」「果」之間有著絕對同一或絕對別異的關係。龍樹則藉由推論的方式，說明世人此見，將造成兩難的局面，無法說明「因」「果」的眞正關係。龍樹所要強調的是，就諸法實相而言，物無實有的自性，「因」「果」亦無實有的自性，「因」「果」及一切的存在，皆是因緣和合的現象，因此「因」「果」之間有著不一不異的關係，而不是絕對同一或絕對別異的關係。

五、功　業

　　龍樹云：

〔註31〕見龍樹菩薩造，梵志青目釋，姚秦三藏鳩摩羅什譯：《中論・觀因果品》，《大正藏》冊三十，頁 26 下～27 上。

〔註32〕同上，頁 27 上。

　　汝說則不因，菩提而有佛。亦復不因佛，而有於菩提。雖復勤精進，
　　修行菩提道。若先非佛性，不應得成佛。〔註33〕

龍樹以彼此息息相關的「菩提」與「佛」二者為例，說明諸法非「實有」性、非「實無」性。因為若諸法「實有」定性者，即表示「菩提」與「佛」常定固，如此將沒有因「菩提」而有「佛」，或因「佛」而有「菩提」。反之，若諸法「實無」定性者，即意謂雖然勤奮精進，修行菩提道，終究不能成佛。由此段可知，龍樹強調諸法並非絕對「實有」性或「實無」性。

　　僧肇的思想根柢，主要是直承印度龍樹的大乘中觀佛學，因而本節旨在擷取龍樹《中論》數則偈頌，來上溯〈物不遷論〉的思想淵源。由本節的探討可知，龍樹舉凡談論物性、時間、去來、因果、功業等論題時，皆扣緊緣起性空的中道義來論說。據此與〈物不遷論〉相較，則可明瞭察知僧肇文中的論題與要旨出處於何。

第四節　〈物不遷論〉駁正的對象——以王弼、郭象為例

　　一思想家所欲解決的基源問題，往往牽涉被駁正的對象。僧肇於〈物不遷論〉，雖未直接指出所要駁正的對象是誰，但就僧肇前後的文意，則可推知僧肇根據物性之理，其所隱射的駁正對象，在佛教方面，應指執「有」的說一切有部、廬山法性論者、「中根執無常教者」，〔註34〕以及執「無」的成實論者等；在外道與中國傳統文化方面，亦應指計「有」、計「無」者。此外，亦應統括惑於「有物流動」、或望文生義，偏執「動」「靜」一端的世人。〔註35〕

〔註33〕見龍樹菩薩造，梵志青目釋，姚秦三藏鳩摩羅什譯：《中論‧觀四諦品》，《大正藏》冊三十，頁34上。

〔註34〕陳‧慧達《肇論疏》云：「今不言遷，而云不遷者，立教本意，只為中根執無常教者說，故云中人未分於存亡，下士撫掌而不領。」（見《卍續藏》冊一五○，頁892上）陳‧慧達定位僧肇於〈物不遷論〉中，主以「不遷」為著論立場，而未進一步表明僧肇終極在闡明物性之理，此點恐待商榷。然而陳‧慧達在解釋僧肇言不遷的立教本意，在為非利非鈍的「中根執無常教者說」，此點應可取。

〔註35〕湯用彤論僧肇〈物不遷論〉學說背景有二：一是常人惑於有物流動；二是玄學家貴「無」，又不免以靜釋本體。（見湯用彤：《漢魏兩晉南北朝佛教史》（上），臺北：駱駝出版社，1996年1月一版二刷，頁334）筆者認為以宏觀的角度言，除了湯氏所提及的，此外尚應含括玄學家郭象的崇「有」派，以及佛教

本節爲明〈物不遷論〉的駁正對象，將茲擧玄學家王弼（226～249）與郭象（253～312）爲例，理由有二：一、上段所列的被駁正者之中，除了王弼、郭象之外，會被僧肇駁正，皆可依其執「有」、執「無」的特質思想而簡單類推得出；二、僧肇生逢玄風盛行之際，其著作應與整個時代思潮有莫大的關係，因而有詮釋者根據《肇論》文體語詞，判定僧肇學說「仍屬玄學系統」。〔註36〕筆者認爲，《肇論》深受當時玄學流行議題的影響或啓發，是可想而知之事。然而僧肇學說是否屬於玄學系統，則有待商榷。因此若以牽動整個時代思潮的王弼、郭象爲例，考察其動靜觀，除了可窺探僧肇思想的時代背景，並可獲悉王弼、郭象與僧肇的思想關係。

一、執「不遷」者

王弼的動靜觀，主要是發揮老子的主靜思想，並依自己的貴「無」理論而推衍出的。所謂王弼的貴「無」理論，即是以「無」爲本，以「有」爲末。「無」，是道體，是萬有群生的所本，超乎象外，而寓於萬有之中，其特質是虛靜無爲；「有」，是「無」所生成的具體萬物。〔註37〕就此推衍，王弼以「靜」詮釋「無」，以「動」詮釋「有」。王弼云：

> 言致虛，物之極篤；守靜，物之眞正也。動作生長，以虛靜觀其反復。凡有起於虛，動起於靜，故萬物雖並動作，卒復歸於虛靜，是物之極篤也。各返其所始也。歸根則靜，故曰「靜」。靜則復命，故曰「復命」也。復命，則得性命之常，故曰「常」也。〔註38〕

王弼認爲萬物儘管變異，最終必歸至虛靜。虛靜是萬物的所始，亦是萬物的本源。因此，萬物若回復至虛靜的狀態，即是「返其所始」，即是「歸根」，

界曁世人偏執「動」、「靜」一端者。

〔註36〕 湯用彤說：「肇能採掇精華，屛棄糟粕，其能力難覓匹敵而於印度學說之華化，此類作品均有絕大建樹。蓋用純粹中國文體，則命意遣詞，自然多襲取《老》、《莊》玄學之書，因此《肇論》仍屬玄學之系統。」（見湯用彤：《漢魏兩晉南北朝佛教史》（上），臺北：駱駝出版社，1996年1月一版二刷，頁338）

〔註37〕 如王弼《老子注》章一云：「凡有皆始於無，故未形無名之時，則爲萬物之始。……萬物始於微而後成，始於無而後生。」又章四十云：「天下之物，皆以有爲生。有之所始，以無爲本。將欲全有，必反於無也。」（見樓宇烈校釋：《王弼集校釋》，臺北：華正書局，1992年12月初版，頁1；頁110）此二段，皆可彰顯王弼的貴「無」論。

〔註38〕 此段王弼注：「致虛極，守靜篤，萬物並作，吾以觀復。夫物芸芸，各復歸其根。歸根曰靜，是謂復命」（同上，頁35～36）。

即是「靜」，即是「復命」，即回至生命的本然。又，王弼云：

> 復者，返本之謂也，天地以本爲心者也。凡動息則靜，靜非對動者
> 也；語息則默，默非對語者也。然則天地雖大，富有萬物，雷動風
> 行，運化萬變，寂然至無，是其本矣。故動息地中，乃天地之心見
> 也。〔註39〕

王弼超越世人二元對立的動靜概念，而將「靜」、「默」提昇至「寂然大靜」
〔註40〕本體的地位，因此現象界儘管「雷動風行，運化萬變」，其背後卻有
一「寂然至無」的形上本體作爲存在的根據。

　　由上可知，王弼有關動靜的討論範疇，主以「動」來描述現象界萬物的
「運化萬變」，以「靜」來描述萬物「歸根」、「復命」的形上本體。而本文認
爲僧肇駁正王弼動靜觀之因，在於王弼著重萬物背後有一虛靜的形上本體來
生成萬有，卻忽略在客觀上萬物本是因緣聚散的生滅，並非眞的有一主宰萬
物的本體使然。王弼太過強調回歸「寂然至無是其本」之說，太過傾向於「釋
動以求靜」，〔註41〕可見誠爲僧肇所欲駁正的對象之一。

二、執「遷」者

　　世人常以爲的動靜類型，約有兩種：一、指物體的時空位置轉移所呈顯
的運動作用及現象；二、指物體本身由此狀態變化至彼狀態。郭象的動靜觀
兼具以上二者。

（一）時空位置轉移

　　此種動靜類型，郭象主要在強調一物體，在不同的時間點上將有不同的

〔註39〕此段王弼注《周易》〈復卦・象傳〉：「復其見天地之心乎」（同上，頁 336～337）
　　　　此外，牟宗三（1909～1995）《才性與玄理》詮解此段引文，說：「故王弼以
　　　　『反本』解『復』，不誤也。以所反之本爲心，亦不誤也。然其了解此本，則
　　　　完全以道家之有無爲底子，而純爲『形式的』。故要顯其本，全由動息則靜，
　　　　語息則默之『寂然至無』以顯之。故云『動息地中，乃天地之心見也』。以『動
　　　　息則靜』比之，則『動息地中』之息乃止息之息，而非生息之息。動止於地
　　　　中，乃見天地之心。動止則靜。由動而『有』，動止則『有』泯。故動止則靜，
　　　　有泯則無，故『寂然至無』以爲本也。此本即心。此全由動靜有無之相翻以
　　　　顯本。」（臺北：學生書局，1997 年 8 月修訂八版，頁 108～109）文中牟氏
　　　　指出，王弼以「寂然至無」的靜作爲本體。筆者附議之。
〔註40〕王弼《周易・復卦》〈象傳注〉云：「故爲復，則爲寂然大靜。先王則天地而
　　　　行者也，動復則靜，行復則止，事復則無事也。」（同上，頁 337）
〔註41〕此語引自〈物不遷論〉，見《大正藏》冊四十五，頁 151 上。

變化。郭象云：

> 日夜相代，代故以新也。夫天地萬物，變化日新，與時俱往，何物
> 萌之哉？自然而然耳。〔註42〕

郭象認爲日夜交替，以新代故，天地萬物變化日新，與時俱往，其中並無一造物主使然。萬物的生成變化，純爲「自然而然」。郭象並云：

> 夫時不暫停，而今不遂存，故昨日之夢，於今化矣。死生之變，豈
> 異於此，而勞心於其間哉？方爲此，則不知彼，夢爲胡蝶是也。取
> 之於人，則一生之中，今不知後，麗姬是也。而愚者竊竊然，自以
> 爲知生之可樂，死之可苦，未聞物化之謂也。〔註43〕

郭象援舉莊周夢蝶「方爲此則不知彼」，以及麗姬「今不知後」等典故，說明時間之流從不止息，物體本身的變化是以新代故，超乎人事所能預料，因此毋須勞心費神，樂生惡死，知今懼後。郭象又云：

> 夫無力之力，莫大於變化者也，故乃揭天地以趨新，負山岳以舍
> 故。故不暫停，忽已涉新，則天地萬物無時而不移也。世皆新矣，
> 而自以爲故；舟日易矣，而視之若舊；山日更矣，而視之若前。
> 今交一臂而失之，皆在冥中去矣。故向者之我，非復今我也。我
> 與今俱往，豈常守故哉！而世莫之覺，橫謂今之所遇可係而在，
> 豈不昧哉！〔註44〕

郭象感慨「天地萬物無時而不移」，世人卻不知「視之若舊」的船日日更動其位置，不知「視之若前」的山日日更動其樣態，不知萬物無時無刻在變化趨新，快速至「今交一臂而失之」，世人甚至不知「向者之我」非「今我」。郭象並云：

> 夫時不再來，今不一停，故人之生也，一息一得耳。向息非今息，
> 故納養而命續。前火非後火，故爲薪而火傳，火傳而命續。由夫養
> 得其極也，世豈知其盡而更生哉！〔註45〕

〔註42〕此段郭象注《莊子·齊物論》：「日夜相代乎前，而莫知其所萌時」（同上，頁51；頁55）。

〔註43〕此段郭象注《莊子·齊物論》：「此之謂物化」（同上，頁112～113）。

〔註44〕此段郭象注《莊子·大宗師》：「夫藏舟於壑，藏山於澤，謂之固矣。然而夜半有力者負之而走，昧者不知也。」（同上，頁243～244）

〔註45〕此段郭象注《莊子·養生主》：「指窮於爲薪，火傳也，不知其盡也」（同上，頁129～130）

時間從不歇息，亦不復還，萬事萬物無時不改變，因此「向息非今息」，「前火非後火」，然而世人卻往往不知物「盡而更生」的道理。又，郭象云：

> 當古之事，已滅於古矣，雖或傳之，豈能使古在今哉！古不在今，
> 今事已變，故絕學任性，與時變化而後至焉。〔註46〕

郭象以古今爲例，說明「當古之事，已滅於古」，縱使有薪傳之理，豈可「使古在今」。郭象並言，「古不在今，今事已變」，唯有順時變化才能通曉至理。

（二）狀態變化

此種動靜類型，郭象主依「獨化」說而推衍。所謂郭象的「獨化」說，主要是否定不能生萬物的「無」，而認爲萬物的生成是出於自然、自爾、自生、自造。〔註47〕因此，郭象在闡述動靜觀時，即隨順萬物自生自成的自然說法，討論物體本身的變化。郭象云：

> 然則生生者誰哉？塊然而自生耳。自生耳，非我生也。我既不能生物，物亦不能生我，則我自然矣。自己而然，則謂之天然。天然耳，非爲也，故以天言之。〔註48〕

郭象認爲，萬物的生成是塊然自生，並非有一「造物主」使然。郭象強調，萬物是自己生成自己，因而稱爲「天然」。是自然而然，並非存有絲毫的造作。由此可知此種自生自成的「獨化」說，所推衍的動靜類型主指一物本身的狀態變化。

由上可知，郭象有關動靜的討運範疇，主要含括一物在時空位置轉移時、或一物自生自成時所產生的變化過程。本文認爲僧肇駁正郭象動靜觀之因，在於郭象「向息非今息」、「前火非後火」等說，雖與僧肇「昔物不至今」、「今物不至昔」的語意相似，但差別處在於，郭象並非以佛教緣起性空的思維來理解萬物的生成變化，以致雖有一套縝密的「物化」理論，說明萬物自生自成，與時俱變，卻未能客觀的體悟物是刹那生滅、同一物體本身並不存在自生自成的狀態變化，以致成爲僧肇的駁正對象之一。郭象太過於執「動」，而有「釋靜以求動」的不完滿疏失，因此本文將郭象納爲僧肇駁正執「遷」者

〔註46〕此段郭象注《莊子·天道》：「古之人與其不可傳也死矣，然則君之所讀者，古之糟魄已夫。」（同上，頁491～492）

〔註47〕如郭象注《莊子·齊物論》云：「無既無矣，則不能生有；有之未生，又不能爲生。然則生生者誰哉？塊然而自生耳。」（見郭慶藩《莊子集釋》，臺北：漢京書局，1973年9月初版，頁50）

〔註48〕見郭慶藩：《莊子集釋》，臺北：漢京書局，1973年9月，頁50。

的隱射對象。

要之，王弼貴「無」，郭象推崇獨化、自生說，皆基於各自本末有無的基源問題，而推衍出各自的動靜觀。舉凡王弼強調「靜」是萬有群生的所本，或是郭象否定不能生萬物的「無」，以致肯定「動」等，分別有「釋動以求靜」、「釋靜以求動」的疏失，皆未能客觀的明瞭物是緣起性空之理，因而成為僧肇於〈物不遷論〉中所隱射的駁正對象。此外，就王弼、郭象不知物性之理，即可證得深知緣起性空義的僧肇，僅取材玄學的議題，其學說並非像湯用彤所言的，屬於「玄學系統」。〔註49〕

第五節　〈物不遷論〉以「遷」「不遷」明物性

〈物不遷論〉以「遷」、「不遷」闡明物性之理，其實是繼承並發揮龍樹「八不中道」的思想。關於物性的明確定義，〈物不遷論〉雖未詳明，僧肇卻於《注維摩詰經》有所提及：

> 諸法如幻，從因緣生，豈自他之可得。……如火有然，故有滅耳。
> 法性常空，本自無起，今何所滅？〔註50〕

僧肇說明諸法如幻如化，從因緣生，並非藉由自性或他性可得。進而僧肇明白點出，法性的本質是「空」，無起亦無滅。僧肇並云：

> 法從因緣生，緣生則無自性。無自性則無主，無主則無我、人、壽命，惟空無相，無作無起……。〔註51〕

僧肇解釋諸法從因緣生，因為是因緣生，所以是無實有的自性。因為無實有的自性，所以無主、無我、無人、無壽命等。惟有「空」是無相，是無作無起。

由上二引文可知，僧肇認為諸法因緣生，無實有的自性或他性，亦即性「空」。據此可推，僧肇性「空」之理可以「非有非無」括之。僧肇如此強調物性之理，則如何藉由「遷」與「不遷」來證成呢？〈物不遷論〉云：

> 然則動靜未始異，而惑者不同。緣使真言滯於競辯，宗途屈於好異。

〔註49〕見湯用彤：《漢魏兩晉南北朝佛教史》（上），臺北：駱駝出版社，1996 年 1 月一版二刷，頁 338。又，盧桂珍說：「研究者不應執著名言概念之表相，而將僧肇『物不遷』之說，視為王弼、郭象等玄學家的遺緒……。」（見盧桂珍：《慧遠、僧肇聖人學研究》，臺北：國立臺灣大學出版委員會，2002 年 10 月初版，頁 249）筆者附議之。

〔註50〕見《注維摩詰經》，《大正藏》冊三十八，頁 348 下。

〔註51〕見《注維摩詰經》，《大正藏》冊三十八，頁 415 下。

所以靜躁之極，未易言也。

僧肇表示，動靜本無差別，世人卻惑為不同，致使真理陷滯於世人的相互爭辯之中，而不得彰明，而事物動靜變化之理亦被世人的妄見所扭曲，因此動靜背後的究極道理實不易言。可知，僧肇強調直明真理有其困難度，甚至善巧假借動靜的議題來闡明動靜背後的根本道理，亦非易事。

　　直言真理實不易獲其成效，因而僧肇於〈物不遷論〉中，以略曲折的方式，闡明物性之理，以下茲分三點述之。而在進行下文前，先明〈物不遷論〉的討論氛圍：

　　　尋夫不動之作，豈釋動以求靜？必求靜於諸動。……斯則即動而求
　　　靜，以知物不遷明矣。

僧肇在駁正執「遷」者時，先說明「不遷」之理。表示若要尋求「不遷」，不可離動求靜，而須「即動」中求。這意謂現象界的動靜概念，本是相待互依，離動無靜，離靜無動，因此必須在動靜不離的現象界中知曉「物性」之理。據此可知，僧肇〈物不遷論〉的論題氛圍主要落在動靜相待的現象界中。

一、不去不來明物性

　　若欲得知物有否來去等變化，來自於觀察物於時間或空間的立足點上是否有所不同。僧肇於〈物不遷論〉中，層層相扣的論證物沒有由此去彼、或由彼來此等運動樣態，原因在於就客觀層面而言，物沒有實有的自性。

（一）引經明物不遷

　　　《放光》云：法無去來，無動轉者。……《道行》云：諸法本無所
　　　從來，去亦無所至。《中觀》云：觀方知彼去，去者不至方。斯皆即
　　　動而求靜，以知物不遷明矣。

僧肇援引《放光》、《道行般若經》，以及《中觀》等聖言，說明諸法實際上沒有去來動轉之相，也沒有此彼運動的可能。若能「即動而求靜」，則能知曉「物不遷」之理。

　　可知，僧肇援引具有份量的聖言，來增強自己立說「物不遷」的可信度。

（二）世人矛盾的動靜觀

僧肇云：

　　　夫人之所謂動者，以昔物不至今，故曰動而非靜。我之所謂靜者，

亦以昔物不至今，故曰靜而非動。動而非靜，以其不來；靜而非動，
以其不去。

此段，僧肇運用交互為文的技巧：

A 夫人之所謂動者，以昔物不至今，故曰：動而非靜。 ──→世人意
B 我之所謂靜者，亦以昔物不至今，故曰：靜而非動。
C 動而非靜，以其不來。僧肇意 ──────→
D 靜而非動，以其不去。────

僧肇假以為「有物流動，人之常情」的「世人」，與「余則謂之不然」的
自己，展開正反的動靜論辯。意謂二者皆能認同「昔物不至今」，所根據的理
由卻大相逕庭。世人以為今物與昔物有同一性的本質，「昔物不至今」之因在
於，物之表相隨時間之流而不斷改變，致使今物與昔物不同，因此根據物之
表相不斷變化的「動」，可言物是「動而非靜」。持物無實有自性的僧肇則表
明，物沒有「流動」的真正可能，因此是「靜而非動」。〔註52〕僧肇接著云：

然則所造未嘗異，所見未嘗同。逆之所謂塞，順之所謂通。苟得其
道，復何滯哉？

僧肇藉由與世人持有相同的前提，卻有不同的結論，點出違逆真理即「塞」，
隨順真理即「通」。若能體道，將無所滯礙。僧肇此番言論，意在質疑世人：

既知往物而不來，而謂今物而可往。往物既不來，今物何所往？

僧肇點出，世人既明昔物不來今，卻謂今物可至昔，有著自相矛盾之說。

凡是主張，最基本的，要能自圓其說，自成一家。世人既執「有物流動」，
物是「動而非靜」，「今物而可往」，卻又言「昔物不至今」，則有立說上的謬
誤。而僧肇始終秉持物不存在實有自性的原則，論證物是「靜而非動」，物不
去亦不來，則較合理的令人信服。

（三）物不去不來

僧肇云：

求向物於向，於向未嘗無；責向物於今，於今未嘗有。於今未嘗有，
以明物不來；於向未嘗無，故知物不去。覆而求今，今亦不往。是

〔註52〕廖明活質疑，世人也可就昔物、今物的同一性，以為「昔物至今」而得「物
遷」的結論（見廖明活：〈僧肇物不遷義質疑〉，《內明》一二六期，1982年9
月，頁4）。筆者認為，世人雖可認為「昔物至今」，但假若如此，此段將因世
人與僧肇沒有「昔物不至今」的共通點，而不足以開展比較性質的論證。

謂昔物自在昔，不從今以至昔；今物自在今，不從昔以至今。

僧肇依然運用交互為文的語言技巧。以下茲分析此段推論的過程：

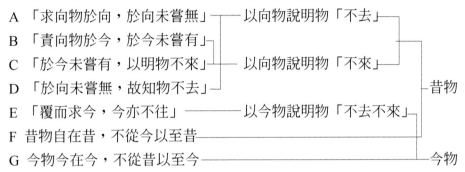

僧肇由Ａ導出Ｄ，由Ｂ導出Ｃ，而ＣＤ相合即是Ｆ。僧肇論證，於向時能求得向物，於今時則求不得向物，反之，於今時能求得今物，於向時則求不得今物，就此論證物是不去不來。僧肇並云：

故仲尼曰：回也見新，交臂非故。如此，則物不相往來，明矣。既無往返之微朕，有何物而可動乎？

僧肇援引《莊子》中孔子對顏回的一席話，〔註53〕內容意謂新舊交替，交臂非故，變化之道，無時停歇，由此僧肇說明物各自生滅於各之剎那，沒有去來的任何朕兆，則如何證明有物在動呢？僧肇舉例：

然則旋嵐偃嶽而常靜，江河競注而不流，野馬飄鼓而不動，日月歷天而不周，復何怪哉？

僧肇引旋嵐、江河、野馬〔註54〕、日月等世人所認為的迅速四事為譬，說明看似能摧折須彌的暴風其實常靜；看似奔騰不息的江河其實沒有流動；看似飄揚不已的塵埃其實不動，看似周行不殆的日月其實是不循環運行。原因在於物緣起性空，不去不來。

可知，僧肇運用各種方式，來論證物是不去不來，顛覆世人的動靜觀。而物不去不來之因，在於物不存在實有的自性。

〔註53〕出於《莊子·田子方》：「吾終身於汝交一臂而失之，可不哀與？汝殆著乎吾所以著也。彼已盡矣，而女求之以為有，是求馬於唐肆也。」而郭象注曰：「著，見也。言汝殆見吾所以見者耳。吾所見者，日新也，故已盡矣，汝安得有之？」（見清·郭慶藩輯：《莊子集釋》，臺北：漢京文化有限公司，1993年9月，頁709～710）

〔註54〕出自《莊子·逍遙游》：「野馬也，塵埃也，生物之以息相吹也」。（見清·郭慶藩輯：《莊子集釋》，臺北：漢京文化有限公司，1993年9月，頁4）

（四）各性住於一世

僧肇感慨：

> 徵文者聞不遷，則謂昔物不至今。聆流動者，而謂今物可至昔。既曰古今，而欲遷之者，何也？

世人常執言而失文旨，看到文章談不遷之理，則認為昔物不至今；當聽到流動之說，則認為今物可至昔。僧肇質問，既然論及古今，則古自在古，今自在今，何有遷動流動之說？僧肇並云：

> 是以言往不必往，古今常存，以其不動；稱去不必去，謂不從今至古，以其不來。不來，故不馳騁於古今；不動，故各性住於一世。

僧肇以「言往不必往」、「稱去不必去」，闡明物不去不來之理，物不馳騁於古今，物性將各住於一世。僧肇並再次強調「各性住於一世」之理：

> 人則求古於今，謂其不住。吾則求今於古，知其不去。今若至古，古應有今；古若至今，今應有古。今而無古，以知不來；古而無今，以知不去。若古不至今，今亦不至古。事各性住於一世，有何物而可去來？

此段推論的過程，茲分析如下：

A 人則求古於今，謂其不住。 ┐
B 吾則求今於古，知其不去。 ┘ ┐
C 今若至古，古應有今；古若至今，今應有古。 ───┐ │
D 今而無古，以知不來；古而無今，以知不去。 ──┘─┘
E 若古不至今，今亦不至古。事各性住於一世，有何物而可去來？

　　僧肇推論以說明，世人於今時求不得向物，而認為物是「不住」。僧肇則於向時求不得今物，而認為物是「不去」。僧肇就此論證，今物若能至昔，昔日便應有今物；反之，若昔物能至今，則今日應有昔物。但事實上，由於今時不具昔物，昔時不具今物，則可證明昔物不至今，今物不至昔。此即意謂，無實有自性的物待眾緣聚散而各自剎那生滅於各自的當下，不去不來。〔註55〕

〔註55〕 印順導師說：「如運動的去來，在空間上將空間推析為一點一點的極微點，即不能成立動的去來相。在時間上，分析至最短的剎那點，前剎那不是後一剎那，前後各住自性，也無從建立運動。」（釋印順講，釋續明記錄：《中觀今論》，新竹：福嚴精舍，1971 年 7 月重版，頁 133～134）印順導師分析時間最短的剎那點，以解釋「住」。此一說法，可資參考。

此處,「物各性住於一世」,可謂盡釋無實有自性的物的「相」。僧肇接著譬喻:

> 然則四象風馳,璇璣電捲,得意毫微,雖速而不轉。

僧肇強調,若能明物性之理,則能知曉春夏秋冬四季的遞嬗、日月星辰的天體運行,雖然看似運化神速,其實皆只是假相,「雖速而不轉」。

可知,僧肇強調,無實有自性的物待眾緣聚散而各自剎那生滅於各自的當下,「物各性住於一世」。

由以上可知,僧肇於〈物不遷論〉中先引聖言,定位「物不遷」。爾後,藉由與世人今物、昔物有否運動的論辯,來展開立說。從中,揭示「有物流動」的虛假性,論證物無去無來、「各性住於一世」。亦即,世人以為「有物流動」,其實僅是依因待緣的物剎那生滅於各自當下所致成的相續假相,這猶如播映電影的底片,張張本靜止不動,然而承接乍看,卻有連續不斷的動態效果。

二、不生不滅不常不斷不一不異明物性

僧肇〈物不遷論〉有大篇幅闡述「不遷」之理,雖蘊涵物無實有自性的微言,卻容易使不知情者依據物的不去不來,而誤解僧肇斷滅前一物與後一物的關係,或使不知情者持無一物可恆存三世的錯見,以為沒有修德成佛的必要。因此僧肇在末二段,特別以功業、因果,來說明物雖是不去不來,但同時也是不生不滅不常不斷不一不異,據此來整合前一剎那的物與後一剎那的物,雖因各自的生滅而彼此「不同」,卻也因皆無實有自性而彼此「相同」。

(一)功業

僧肇云:

> 是以如來功流萬世而常存,道通百劫而彌固。成山假就於始簣,修途託至於初步,果以功業不可朽故也。功業不可朽,故雖在昔而不化。不化,故不遷。不遷,故則湛然明矣。故經云:「三災彌綸,而行業湛然。」信其言也。

如來功德流傳萬世而常存,佛教真理通達百劫而愈加貞固。高山的堆成,賴於有傾覆第一筐土;千里之長的步行,始於有跨出第一步路。僧肇說明,功業能夠日積月累地增益永存,來自於諸法不具實有不變的自性。由於諸法暨功業無實有的自性,以致能積累永存,所以雖在過去某一剎那,卻不改變。又由於不改變於因緣和合的該剎那,所以不去不來,就此則能知曉諸法實相。僧肇並援引佛經說明,即使水火風三大災彌滿整個世界,身口意所作的善惡

業永遠顯明存在。可知，僧肇以功業為例，說明諸法、甚至功業，皆無實有的自性。據此，可臆測僧肇闡述功德不朽的經世用意，乃籲世人能修善去惡，並力勸世人若能發心勤奮精進，修行菩提道，便有成佛的可能。〔註56〕

（二）因果

僧肇繼上云：

> 何者？果不俱因，因因而果。因因而果，因不昔（生）滅。果不俱因，因不來今。不（生）滅不（去）來，〔註57〕則不遷之致明矣。

所謂因果，即是前者是後者的因，後者是前者的果。二者的關係，誠如僧肇所明，果雖承因而來，果中並無因。〔註58〕果自因來，因在過去無實有的自性，而沒有實在的生或滅。果不俱有因，因也不去不來於其因緣和合的當下。因此就無實有自性而言，物是不生不滅、不去不來，則不遷的道理可明於其中。

（三）契神於即物

僧肇云：

> 然則乾坤倒覆，無謂不靜；洪流滔天，無謂其動。苟能契神於即物，斯不遠而可知矣。

文末僧肇說明，即使天翻地覆，洪水高漲至天，看似變動的物仍是不去不來。由此僧肇點出，若能用心契會於物性之理，則真理看似遠在天邊，其實近在眼前。

要之，僧肇在文末，特別強調功業、因果的「不生不滅不常不斷不一不異」，來說明物的「不去不來」。其中，「不生不滅」一詞並不與僧肇藉以說明

〔註56〕 任繼愈說：「《物不遷論》的宗教目的，在於論證佛教提倡的因果不失，修佛可成。這是在般若空觀占據佛教理論統治地位，與當時佛教信仰又急需普遍推行之際，必須優先給予確立的原則。……姚興寫《通三世論》，明聖人實有，也是為了這個目的。」（任繼愈主編：《中國佛教史》第二卷，北京：中國社會科學出版社，1985 年 11 月一刷，頁 474）任氏表示，僧肇〈物不遷論〉的宗教目的，是「論證佛教提倡的因果不失，修佛可成」。筆者認為任氏之說，不無可能。但根據〈物不遷論〉末二段才與因果有關，筆者則根據僧肇「傷夫人情之惑 也 久矣，目對真而莫覺」，而更深信僧肇的終極宗教目的以及基源問題，在於讓世人去惑而契入實相真理，遠離生死輪迴之苦。

〔註57〕 筆者認為，談不滅，必相對談不生；談不來，必相對談不去，僧肇當是顧慮語言駢美的形式，而省略括弧裏的字。

〔註58〕 參唐・元康《肇論疏》云：「因果不同處，故曰不俱」（見《大正藏》冊四十五，頁 170 中）。

「不去不來」的「生滅」一詞相違，因爲就現象界而言，「生滅」一詞強調物無實有的自性，因而隨因緣聚散而「生滅」於該之刹那。「不生不滅」一詞，亦強調物無實有的自性，然而主就實質客觀面談論物是「不生不滅」。「生滅」與「不生不滅」二詞，實殊途同旨，有著同一暨別異的關係。此外，由於功業、因果的「不常不斷不一不異」，更補強了僧肇不去不來的「不遷」說並非在否定修德成佛的可能，亦並非在否定前一刹那的物與後一刹那的物是全然無關。筆者試以簡圖示之：

由上簡圖可知，前一刹那的物與後一刹那的物有著同一同異的關係。「同」，在於皆無實有的自性；「異」，在於前一刹那的物與後一刹那的物皆各自生滅於各之當下。

三、兩言一會明物性

僧肇就無實有自性的物在相上的「不遷」，來闡明物性之理，卻又深恐「執遷」的世人囫圇吞棗地改執「不遷」義，因此於〈物不遷論〉中，特強調兩言一會之理，讓世人明瞭聖人常應機施教，世人絕不可望文生義，偏執動、靜的一端。〔註59〕

（一）可以神會，難以事求

僧肇云：

> 噫！聖人有言曰：人命逝速，速於川流。是以聲聞悟非常以成道，緣覺覺緣離以即眞。苟萬動而非化，豈尋化以階道？覆尋聖言，微隱難測，若動而靜，似去而留。可以神會，難以事求。

僧肇援引聖者所言，人生命流逝的速度比川流還快，藉此闡述聲聞乘悟解諸法無常之理，而成就道業；緣覺乘覺悟緣合緣離的諸法性空之理，而悟眞理成正果。僧肇詢問，假若萬物並非眞有變動流轉的現象，二乘如何聽聞無常之理而證得聖果？僧肇進而說明，反覆揣摩聖人之言，實是微妙深隱，難以測度。事實上，事物觀之若動，即之不遷；望之若去，審之停留。此種無常即常、遷即

〔註59〕其實，僧肇兩言一會之說，可化解不少對僧肇有質疑或負面評價者之見，只要這些詮釋者有詳審的話。

不遷之理，僅可神會，難以從事相上求得。可知，僧肇為避免世人聽聞「不遷」說後，反生起偏執，因此援舉聞無常義而證果的聲聞、緣覺二者為例，以圓融的方式說明「若動而靜，似去而留」，只可「神會」，難能「事求」。

（二）導達群方，兩言一會

僧肇繼云：

> 是以言去不必去，閑人之常想；稱住不必住，釋人之所謂往耳。豈曰：去而可遣，住而可留也？故《成具》云：菩薩處計常之中，而演非常之教。《摩訶衍論》云：諸法不動，無去來處。斯皆導達群方，兩言一會，豈曰：文殊，而乖其致哉？

聖人言流逝，並非意謂果真有物由今至昔，以杜絕世人執著恒常不變之理；聖人稱常住，並非意謂真的有物恆久不動，以破除世人執著有物流動之理。僧肇批評世人，豈可聽聞聖人言「去」或言「住」，即誤執有物實遷移變化或恆久靜止？可見，僧肇主以「言去不必去」、「稱住不必住」，以提醒世人勿執「去而可遣」、「住而可留」。此外，僧肇並援引《成具》、《摩訶衍論》二經，藉前經說明菩薩在世人執為恒常不變的世間中，演說諸法無常的教理；藉後經說明，諸法皆不變，無去處，亦無來處。可知，僧肇援引或言「常」或言「無常」的二經，解釋二說看似迥異，其實皆屬化導眾生的應機隨類之談。吾人不該認為說法不同，便斷言兩者的根本宗旨是殊異。

（三）常而不住，去而不遷

僧肇並云：

> 是以言常而不住，稱去而不遷。不遷，故雖往而常靜；不住，故雖靜而常往。雖靜而常往，故往而弗遷；雖往而常靜，故靜而弗留矣。

此段推論的過程，茲簡析如下：

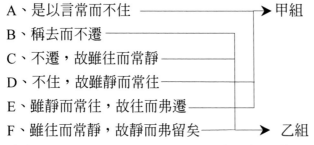

由上可知，A→D→E，B→C→F。亦即僧肇藉由 A、D、E，以及 B、C、

F 等各語意聯貫的甲、乙組的推論，來證明「常而不住」、「去而不遷」。

僧肇說明「言常而不住」，意謂物雖刹那生滅於該之當下而不去不來，其實是隨假有的時間而往，因此是「往而弗遷」。反之，僧肇說明「稱去而不遷」，意謂物雖看似流動，實際上則刹那生滅而不去不來，因此是「靜而弗留」。此段，僧肇運用弔詭的語句，周圓的推論出命題與結論看似矛盾，實卻合理的「住而不住」或「不住而住」之理。

（四）觀聖人心

僧肇舉聖人心為證：

> 然則莊生之所以藏山，仲尼之所以臨川，斯皆感往者之難留，豈曰：
> 排今而可往？是以觀聖人心者，不同人之所見得也。

僧肇援引「莊生藏山」〔註60〕、「仲尼臨川」〔註61〕的典故，來說明聖人感嘆事物消逝，難以挽留，並不像世人以為今物可至往昔。僧肇就此強調，觀聖人的心思，不同世人，若望文生義，則難以理解聖人之言。

（五）梵志出家

僧肇並以「梵志出家」的典故，附議上文「聖人心者，不同人之所見」：

> 何者？人則謂少壯同體，百齡一質，徒知年往，不覺形隨。是以梵
> 志出家，白首而歸，鄰人見之曰：昔人尚存乎？梵志曰：吾猶昔人，
> 非昔人也。鄰人皆愕然，非其言也。

梵志與鄰人同面對少壯朱顏轉變為老耄蒼髮的事實，卻有不同的觀感。鄰人認為「少壯同體，百齡一質」，今昔形貌之別，皆是同一人成長變化的必然歷程。梵志卻認為「吾猶昔人，非昔人也」。吾人若加以審之，可知鄰人以為物實有自性，其表象隨著時間而不斷改變。相反的，令鄰人愕然的梵志則認為物無實有的自性，物是依因待緣和合，各自刹那生滅於各之當下。

（六）莫二真心，不一殊教

〔註60〕 出自《莊子‧大宗師》：「夫藏舟於壑，藏山於澤，謂之固矣。然而夜半有力者負之而走，昧者不知也。」（見清‧郭慶藩輯：《莊子集釋》，臺北：漢京文化有限公司，1993 年 9 月，頁 243）意謂凡俗之徒藏舟船於谷壑，謂其合宜；藏大山於水澤，謂之牢固，卻不知大化運行無窮，冥中遷變日新。莊子旨意，乃說明凡惑之徒執「常」，卻不知「無常」之理。

〔註61〕 出自《論語‧子罕》：「子在川上曰：逝者如斯夫，不捨晝夜。」（見宋‧朱熹集註，蔣伯潛廣解：《四書讀本‧論語》，臺北：啟明書局，頁 128）意謂孔子臨川感嘆，物逝如川水，無一刻歇止。

繼上論述後，僧肇歸結聖人有「不一之殊教」：

> 是以如來因群情之所滯，則方言以辯惑。乘莫二之真心，吐不一之
> 殊教。乖而不可異者，其唯聖言乎。故談真有不遷之稱，導俗有流
> 動之說。雖復千途異唱，會歸同致矣。

佛陀超越世俗，其無上甚深微妙法本是廣大而難以言說，基於眾生的根器和
妄執有程度之別，因此佛陀援取多式不一的說法來化導眾生。僧肇說明，依
持唯一的真理，因人施教，言教乖異，宗旨卻不二者，應是僅有聖人能與佛
陀並駕。僧肇強調，聖人談論真理有「不遷之稱」，化導眾生卻有「流動之說」，
「千途異唱」，其根本道理是齊一。

（七）正言似反

僧肇云：

> 然則群籍殊文，百家異說。苟得其會，豈殊文之能惑哉？是以人之
> 所謂住，我則言其去；人之所謂去，我則言其住。然則去住雖殊，
> 其致一也。故經云：正言似反。誰當信者？斯言有由矣。

眾多經籍文義不同，百家學說各自差異，唯有融會貫通，領宗得意，才不致
被文句言教的多貌所惑。僧肇強調，當世人執有物靜止不動時，我則認爲有
物隨假有的時間而消逝；當世人執有物流動時，我則認爲物物依因待緣而剎
那生滅於各之當下。「去」與「住」的說法雖然不同，其根本道理卻是一致。
僧肇並援舉聖言「正言似反」，說明殊文同旨的真理聽起來常與事理相違，令
世人常拒之，卻是可信取的。

（八）無言之教，無相之談

僧肇《注維摩詰經》云：

> 如來言說，未嘗有心，故其所說法，未嘗有相。迦旃延不諭玄旨，
> 故於入室之後皆以相說也。何則？如來去常，故說無常，非謂是無
> 常；去樂，故言苦，非謂是苦；去實，故言空，非謂是空；去我，
> 故言無我，非謂是無我；去相，故言寂滅，非謂是寂滅。此五者，
> 可謂無言之教，無相之談。而迦旃延造極不同，聽隨心異。聞無常，
> 則取其流動，至聞寂滅，亦取其滅相。此言同旨異，迦旃延所以致
> 惑也。〔註62〕

〔註62〕見《大正藏》冊三十八，頁 353 中。陳・慧達《肇論疏・物不遷論》亦有相

如來的言說並非是刻意有心爲之，其所說的諸法實相並非有絕對的相貌。僧肇說明，如來爲駁正世人偏執「常」、「樂」、「實」、「我」、「相」，因而立說相對的「無常」、「苦」、「空」、「無我」、「寂滅」，實際上並非即表示如來全然如此認爲。僧肇由此表示，眞理是「無言之教，無相之談」。根據此段迦旃延「不論玄旨」所推衍的論述，可知迷惑的迦旃延猶如〈物不遷論〉中的世人，「造極不同，聽隨心異」，聽聞如來說法或「無常」或「寂滅」，即偏執流動說，或偏「取其滅相」。

　　要之，由以上八小點有關「兩言一會」的論述，可知僧肇先由「不遷」說來駁正世人謬見，進而以「莫二眞心，不一殊教」，籲世人在捨棄「有物流動」的偏執後，切勿斷章執取「不遷」。僧肇強調聖言是「微隱難測，若動而靜，似去而留」，僅可「神會，難以事求」，不能偏執動、靜的一端。歸結之，僧肇〈物不遷論〉旨以中道方式說明，物無實有的自性，物是即動即靜。即動，意指無常法中看似遷續的假有幻相；即靜，意指無實有自性的物刹那生滅於當下，而不去不來。僧肇的動靜概念純是相待相依的關係，全篇用心良苦處，在說明動靜現象後的物性之理。

　　由本節可知，僧肇〈物不遷論〉闡明物性的方式，有三：其一，藉由與世人動靜觀的相較，點出偏執物實有自性的世人的謬誤觀點，進而彰顯物無實有自性之說的如理如法；其二，僧肇雖以「不遷」闡明物無實有自性的「相」，但爲杜絕世人淪取斷滅見，執著物不去不來，以爲前一刹那與後一刹那之物「完全」不同，僧肇於是藉由功業、因果的「不生不滅不常不斷不一不異」，來說明物雖不去不來，前一刹那與後一刹那的物卻有著「不常不斷不一不異」的關係；其三，爲避免世人「聞不遷」或「聆流動」，便又望文生義，因此僧肇以兩言一會的方式，雙遣世人迷執「去」、「住」之相，以教世人明瞭在物無實有自性的思維底下，住與不住，常與無常，遷與不遷皆可共存，「動靜未始異」，「其致一也」。

第六節　〈物不遷論〉詮釋議題的檢討

　　僧肇〈物不遷論〉主要是隨順世人熱衷的動靜議題，來闡明物性之理。

似之語：「如來說法去『常』，故說『無常』，非謂是『無常』；去『住』，故說『不住』，非謂是『不住』」。（見《大正藏》冊一五〇，頁 892 上）

所謂物性的根本道理，即指物不存在實有的自性。因爲物不存在實有的自性，所以物是依因待緣而刹那生滅，以致在假有的現象界中不去不來。

　　僧肇不去不來的「不遷」說如理如法，部分詮釋者卻詰難僧肇有濫同小乘之嫌；〔註63〕有小乘正解與外道常見；〔註64〕將論證的結論預先包含在其割裂的前提；〔註65〕說法矛盾；〔註66〕否認時間的連續性，割裂時間，而取消事物的運動；〔註67〕割斷事物的連續性和時間的延續性、是牽強附會……。〔註68〕筆者認爲以上諸見，皆令僧肇背負「莫須有」的罪名，因爲僧肇的「物不遷」說，是建立在物無實有自性的理論基礎上，並無割裂時間，不屬於斷滅見，更無自相矛盾。

　　若是如此，爲何部分詮釋者會詰難僧肇？主要原因在於，這些詮釋者各有各的詮釋背景，不能設身處地的用僧肇的思維模式去理解僧肇的作品，因而忽略要以物無實有自性的基準點，來評量僧肇兩言一會的「物不遷」說，以致觸犯詮釋的謬誤。

　　以下，筆者試予釐清〈物不遷論〉詮釋觀點中較令人質疑的部分，來爲僧肇辯護，以更深一層還原僧肇的思想：

一、「各性住於一世」

　　「各性住於一世」，僧肇於〈物不遷論〉中強調兩次，是會意僧肇「物不遷」說的重要指標。然而詮釋者對「各性住於一世」，卻有五花八門的詮釋觀點。或認爲物實有性而住於一世，或認爲物性空而住於一世，或認爲是就現象界而言，或認爲是就本體而言，或認爲性豈可「住」於一世，或依此衍伸出對僧肇有小乘外道的評價……。〔註69〕

　　僧肇「各性住於一世」，即意謂無實有自性的物依因待緣而刹那生滅於

〔註63〕參唐・澄觀：《華嚴疏鈔》卷三十一，《大正藏》冊三十六，頁239中。
〔註64〕見《卍續藏》冊九十七，頁752下。
〔註65〕見錢偉量：〈僧肇動靜觀辨析〉，《世界宗教研究》第三期，1987年，頁107。
〔註66〕見安樂哲：〈僧肇研究〉，收錄於張曼濤編《三論典籍研究》（現代佛教學術叢刊，冊四十八），臺北：大乘文化出版社，1979年8月初版，頁280～281。
〔註67〕見方立天：《中國佛教研究》（上），臺北：新文豐出版社，1993年，頁272；頁274～275。
〔註68〕見方東美：《中國大乘佛學》，臺北：黎明出版社，1986年6月再版，頁67。
〔註69〕參本節前言「其一」部分。

各自的當下，於假有的現象界中不去不來，「不馳騁於古今」。若更明確言，僧肇「各性住於一世」，即是「各性（空）住於一世」。「性空」的「空」，是「性」的形容詞；「性（空）住」，是描述「性（空）」的「相」。「性住」是就「相」言，「性空」是就「體」言，二者有著同一同異的關係。〔註70〕「各性住於一世」，意謂性空的物於相上不去不來，於假有的時間點上「住」於某一剎那。是故，僧肇「各性住於一世」，著重闡述性空的物在相上的不去不來，而名之。若就物無實有的自性，以致「不生不滅」的層面而言，僧肇「各性（空）住於一世」，當意謂物全然不存在；若就物無自性，而「不常不斷不一不異」的層面而言，則僧肇「各性（空）住於一世」，恐怕要改為「各性（空）住也不住於一世」，以表明前一剎那的物與後一剎那的物彼此之間是有關係，也沒有關係。這個道理並不難解，也並不自相矛盾，因為僧肇在〈物不遷論〉中，始終強調著聖言是「導達群方，兩言一會」。〔註71〕

亦因僧肇深明「兩言一會」之理，所以雖然僧肇言「性各住於一世」，卻也同時併言「不住」之理，這於本節中「（三）兩言一會明物性」部分即可見知。此外，僧肇《注維摩詰經》亦云：

> 諸法如電，新新不停，一起一滅，不相待也。彈指頃有六十念過，
> 諸法乃無一念頃住，況欲久停？〔註72〕

因緣和合之法，或最能顯示諸行的「不住」，因此僧肇認為，諸法新新不停，瞬瞬生滅，彈指頃刻即有六十念過，而頃刻間諸法沒有一念停住。其中，「無一念頃住」，可能會引起對僧肇沒有「兩言一會」認知的詮釋者的詰難，而以為僧肇的思想自相矛盾。其實此段引文中的「無一念頃住」，側重描述物瞬瞬「生滅」，其如幻的「相」好似流水燈焰，相續不斷的顯示「生滅」的不住留，而〈物不遷論〉「各性住於一世」，則側重說明物剎那生滅於各自的當下，不去不來，無往來遷動的跡痕。可知，僧肇於《注維摩詰經》與〈物不遷論〉中，依詮釋的向度論「不住」與「住」。而「住」與「不住」實是「兩言一會」之理，詮釋者不可不兼視。

〔註70〕爲何「性住於一世」，僧肇不寫成「物各性空住於一世」呢？筆者認爲因素之一在於〈物不遷論〉，側重就現象界因緣假合的物「相」層面談物「性」，因此僧肇省略「各性（空）住於一世」的「空」字。
〔註71〕關於本節前言「其一」部分，因涉及晚明〈物不遷論〉諍辯，頗爲複雜，因此有關回應「其一」詮釋者的內容，將另闢文予以探討。
〔註72〕見《大正藏》冊三十八，頁356中。

可知，住即不住，常即無常，遷即不遷等兩難語彙，常可整合齊看，尤其是在描述難以言詮的諸法實相時。因此，吾人在解讀僧肇「各性住於一世」時，不可不愼，切勿偏執一端釋之，而喪其眞義。

二、「昔物不至今」

前言「其二」曾提及，廖明活、錢偉量對僧肇「昔物不至今」存有質疑。

（一）廖明活

考察廖氏之語，可知有四點謬誤：一、以爲物有自性；二、將物二分爲永不變的本質與可變的屬性，以致持有「部分不同」與「完全不同」的界限觀點；三、以爲本質同一的物在不同時間失去、或得著某些屬性時，才能獲得「物遷」的結論；四、以爲僧肇是以物有自性的立場來成就「物不遷」說。由於廖氏有以上四點謬誤，因此誤以爲僧肇談「昔物不至今」時，模糊「部分不同」與「完全不同」的界限；談「昔物至今」時，是借助刹那生滅說來證成「昔物完全至今」。

廖氏的觀點，與持「有物流動」的世人的觀點相似，既認爲物有自性，卻又認爲同一質性的物的表相（屬性）可隨著時間而改變。事實上，僧肇旨言物性之理，其「昔物至今」或「昔物不至今」的概念，意謂著昔物與今物基於各自的刹那生滅，而「同」也「不同」於彼此。非如廖氏所言的，僧肇「借助」刹那生滅說而證成其說。此外，僧肇的物性說並沒有「模糊『部分不同』與『完全不同』的界限，因爲僧肇認爲物無實有的自性，因此根本不會牽涉到「部分」或「完全」的層面。廖氏之說恐有待商榷。〔註73〕

（二）錢偉量

錢偉量批評僧肇「僅僅抓住『昔物不至今』的一面，捨棄了『昔物至今』的一面」，而判定僧肇將其「論證的結論（物不遷）預先包含在被他割裂了的前提之中。〔註74〕考察錢氏的質疑，可知其謬誤在於：一、誤以爲物有自性；二、不解僧肇是以物無實有自性的立場，來說明物是刹那生滅，因而「昔物不至今」；三、誤以爲僧肇論證的結論是「物不遷」；四、誤以爲僧肇將論證的結論預先包

〔註73〕此外，廖氏認爲世人可依「昔物至今」，而推得物「動而非靜」的結論。此說若依世人之見，乃可成立，然已不屬僧肇「昔物不至今」的共同討論範疇。

〔註74〕見錢偉量：〈僧肇動靜觀辨析〉，《世界宗教研究》第三期，1987年，頁107。

含在其割裂的前提之中」。因此錢氏之說恐有待商榷。〔註75〕

三、「如來功流萬世而常存」

僧肇末二段，有關「如來功流萬世而常存」等的論述，曾遭明・鎮澄評為「往物不化，昔因不滅」，〔註76〕等同一切有部所主張的三世實有、法體恆存的思想，或曾遭詮釋者質疑為與「性各住於一世」相矛盾。筆者有幾點回應：

（一）一切有部視自性、業力為實有，僧肇卻是以無實有自性的角度言「如來功流萬世而常存」，二者不可等同視之。

（二）僧肇輔以無實有自性的因果之說，解釋功業「不可朽」、「不化故不遷」。此正說明業力感召果報，具有不常不斷的相續性，因而功業能積累永存。諸業有生滅相，是為「不常」；業力能召感果報，是為「不斷」，可知僧肇並無法體恒存的思想。

（三）根據〈物不遷論〉如來功業與因果之說，可知僧肇實際上在說明：一、世人認為因果有著絕對相同的實有自性，是由同一實有自性所串連而成。二、僧肇駁世人之見，認為因果並無實有的自性，因果並非絕對相同，其關係是同一同異。因中有果，果中俱因，因果不即不離，在假有的時間序列上相接相續。在未生起果時，此法不可稱為因。能生之因，僅存於果未生起之前。一旦果生起之後，因就隨即消滅。此種因果相承的道理，正如「昔物不至今」，昔物僅存於昔時，今物僅存於今時，而今物是由昔物轉變而來，昔物與今物不一不異。又猶如昔之如來功業朽也不朽於昔之刹那，今之如來功業朽也不朽於今之刹那，二者有著不常不斷不一不異的關係。

由以上三點，希冀能說明〈物不遷論〉「如來功流萬世而常存」等說，並無牽強之處。〔註77〕

〔註75〕關於本章前言部分，對僧肇質疑的詮釋者，其謬誤皆不離不能理解僧肇原義，或不能理解僧肇是就物無實有自性的觀點來鋪展「物不遷」說，甚或不能理解由於物性本空，則依物而存在的時間便無絕對存在的可能。亦因時間並非真實存在，因此僧肇亦無割裂時間。……以下可類推論之，筆者不再重複挑出或重論詮釋者類同的謬誤。

〔註76〕明・鎮澄云：「《涅槃》云：本無今有，本有今無。三世有法，無有是處。又云：諸行無常，是生滅法。《華嚴》云：一切凡夫行，莫不連歸盡。此等皆言因滅果生，前念滅，後念生。非若肇公往物不化，昔因不滅也。」（明・鎮澄：《物不遷正量論》，《卍續藏》冊九十七，頁749下）

〔註77〕印順導師說：「僧肇的『物不遷論』，約三世以觀一切，即動而靜，流行不斷為動，動而不失為靜，常與無常，僅是同一的不同看法。以現在不到未來，

四、回應湯用彤以體用釋靜動之說

湯用彤於《漢魏兩晉南北朝佛教史》中認爲，僧肇的學說，若一言以蔽之，即是「即體即用」。〔註78〕又評〈物不遷論〉在「證明動靜一如，住即不住」，並認爲此論「即動即靜」之義，正以申明「即體即用」的理論。〔註79〕

湯氏以「即體即用」判定僧肇學說，是否合理，將另闢文再論。若聚焦探討湯氏以「靜」詮「體」、以「動」詮「用」，來評價〈物不遷論〉的「物不遷」說，則湯氏之說恐有待商榷。

湯氏概根據僧肇「動靜未始異」等兩言一會的詞語，而判定僧肇在說明「即動即靜」的思想，此說尚屬合理，但僧肇於〈物不遷論〉中，並未同湯氏所言的以「動靜」明「體用」。湯氏應是混淆僧肇思想的動靜義涵，並且未能透徹明瞭〈物不遷論〉原義。

筆者如此評價湯氏之因，在於僧肇作品中的「動靜」術語有三層面的涵義：

1、體用的述詞：係僧肇以「靜」描述聖人的心體，以「動」描述聖人應會的「用」。如〈般若無知論〉提及「神彌靜，應逾動」，〔註80〕〈涅槃無名論〉提及「無爲，故雖動而常寂；無所不爲，故雖寂而常動」，〔註81〕皆意謂聖人的心識愈是寂靜，愈能應會萬物，二者其體是一，於名言施設上是異。此處的動靜義涵，恰是即體即用、即靜即動的關係，但此說並非屬於〈物不遷論〉所闡述的範圍。因此不符湯氏所言。

2、假有現象界的樣態：僧肇於〈物不遷論〉中，揭示世人以爲的「有物

所以不常；但過去在過去，不到現在未來，豈非是常？東坡所說：『自其變者而觀之，萬物曾不足以一瞬；自其不變者而觀之，物與我皆無盡也。』也是此義。」（釋印順講，釋續明記錄：《中觀今論》，新竹：福嚴精舍，1971 年 7 月重版，頁 140）可參之。

〔註78〕見湯用彤：《漢魏兩晉南北朝佛教史》（上），臺北：駱駝出版社，1996 年 1 月一版二刷，頁 333。

〔註79〕湯用彤評〈物不遷論〉：「全論實在證明動靜一如，住即不住。非謂由一不動之本體，而生各色變動之現象。蓋本體與萬象不可截分。截分宰割，以求通於動靜之眞際，則違眞迷性而莫返。故此論『即動即靜』之義，正以申明『即體即用』之理論。稱爲〈物不遷〉者，似乎是專言靜。但所謂不遷者，乃言動靜一如之本體。絕對之本體，亦可謂超乎言象之動靜之上。亦即謂法身不壞。故論言『如來功流萬世而常存，道通百劫而彌固』。法身本體，不偏於相對之動或靜，亦即因『動靜未始異』也。」（同上，頁334）

〔註80〕見《大正藏》冊四十五，頁 154 下。

〔註81〕見《大正藏》冊四十五，頁 154 下。

流動」僅是假相，僧肇認爲，實際上物無實有的自性，物是刹那生滅於當下而不去不來。亦即，「遷」僅是幻象；「不遷」是物於現象界中眞實的樣態。此處的動靜義涵，並未涉及體用的關係，因此湯氏的「即體即用」評價並未恰當。

3、世人所認知的動靜觀：僧肇於〈物不遷論〉中，闡述世人以爲物實有自性，卻又能流動變化的矛盾動靜觀，由於這非屬僧肇所能認同的動靜觀，因此不在湯氏的評價對象內。

由此可知，僧肇〈物不遷論〉與龍樹思想相同，皆認爲無實有自性的物不去不來，運動現象其實是假有的幻象，並未論及體用的存在層面，因此僧肇「即動即靜」之義，不太可能如湯氏所言的，是爲申明「即體即用」。湯氏概據「其一，體用的述詞」，誤以爲僧肇在〈物不遷論〉中，亦是如此表述動靜概念。

五、圖示以明僧肇「物不遷」說

僧肇的「物不遷」說證成物性之理，而物性之理亦開顯僧肇「物不遷」說的如理如法。在以上探討之後，爲避免詮釋者重蹈誤解僧肇〈物不遷論〉的疏失，因此筆者於文末，圖示說明僧肇與世人對昔物、今物的看法，希冀清楚說明僧肇的「物不遷」說：

假設有一張三，生於西元 1900 年，亡於西元 2001 年，享年一〇二歲（虛歲）。由於世人認爲物實有自性，同體一質，昔物與今物之別，在於形相的不同，又由於僧肇認爲物無實有的自性，物物各自刹那生滅於各自的當下，前一刹那之物與後一刹那之物有同一同異的關係，因此可知世人與僧肇在面對張三的生死時，有不同的看法。以下茲以甲、乙圖分別表示世人與僧肇之見：〔註82〕

〔註82〕在甲、乙圖中，均以十年爲一單位（階段），並以大寫的英文字母 A 至 K 分別代表張三生命中的不同階段。

甲圖：

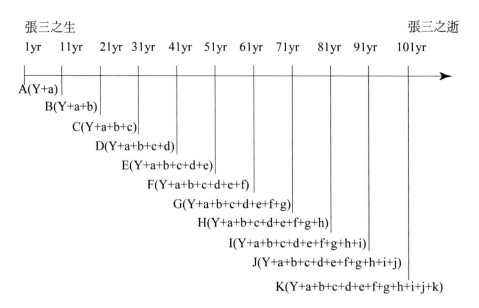

年齡	代號		
1yr	A	Y＋a	
11yr	B	（Y＋a）＋b＝A＋b	
21yr	C	（Y＋a ＋b）＋c＝ B＋c	
31yr	D	（Y＋a ＋b＋c ）＋d＝ C＋d	
41yr	E	（Y＋a ＋b＋c＋d ）＋e＝ D＋e	
51yr	F	（Y＋a ＋b＋c＋d＋e ）＋f ＝E＋f	
61yr	G	（Y＋a ＋b＋c＋d＋e ＋f）＋g＝F＋g	
71yr	H	（Y＋a ＋b＋c＋d＋e ＋f＋g ）＋h＝ G＋h	
81yr	I	（Y＋a ＋b＋c＋d＋e ＋f＋g＋h）＋i＝ H＋i	
91yr	J	（Y＋a ＋b＋c＋d＋e ＋f＋g＋h＋i）＋j＝I＋j	
101yr	K	（Y＋a ＋b＋c＋d＋e ＋f＋g＋h＋i＋j）＋k＝J＋k	

　　圖示說明：由於世人認為人的今昔之別，僅是形相的改變，內在本質不變，因此筆者以小寫英文字母（a─k）分別代表張三於每一階段的形相屬性，並以 Y 代表張三的內在本質。則張三於一歲時，代號 A，亦即 Y＋a ；十一歲時，代號 B，亦即 Y＋ a ＋b；……。依此類推，至 101 歲時，代號 K，亦即 Y ＋a ＋b ＋c ＋d ＋e ＋f ＋g ＋h ＋i ＋j ＋k。

　　為何筆者要以 A 是（Y＋a）；B 是（Y＋a ＋b）；C（Y＋a ＋b ＋c）……；K 是

（Y+ a +b+c……+ k）？原因在於世人認爲人的老少僅是形相之別，因此張三每一階段的形相，雖並非「絕對」含有前所階段的所有形相特性，但必是對前所階段的形相特性有所承繼、並變化。因此張三於二十一歲時，必含有前所階段 a +b 的形相特性，亦有屬於該階段的形相特性 c，使張三有青年的模樣；於一百零一歲時，必含有前所階段 a +b +c……j 的形相特性，亦有屬於該階段的形相特性 k，使張三有白髮的模樣。此外，由於屬於各個階段的新形相特性，可能是負質或加質，使得張三有生、老、病、死，有年少朱顏，或年老白髮之貌。亦即，世人認爲 A≒B≒C≒D≒E≒F≒G≒I≒J≒K；a≒b≒c≒d≒e≒f≒g≒i≒j≒k。

乙圖：

圖示說明：由於僧肇存有物無實有自性的認知，必定認爲二十一歲的張三必「同」也「不同」於十一歲的張三，而一百零一歲的張三必「同」也「不同」於十一歲的張三，因此乙圖小寫英文字母，並非同於甲圖代表著張三每一階段的形象特性，而是指張三每一階段刹那生滅的因緣。如是，僧肇將認爲 A「同」也「不同」B；B「同」也「不同」C……，每一階段的張三與前、後階段的張三「同」也「不同」，亦即僧肇將認爲 A、B、C、D、E……至 K，各之當下代表著念念生滅的刹那無常，但就整體而言，則是一種相續無常的關係。

　　本節，旨在檢討〈物不遷論〉的詮釋議題，試予釐清一些筆者不予認同的詮釋觀點，諸如重新闡明「各性住於一世」、「昔物不至今」、「如來功流萬世而常存」的原義，以反駁明·鎮澄、廖明活、錢偉量……等學者的詮釋誤處，並表明湯用彤以體用釋〈物不遷論〉爲靜動之說，恐有疏誤處。此外，筆者並以圖示方式闡述僧肇「物不遷」說的原義。由本文的論述可知，僧肇〈物不遷論〉並沒有謬誤處，如理如法闡明諸法實相，而湯用彤的「即靜即動」說恐不適用於〈物不遷論〉。

第七節　小　結

　　僧肇〈物不遷論〉，主要在闡明物性之理。然而僧肇深明真理難言，於是權巧地取材世人熱衷的動靜議題，以曲折論辯的方式，引領世人去惑執、離迷途的會意諸法實相。僧肇闡說的途徑，有三：

　　其一，「不去不來明物性」：僧肇藉由論證昔物、今物是不去不來，點出世人以爲「有物流動」的矛盾，以明物無實有的自性。

　　其二，「不生不滅不常不斷不一不異明物性」：僧肇於〈物不遷論〉末二段藉由如來功業與因果之例，說明物雖不去不來，但並非表示不能「功流萬世而常存，道通百劫而彌固」，原因在於物性具有「不生不滅不常不斷不一」的特性，前一刹那的物與後一刹那的物實有著同一同異、是相續也非相續的關係。

　　其三，「兩言一會明物性」：僧肇「物不遷」說，實蘊涵「動靜未始異」之理，但唯恐「徵文者聞不遷」或「聆流動」後，又滯義迷執一端，因此僧肇強調聖人爲「導達群方」，而有「不一殊教」的「兩言一會」之理，世人必得理解真理是「無言之教，無相之談」，絕不可執著。

　　就僧肇的論述可知，世人不見真實而起妄執，以爲物實有自性，以成就「有物流動」之說，卻不知物一旦實有自性，即與運動或變化絕緣，世人實有自相矛盾的謬誤。因此，僧肇藉由物遷與不遷的論證，明物性之理，顯豁諸法實相，以遣世人惑執。

　　〈物不遷論〉與龍樹思想的關係，在於僧肇不偏動、靜一端的圓融思想及論證方法，其實源於龍樹《中論》「八不中道」的思想。僧肇在繼承之後，有所發展，而以不落兩邊的思維原則，論證「言常而不住，稱去而不遷」的非靜非動、亦靜亦動、「動靜未始異」的實相。然而與龍樹思想不同之處，在於僧肇多了一些玄學意味的時代背景思想。

　　〈物不遷論〉與玄學的關係，在於僧肇取材玄學的動靜議題，並且有駁正玄學家的跡象。二者之別，在於玄學家側重體用、本末、動靜的一端，諸如王弼貴「無」而主靜、郭象崇「有」而主動，未能明瞭物性本空，以及運動是虛假存在之理。僧肇則是以「即動即靜」、「動靜未始異」的觀點，較能圓融解釋物的運動樣態與諸法實相。

　　〈物不遷論〉藉由「遷」與「不遷」有關現象界運動樣態的討論，來闡明物無實有的自性。所謂「遷」，係指無實有自性的物依因待緣生滅於各自刹

那所致成的相續假相；所謂「不遷」，係指物刹那生滅於各自當下，而不去不來，「性各住於一世」。雖然「不遷」證實物無流轉變遷的可能，但沒有「遷」幻相的相襯，即無「不遷」。二者之間有著相待依存，同一同異的關係。因此，僧肇的「物不遷」說，並非等同世人以為物實有自性而所認知的「物不遷」，而是在說明即遷中見不遷、即不遷中見遷的中道實相。

要之，〈物不遷論〉是一篇充滿哲理的文章，詮釋者若不能察知僧肇論「遷」與「不遷」的背後，存有物性之理的微言大義，則將被僧肇名言施設的文字所惑，而認為僧肇有牽強之處。

由此可知，僧肇有感世人不知「物性」是「空」之理，以致妄執物有動靜去來，因而著文以駁正執物或動或靜者。順此可知，〈物不遷論〉所欲解決的基源問題，在於藉由動靜議題，以明「物性」，由此駁正執物性是「有」、其物卻有運動樣態的世人。